इंटरनेट विज्ञान

नीति मेहता
कोमल भाटिया

के. के. पब्लिकेशन्स
नई दिल्ली-110 002

इंटरनेट विज्ञान

©	:	सुरक्षित
संस्करण	:	2024
ISBN	:	978-81-7844-273-0
मूल्य	:	₹ 595.00
प्रकाशक	:	**के.के. पब्लिकेशन्स** 4806/24, भरतराम रोड दरियागंज, नई दिल्ली-110 002 फोन : 011-65185557, 011-64527574 टेलीफैक्स : 011-23285167 ई-मेल : kkpdevinder@vsnl.net वेब : www.kkpublications.com
आवरण	:	ग्रेसिल्स ग्राफिक्स, दिल्ली
लेज़र टाईपसैटिंग	:	पंकज कम्प्यूटर्स, नई दिल्ली
मुद्रक	:	बालाजी आफसेट प्रिंटर्स, दिल्ली - 32

Internet Vigyaan
by Niti Mehta & Komal Bhatia **₹ 595.00**

लेखकीय

इंटरनेट के कारण आज हमारा जीवन इतना सुविधाजनक और सरल हो गया है कि बिना इंटरनेट के आज जीवन की कल्पना तक करना कठिन हो गया है। हम सभी लोग किसी न किसी रूप में इंटरनेट का प्रयोग कर रहे हैं इसलिए इंटरनेट के बारे में जानना आवश्यक है कि यह कैसे काम करता है। आज हम साइबर-युग में जी रहे हैं। जीवन के हर क्षेत्र और हर रंग में सूचना-प्रौद्योगिकी अपनी महत्वपूर्ण भूमिका अदा कर रही है। सूचना- प्रौद्योगिकी के एक महत्वपूर्ण उत्पाद के रूप में आज हमारे सामने 'इंटरनेट' नामक एक जादुई चिराग, उपलब्ध है। बात चाहे हम व्यापार की करें या बैंकिंग की। बात चाहे हम शोध और अनुसंधान की करें या फिर मनोरंजन की, जीवन के हर क्षेत्र में इंटरनेट ने आज अपनी उपस्थिति दर्ज करा दी है। कुछ लोग कहते हैं कि इंटरनेट, इक्कीसवीं सदी का मानव जाति को सबसे उपयोगी और खूबसूरत उपहार है, तो यह कुछ गलत नहीं है।

आज इंटरनेट का उपयोग प्रत्यक्ष या अप्रत्यक्ष रूप से लगभग सभी लोग कर रहे हैं। गली-गली में रोज खुलते नये-नये साइबर कैफे ही यह बताने के लिए काफी हैं कि भारत आज इंटरनेट क्रांति के द्वार पर है। राष्ट्रीय राजधानी दिल्ली की सरकार ने दिल्ली को 'साइबर सिटी' (इंटरनेट शहर) में परिवर्तित करने की घोषणा की है, जिससे समझा जा सकता है कि इंटरनेट का आज के जीवन में क्या उपयोग है। साइबर का संबंध कम्प्यूटर से जोड़ा जाता है लेकिन अपराध के संदर्भ में साइबर का संबंध सूचना प्रौद्योगिकी से है। इस प्रकार सूचना प्रौद्योगिकी से संबंधित सभी प्रकार के अपराध, साइबर-अपराध की श्रेणी में आते हैं।

आज कम्प्यूटर और सूचना प्रौद्योगिकी ने हमारे जीवन के प्रत्येक क्षेत्र में अपनी जगह बना ली है। कम्प्यूटर, मोबाइल फोन, इंटरनेट, कम्प्यूटरीकृत बैंकिंग, क्रेडिट व डेबिट कार्ड आदि का प्रयोग आज काफी बढ़ गया है। इन सूचना प्रौद्योगिकी संबंधित चीजों का प्रचलन बढ़ा है तो इनसे संबंधित अपराध भी अब प्रकाश में आने लगे हैं। सूचना प्रौद्योगिकी के अधिकाधिक प्रयोग के कारण यदि आज साइबर-अपराध के मामले बढ़े हैं तो सूचना प्रौद्योगिकी ने ही हमें वे उपकरण व तकनीक भी उपलब्ध करायी हैं, जिनकी सहायता से साइबर अपराधों की रोकथाम की जा सकती है।

प्रस्तुत पुस्तक में इंटरनेट का विशद वर्णन किया गया है ताकि आम जनता इसके महत्त्व व इसकी कार्यप्रणाली से परिचित हो सके। इसके अतिरिक्त पुस्तक के अंत में 'सूचना प्रौद्योगिकी अधिनियम' भी दिया गया है ताकि पाठक इसके विधिक पक्ष से परिचित हो सकें।

आशा है पुस्तक सभी वर्ग के पाठकों के लिए उपयोगी सिद्ध होगी।

—लेखक

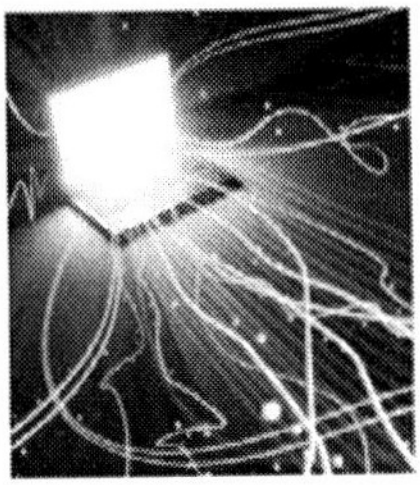

अनुक्रम

1

इंटरनेट का इतिहास

यदि हम कहें कि आज हम इंटरनेट के युग में जी रहे हैं तो शायद गलत नहीं होगा। वास्तव में आज समूचा विश्व, सूचना क्रांति के परिवर्तनों के दौर से गुजर रहा है। बीसवीं शताब्दी में जहां औद्योगिक क्रांति को सबसे बड़ी घटना माना जाता था वहीं इक्कीसवीं सदी की सबसे बड़ी घटना आज इंटरनेट क्रांति के रूप में हमारे सामने है। इंटरनेट एक ऐसी तकनीक है जिसके कारण समूचा विश्व आज एक गांव (ग्लोबल विलेज) के रूप में तब्दील हो चुका है और हम उपयुक्त व उपयोगी जानकारियां, मात्र एक बटन क्लिक करते ही प्राप्त कर सकते हैं।

इंटरनेट ने आज हमारी जीवन शैली बिल्कुल बदल कर रख दी है। इसके कारण दुनिया ने आज एक गांव का रूप ले लिया है क्योंकि दुनिया के एक कोने से दूसरे कोने तक सूचनाओं का आदान-प्रदान इतनी अधिक तेजी से होता है कि हम सोच भी नहीं सकते। इंटरनेट, सूचनाएं लेने और उनके आदान-प्रदान के लिए विश्वस्तरीय आंकड़ा सूचना सेवा उपलब्ध कराता है।

इंटरनेट का इतिहास

1969 में इंटरनेट का उद्‍भव एवं विकास अमेरिका के प्रतिरक्षा विभाग के मुख्यालय पेंटागन स्थित 'एडवांस्ड रिसर्च प्रोजेक्ट्स एजेंसी-एरपा' (ARPA) की संकल्पना से हुआ था। उस समय अमेरिकी रक्षा वैज्ञानिक एक ऐसी कमांड कंट्रोल संरचना विकसित करना चाहते थे जिस पर सोवियत संघ के परमाणु आक्रमण का प्रभाव न पड़े। इसके लिए उन्होंने विकेंद्रित सत्ता वाला नेटवर्क बनाया जिसमें सभी कम्प्यूटरों को बराबर का दर्जा दिया गया। अर्थात इस नेटवर्क का उद्देश्य नाभिकीय युद्ध की स्थिति में अमेरिकी सूचना संसाधनों का संरक्षण करना था।

अमेरिका की रक्षा उन्नत अनुसंधान परियोजना एजेंसी ने विभिन्न प्रकार के

अंतर संपर्क पैकेट नेटवर्कों के लिए कार्यविधियों और प्रौद्योगिकियों की जांच का अनुसंधान कार्यक्रम शुरू किया। इसका उद्देश्य ऐसे संचार नियम बनाना था जिनसे नेटवर्क से जुड़े कम्प्यूटर बहुसंयोजित पैकेट संजालों से सूचना को साफ-सुथरे ढंग से दे-ले सकें। यह इंटर-नैटिंग परियोजना कहलाती है और अनुसंधान से प्राप्त नेटवर्क प्रणाली 'इंटरनेट' कहलाती है। इंटर-नैटिंग परियोजना अनुसंधान में जो प्रोटोकॉल प्रणाली विकसित हुई वह प्रारंभ में विकसित दो प्रोटोकालों यानी प्रेषण नियंत्रण प्रोटोकॉल और इंटरनेट प्रोटोकॉल के नाम से जानी जाती है।

आज इंटरनेट विश्व की सबसे सक्षम संचार-प्रणाली है। इसके 30 हजार से भी अधिक नेटवर्क हैं जो लगभग डेढ़ सौ देशों में फैले हैं। सन् 1990 में लगभग 5 लाख कम्प्यूटर इंटरनेट से जुड़े थे जबकि 1995 में यह आंकड़ा बढ़ कर साढ़े चार करोड़ और सन् 1998 में लगभग 5 करोड़ हो गया। सन् 2001 के अंत तक लगभग दो सौ करोड़ कम्प्यूटर इंटरनेट से जुड़ चुके थे। सबसे पहले बात इंटरनेट की शुरुआत की। इतिहास के पन्ने पलटने पर पता चलता है कि इंटरनेट की शुरुआत सन् 1969 में संयुक्त राज्य अमेरिका में हुयी थी। दरअसल इंटरनेट की शुरुआत अमेरिका के प्रतिरक्षा मंत्रालय ने अपनी एक शोध परियोजना के रूप में की थी। इंटरनेट का सबसे प्रारंभिक रूप 'अर्पानेट' (ARPANET) के रूप में सामने आया था जिसे 'एडवांस्ड रिसर्च प्रोजेक्ट एजेंसी (ARPA) ने विकसित किया था। यह एजेंसी अमेरिकी प्रतिरक्षा मंत्रालय की ही एक शोध एजेंसी है। *'अर्पानेट'* को विकसित करने का मुख्य उद्देश्य, अनुसंधान संस्थानों के मध्य सूचनाओं के आदान-प्रदान के लिए किया गया था।

दरअसल क्यूबा संकट के समय संयुक्त राज्य अमेरिका ने महसूस किया कि परमाणु हमले के खतरे से वह भी महफूज नहीं है। इंटरनेट की विशिष्ट पद्धति और महाशक्तियों के बीच चले शीत युद्ध ने इसके विस्तार में उत्प्रेरक का कार्य किया। किसी संभावित परमाणु हमले से अमेरिका की संचार-व्यवस्था को बचाने के लिए ही उस समय एक ऐसी विश्वसनीय संचार व्यवस्था की जरूरत थी जो हर विपरीत परिस्थिति में भी कायम रह सके। इस प्रकार इंटरनेट का उपयोग, अमेरिका की आंतरिक सुरक्षा की दृष्टि से प्रारंभ किया गया था। आज इंटरनेट का उपयोग, सैन्य क्षेत्र से निकल कर आम आदमी के आंगन तक पहुंच गया है। 'अर्पानेट' के विकास के बाद सन् 1972 में 'अर्पानेट' के जरिए विभिन्न कम्प्यूटर नेटवर्कों के मध्य आंकड़े व डेटा भेजने के लिए विनियम (प्रोटोकॉल) बनाए गए। उस समय से लेकर आज तक इंटरनेट से जुड़े सभी लाखों-करोड़ों कम्प्यूटर, 'ट्रांसमिशन कंट्रोल प्रोटोकॉल' के अंतर्गत ही काम करते हैं।

प्रारंभ में इंटरनेट के द्वारा सरल संदेशों का आदान-प्रदान ही होता था लेकिन

अब इंटरनेट पर दुनियाभर की सभी सूचनाएं और जानकारियां उपलब्ध हैं। एक सर्च-इंजन की सहायता से किसी भी जानकारी या सूचना को इंटरनेट से प्राप्त किया जा सकता है। गूगल, आर्ची, गोफर और वेरॉनिका कुछ प्रमुख सर्च इंजन हैं। सर्च-इंजनों के बाद पदार्पण हुआ 'वर्ल्ड वाइड वेब' (www) का। 'वर्ल्ड वाइड वेब' की सहायता से इंटरनेट से वांछित जानकारी को प्राप्त करना और भी आसान व सरल हो गया है। इंटरनेट से जहां दुनियाभर के कम्प्यूटर परस्पर जुड़े होते हैं, वहीं किसी व्यावसायिक संगठन या संस्था के कम्प्यूटरों को आपस में जोड़ने के लिए 'लोकल एरिया नेटवर्क' (LAN) का इस्तेमाल किया जाने लगा है। 'लैन', इंटरनेट का ही एक छोटा रूप है। 'लैन' को ऑप्टिक फाइबर नेटवर्कों के जरिए परस्पर जोड़ा जाता है। ये 'लोकल एरिया नेटवर्क' अंततः जाकर इंटरनेट से जुड़ जाते हैं। इस प्रकार जैसे-जैसे लैन-नेटवर्क आपस में जुड़ते जा रहे हैं, वैसे-वैसे इंटरनेट का आकार और भी अधिक विस्तार लेता जा रहा है।

हम पढ़ चुके हैं कि इंटरनेट की शुरुआत सन् 1969 में अमेरिका में हुयी थी। उस समय इंटरनेट का आविष्कार करने का श्रेय कैलीफोर्निया विश्वविद्यालय के प्रो. क्लीन रॉक और उनके साथियों को दिया गया था। इन वैज्ञानिकों ने दो अलग-अलग यंत्रों के बीच संवाद कायम करने में सफलता प्राप्त की थी। इसके बाद अस्सी के दशक में डॉ. वरनार्ड ली ने अपने व्यक्तिगत प्रयोग के लिए एक छोटा सा प्रोग्राम (सॉफ्टवेयर) बनाया जिसके द्वारा कम्प्यूटर में स्टोर किये गए विभिन्न पैजों को आपस में जोड़ा जा सकता था। इस प्रकार विभिन्न पेजों (दस्तावेज़ों) को जोड़ने के लिए जिस स्वरूप-भाषा का इस्तेमाल किया गया उसे 'html' कहा गया। इसके बाद सन् 1992 में मार्क एण्डरसन ने एक और प्रोग्राम तैयार किया जिसे विश्व का पहला 'ब्राउजर' कहा जाता है। 'ब्राउजर' के द्वारा एक कम्प्यूटर से दूसरे कम्प्यूटर तक पहुंच कर उनमें उपलब्ध विभिन्न सूचनाओं तक पहुंचना बेहद सरल हो गया था।

इसके बाद समय आया वेबसाइटों का। विभिन्न कंपनियां और संगठन अब अपनी अलग वेबसाइटें बनाने लगे थे। इन विभिन्न वेबसाइटों को परस्पर जोड़कर सूचनाओं का आदान-प्रदान करना बेहद सरल हो गया था। शुरुआती दौर में वेबसाइटें केवल लिखित दस्तावेजों के रूप में ही होती थीं लेकिन बाद में इनमें ध्वनि और दृश्य (विजुअल) फाइलों को जोड़ा जाना भी संभव हो गया। इंटरनेट को आजकल 'वर्ल्ड वाइड वेब' (www) के नाम से भी जाना जाता है। 'वेब' का शाब्दिक अर्थ, तरंगों से होता है। यदि इंटरनेट को एक पुस्तक मान लिया जाए तो वेबसाइट को इसका एक अध्याय कहा जा सकता है। प्रयोगकर्ता को जिस विषय के बारे में भी जानकारी लेनी होती है, वह उस विषय से संबंधित वेबसाइट तक पहुंच कर अपेक्षित जानकारियां प्राप्त कर सकता है। इंटरनेट के 4 आधारभूत अवयव होते हैं—होस्ट, राउटर, क्लाइंट

और कनेक्शन। इसमें कंप्यूटर-तंत्र को 'क्लाइंट' कहा जाता है और इंटरनेट में कंप्यूटर के डेटा को एक 'पैकेट' के रूप में भेजा जाता है। 'राउटर' एक विशेष प्रकार का उपकरण होता है जो कंप्यूटर के प्वाइंट पर निर्धारित रहता है।

जैसे-जैसे प्रौद्योगिकी का विकास होता जा रहा है, वैसे-वैसे इंटरनेट की तकनीक भी बदलती जा रही है। अब त्वरित गति से डेटा भेजने के लिए उसे 'पैकेट' के रूप में भेजा जाता है। इंटरनेट पर सूचनाएं प्रेषित करने की दो विधियां हैं–सी एस एम डी और टोकन पासिंग सिस्टम। सूचनाओं को टेलीफोन लाइन, लीज लाइन या केबल लाइन के द्वारा किसी कंप्यूटर (उपभोक्ता) तक भेजा जाता है। सबसे पहले सूचनाओं को छोटे-छोटे पैकेटों में बांट लिया जाता है। यह काम भेजने वाले कंप्यूटर का 'सर्वर' करता है। इन पैकेटों के मुख्यतः 3 भाग होते हैं–हैडर, डाटा एवं ट्रेलर। पैकेट के हैडर भाग में सोर्स आई डी, डेस्टीनेशन आई डी एवं कंट्रोल डेटा का रिकार्ड रहता है। पैकेट के डेटा भाग में वे सूचनाएं रहती हैं जिन्हें भेजा जाना होता है। यदि यह डेटा बड़ा होता है तो उसे कई फाइलों में बांटकर भेजा जाता है। पैकेट के अंतिम भाग ट्रेलर में डेटा भेजने एवं प्राप्त करने में गलतियां चैक करने तथा उनको दूर करने संबंधी कोड अंकित रहते हैं।

आजकल कुछ लोग इंटरनेट को वेबसाइट के रूप में जानते हैं तो इसमें कुछ गलत नहीं है क्योंकि आमतौर पर आम प्रयोगकर्ता वेबसाइट के रूप में ही इंटरनेट का प्रयोग करता है। इंटरनेट को सूचनाओं का अथाह भंडार कहते हैं तो ये सूचनाएं किसी न किसी वेबसाइट पर ही उपलब्ध रहती हैं। इंटरनेट नेटवर्कों का नेटवर्क है जो दुनियाभर के करोड़ों कंप्यूटरों को एक सूत्र में बांधता है। यदि इंटरनेट को एक पुस्तक मान लिया जाए तो वेबसाइट को हम इस पुस्तक का एक अध्याय कह सकते हैं। हर संस्था और हर संगठन आज अपनी अलग वेबसाइट रखती है। इस वेबसाइट पर संबंधित संस्था या संगठन के बारे में पूरी जानकारी रहती है। हर वेबसाइट का एक पता होता है जिसके आधार पर उसे खोला जा सकता है। प्रत्येक पते में 'http' और 'www' जैसे शब्दों का प्रयोग सामान्य रूप से किया जाता है। 'http' का अर्थ है हाइपर टेक्स्ट ट्रांसफर प्रोटोकॉल' जबकि 'www' का अर्थ है 'वर्ल्ड वाइड वेब'। इस वर्ल्ड वाइड वेब का मुख्य कार्यालय, वर्जीनिया, अमेरिका में है। यदि आपको किसी वेबसाइट का पता मालूम नहीं हो तो आप किसी सर्च-इंजन द्वारा उस वेबसाइट का पता मालूम कर सकते हैं। प्रत्येक वेबसाइट पते में कुछ और शब्द (जैसे .com, .org आदि) देखने को मिलते हैं।

इस प्रकार स्पष्ट है कि किसी वेबसाइट के पते मात्र से ही यह पता लगाया जा सकता है कि वह वेबसाइट किस प्रकार की संस्था से संबंधित है और वह संस्था किस देश से संबंधित है। आज इंटरनेट के संबंध में दुनियाभर में अनेकों प्रयोग चल

रहे हैं ताकि इसे और सुविधाजनक बनाया जा सके। आजकल ऐसी वेबसाइटों के विकास का काम चल रहा है जो प्रयोगकर्ता की आवाज को पहचान कर ही जवाब दिया करेंगी। इस तकनीक में बायोमैट्रिक्स का प्रयोग किया जायेगा। अब किसी वेबसाइट को खोजने के लिए 'सर्च इंजन' की आवश्यकता नहीं पड़ेगी, प्रयोगकर्ता मात्र बोलकर ही कंप्यूटर से पूछ लिया करेगा और इंटरनेट, इच्छित वेबसाइट खोल दिया करेगा। इसके अलावा आजकल दुनियाभर के वैज्ञानिक इंटरनेट को मल्टीमीडिया सुपर हाइवे में बदलने के काम में जुटे हुए हैं। इसे इंटरनेट-2 का नाम दिया गया है जो वर्तमान इंटरनेट के मुकाबले हजार गुना अधिक रफ्तार से सूचनाओं का आदान-प्रदान किया करेगा।

भारत में इंटरनेट : हम पढ़ चुके हैं कि इंटरनेट का प्रारंभ सन् 1969 में अमेरिका में हुआ था। प्रारंभ में इसका उपयोग कम ही होता था लेकिन धीरे-धीरे यह दुनियाभर में लोकप्रिय होता गया। सन् 1993-94 में इसका खूब इस्तेमाल होने लगा। भारत में इंटरनेट का आगमन सन् 1995 में हुआ था। अपने आगमन से लेकर आज तक भारत में इसका इस्तेमाल लगातार बढ़ता जा रहा है।

भारत में सबसे पहले इंटरनेट सेवा, शिक्षा एवं शोध नेटवर्क (एजुकेशन एंड रिसर्च नेटवर्क) द्वारा उपलब्ध करायी गयी थी। इसके बाद व्यावसायिक रूप से यह सेवा विदेश संचार निगम लिमिटेड द्वारा उपलब्ध करायी जाने लगी। शुरू-शुरू में इंटरनेट सेवा, दिल्ली और इसके आसपास के क्षेत्र में ही उपलब्ध थी लेकिन धीरे-धीरे इसका विस्तार होता गया। पहले इसका विस्तार देश के महानगरों में हुआ और फिर छोटे शहरों और कस्बों तक में इंटरनेट का विस्तार होता गया। आज इंटरनेट देश के गांवों तक में अपनी पैठ बना चुका है। भारत में इंटरनेट की सुविधा 'गेटवे इंडिया एक्सेस सर्वर' द्वारा उपलब्ध करायी जाती है। इस सर्वर का संचालन व प्रबंधन, विदेश संचार निगम लिमिटेड द्वारा किया जाता है। विदेश संचार निगम लिमिटेड ने इंटरनेट सुविधा उपलब्ध कराने के लिए देशभर के अलावा समुद्र तक में केबलों का जाल सा बिछा रखा है। इसके अलावा वह उपग्रहों का भी खूब इस्तेमाल करता है। विदेश संचार निगम लिमिटेड की एक परियोजना के अंतर्गत मुंबई में मुख्य इंटरनेट एक्सेस नोड स्थापित की गयी है और रिमोट इंटरनेट एक्सेस नोड, दिल्ली, चेन्नई, कोलकाता, पुणे और बंगलुरु में स्थापित की गयी हैं। इन रिमोट नोडों को मुंबई स्थित मुख्य नोड के जरिए अमेरिका की मुख्य नोड से जोड़ा गया है। इसके अलावा मुंबई स्थित मुख्य इंटरनेट एक्सेस नोड को 'गेटवे पैकेट स्विच्ड सर्विस' से भी जोड़ा गया है ताकि अधिक रफ्तार से इंटरनेट सेवा उपलब्ध करायी जा सके।

मोबाइल इंटरनेट : आजकल जमाना मोबाइल चीजों का है तो भला इंटरनेट ही क्यूं पीछे रहे। तेज रफ्तार की इस जिंदगी में इंटरनेट भी मोबाइल हो गया है।

इंटरनेट ने हमारी जिंदगी में इतनी गहरी पैठ कर ली है कि अब चलते-फिरते, यात्रा करते हुए भी हमें इंटरनेट की जरूरत पड़ती रहती है। एक समय था जब मोबाइल फोन एक सपने के जैसा ही था लेकिन वह सपना एक दिन सच हो गया। फिर मोबाइल इंटरनेट एक सपना बन गया। मोबाइल फोन की भांति ही इंटरनेट का उपयोग सुलभ कराने के लिए वैज्ञानिक प्रयास करने लगे। आज यह सपना सच हो चुका है। अब बिना कंप्यूटर और बिना माउस के भी आपके मोबाइल फोन पर ही इंटरनेट उपलब्ध है।

मोबाइल पर इंटरनेट उपलब्ध होने के साथ ही एक अलग 'मोबाइल इंफार्मेशन सोसायटी' अस्तित्व में आ चुकी है। मोबाइल इंफार्मेशन सोसायटी के लिए निम्नलिखित 3 अवयव होने अति आवश्यक हैं :

1. वैप (वायरलैस एप्लीकेशन प्रोटोकॉल)
2. डी पी आर एस (जनरल पैकेट रेडियो सर्विसेज)
3. टेलीकॉम नेटवर्क (तेज गति से डेटा भेजने के लिए)

आधुनिक मोबाइल फोन केवल बात करने के लिए ही नहीं हैं अपितु इनकी सहायता से इंटरनेट सेवा भी आपकी मुट्ठी में अवतरित हो चुकी है। आजकल 'वैप' तकनीक (वायरलैस एप्लीकेशन प्रोटोकॉल) द्वारा मोबाइल फोनों पर इंटरनेट सेवा उपलब्ध करायी जा रही है। मोबाइल इंटरनेट का मूल आधार वैप ही होता है। यह इंटरनेट आधारित सेवाओं को मोबाइल फोन पर उपलब्ध कराने वाला एक मानक प्रोटोकॉल है। वैप के प्रमुख अवयव निम्नलिखित हैं :

- ☆ वायरलेस एप्लीकेशन एनवायरन्मेंट
- ☆ वायरलेस सेशन प्रोटोकॉल
- ☆ वायरलेस ट्रांसेक्शन प्रोटोकॉल
- ☆ वायरलेस ट्रांसपोर्ट लेयर सिक्योरिटी
- ☆ वायरलेस डेटाग्राम प्रोटोकॉल

वाई-फाई नेटवर्क : आज जमाना इंटरनेट के वाई-फाई संस्करण का है। वाई-फाई वायरलैस फीडिलिटी का संक्षिप्त रूप है। वाई-फाई तकनीक में बिना केबल की मदद से इंटरनेट सेवा का उपयोग किया जा सकता है। यह सुविधा दो प्रकार की होती है–खुला एवं बंद। खुली (ओपेन) सेवा का उपयोग क्षेत्र विशेष में कोई भी व्यक्ति कर सकता है। जबकि बंद (क्लोज) सेवा का उपयोग करने के लिए 'पासवर्ड' की आवश्यकता पड़ती है। आजकल वाई-फाई सेवा का दुरुपयोग काफी बढ़ गया है इसलिए अब अधिक सुरक्षित 'वाईमैक्स' सेवा का उपयोग किया जाने लगा है। वाईमैक्स, नेटवर्किंग की एक अत्याधुनिक प्रणाली है और इसकी सहायता से 80 किलोमीटर तक के क्षेत्र में इंटरनेट का इस्तेमाल किया जा सकता है।

वाई-फाई की सुरक्षा : आतंकवादियों द्वारा किसी अन्य व्यक्ति के *वाई-फाई* नेटवर्क का इस्तेमाल करने के मामले भी अब प्रकाश में आने लगे हैं। ऐसा करके आतंकवादी अपनी पहचान गुप्त रखने में कामयाब हो जाते हैं। दरअसल, वाई-फाई एक प्रचलित वायरलैस तकनीक है, जिसका इस्तेमाल होम नेटवर्क, मोबाइल फोन और वीडियो गेम में किया जाता है। यह तकनीक सामान्यतः सभी ऑपरेटिंग सिस्टमों पर काम कर सकती है। वाई-फाई दो प्रकार का होता है—खुला क्षेत्र और बंद क्षेत्र वाई-फाई। खुले वाई-फाई का प्रयोग कोई भी व्यक्ति कर सकता है जबकि बंद वाई-फाई का प्रयोग करने के लिए पासवर्ड की आवश्यकता होती है। वाई-फाई नेटवर्क के माध्यम से नेटवर्क कार्ड वाले कम्प्यूटर, वायरलैस रूटर से जुड़े होते हैं। वाई-फाई में सूचना के आदान-प्रदान के लिए रेडियो फ्रीक्वेंसी तकनालॉजी का प्रयोग किया जाता है।

यह नेटवर्क की एक वायरलैस तकनीक है और इसके कारण तार, प्लग, स्विच, एडाप्टर, पिन और कनेक्टर आदि से मुक्ति मिल गयी है। यह तकनीक जिस दायरे में होती है, उस दायरे के किसी भी स्थान से इंटरनेट का इस्तेमाल किया जा सकता है। इस तकनीक के द्वारा व्यक्तिगत कम्प्यूटर या लैपटॉप को एक कनेक्टर की सहायता से इंटरनेट से जोड़ा जाता है। यह एक बेहद सुविधाजनक तकनीक है लेकिन अब इसका इस्तेमाल आतंकवादी भी करने लगे हैं। सन् 2008 में अहमदाबाद में हुए बम विस्फोटों की जिम्मेदारी लेने के लिए इंडियन मुजाहिदीन नामक आतंकवादी संगठन ने मुम्बई के एक अमेरिकी नागरिक के वाई-फाई नेटवर्क को हैक कर लिया और फिर उस अमेरिकी नागरिक के ई-मेल से सुरक्षा एजेंसियों और मीडिया को मिल किए गए। वाई-फाई के दायरे में उपस्थित कोई भी व्यक्ति, इंटरनेट का प्रयोग तो कर ही सकता है, साथ ही वह इसके 'इनक्रिप्टेड स्टैंडर्ड वायरलैस इक्विवेलेंट प्राइवेसी' को हैक कर उसे तोड़ भी सकता है।

तकनीक ने यदि आतंकवादियों को वाई-फाई जैसी एक विधि उपलब्ध कराई है तो उसने सुरक्षा एजेंसियों और आम नागरिकों को वे उपकरण भी उपलब्ध करा दिये हैं जिनका उपयोग करके, किसी अनाधिकृत व्यक्ति द्वारा वाई-फाई के दुरुपयोग की रोकथाम की जा सकती है :

(1) सबसे पहले अपने 'रूटर' को स्विच-ऑन करें और फिर नेटवर्क कनेक्शन के विकल्प को क्लिक करें। इसमें प्रयोगकर्ता का नाम और पासवर्ड डालिए और 'ओ.के.' बटन को क्लिक कर दें। ऐसा करते ही कम्प्यूटर को वाई-फाई का संकेत मिल जाएगा और यह इंटरनेट से जुड़ जाएगा यह वाई फाई इस्तेमाल करने का सबसे सुरक्षित तरीका है।

(2) अपने 'रूटर' को स्विच ऑन करके न छोड़े। ऐसा करना बेहद असुरक्षित

हो सकता है क्योंकि कोई भी व्यक्ति आपके वाई फाई संकेतों का दुरुपयोग कर सकता है।

(3) वाई फाई का प्रयोग करने के लिए सदैव प्रयोगकर्ता के नाम और पासवर्ड का प्रयोग करें तथा एक निश्चित अवधि के बाद अपना पासवर्ड बदलते रहें।

(4) यदि उपयोग न किया जा रहा हो तो अपने वाई फाई कनेक्शन को बंद कर दें।

(5) समय-समय पर इस बात की जांच करते रहें कि कोई व्यक्ति आपके कम्प्यूटर/वाई फाई का दुरुपयोग तो नहीं कर रहा है। नेटवर्क आइकन को क्लिक करते ही आप जान सकते हैं कि आपके वाई फाई से कौन-कौन से कम्प्यूटर जुड़े हुए हैं।

चूंकि आतंकवादी इंटरनेट का दुरुपयोग भी करने लगे हैं इसलिए जरूरत इस बात की है कि आप अपने इंटरनेट कनेक्शन को सुरक्षित रखें। असुरक्षित वाई-फाई कनेक्शन का प्रयोग कदापि न करें और अपने वाई-फाई में सदैव प्रयोगकर्ता का नाम *(यूजर नेम)* और पासवर्ड का इस्तेमाल करें।

वाई-फाई नामक यह अत्याधुनिक तकनीक सामान्यतः सभी ऑपरेटिंग सिस्टम्स को सपोर्ट करती है। वाई-फाई में सूचना व डेटा के आदान-प्रदान के लिए रेडियो फ्रीक्वेंसी तकनॉलॉजी का इस्तेमाल किया जाता है। जब रेडियो फ्रीक्वेंसी धारा की आपूर्ति, एंटीना में ली जाती है तो एक वैद्युत चुम्बकीय क्षेत्र बनता है। जिस क्षेत्र विशेष में वाई-फाई नेटवर्क का इस्तेमाल किया जा सकता है, उसे 'हॉट स्पॉट' कहते हैं। वाई-फाई ने तारों के जंजाल से मुक्ति दिलाने के साथ-साथ और भी बहुत सी सुविधाएं हमें मुहैया करायी हैं लेकिन इसके दुरुपयोग का खतरा भी बहुत अधिक है। वाई-फाई के दायरे में कोई भी व्यक्ति, इंटरनेट से जड़ सकता है। इसके अलावा 'इनक्रिप्टेड स्टैंडर्ड वायरलैस इक्विवेलेंट प्राइवेसी' को भी हैक करके तोड़ा जा सकता है।

इंटरनेट की बढ़ती रफ्तार : इसमें कोई शक नहीं कि इंटरनेट आज किसी वरदान से कम नहीं है। यही कारण है कि इसका इस्तेमाल करने वालों की संख्या आज लगातार बढ़ती जा रही है।

मार्केट रिसर्चर जस्ट कंसल्ट से प्राप्त रिपोर्ट के अनुसार, भारत में कुल जनसंख्या का 4.5 प्रतिशत भाग जनसंख्या का 4.5 प्रतिशत भाग इंटरनेट का इस्तेमाल करता है। 40 शहरों में किए गए अध्ययन से मिले आंकड़ों के आधार पर भारत में इंटरनेट की स्थिति से संबंधित तमाम आंकड़े प्राप्त हुए हैं।

रिपोर्ट के अनुसार, भारत में 25 मिलियन यूजर्स नेट का इस्तेमाल रोजाना

करते हैं और करीब 35 मिलियन यूजर्स ऐसे हैं, जो महीने में कम-से-कम एक बार इंटरनेट का इस्तेमाल जरूर करते हैं।

जहां तक इंटरनेट पर ऑनलाइन कार्यों का सवाल है तो सबसे ज्यादा 91 प्रतिशत लोग ई-मेल भेजने के लिए इसका इस्तेमाल करते हैं। जॉब खोजने के लिए 72, चैटिंग के लिए 70, न्यूज जानने के लिए 63, स्पोर्ट्स के लिए 57, म्यूजिक या मूवी डाउनलोड करने के लिए 54, क्रिकेट स्कोर जानने के लिए 50, डेटिंग व फ्रेंडशिप के लिए 50 प्रतिशत और विवाह के लिए 49 प्रतिशत लोग इंटरनेट के इस्तेमाल में रुचि रखते हैं।

यदि वेबसाइट की बात करें तो ई-मेल भेजने के लिए याहू, मैसेज भेजने के लिए याहू, जॉब के लिए नौकरी, ट्रैवल के लिए यात्रा, गेम के लिए जपक, ऑनलाइन शॉपिंग के एबी, विवाह के लिए भारतमैट्रीमोनी और सोशल नेटवर्किंग के लिए ऑरकुट जैसी वेबसाइटों का इस्तेमाल सबसे ज्यादा किया जाता है।

भारतीय प्रौद्योगिकी संस्थान, खड़गपुर के दो छात्रों ने इंटरनेट सुविधा के लिए एक ऐसा नेटवर्क विकसित किया है जो देश के सुदूर हिस्सों को आपस में काफी प्रभावशाली तरीके से जोड़ सकता है। दिलचस्प बात यह है कि इस प्रोजेक्ट में जिन साधनों का इस्तेमाल किया गया है वे हैं हमारे गांवों-कस्बों में चलने वाली स्थानीय बसें और ट्रेन! और खर्च तो पूछिए ही मत–प्रतिमाह प्रति व्यक्ति इस नेटवर्किंग की लागत है सिर्फ एक रुपया दस पैसे! जाहिर सी बात है कि यह संचार क्रांति से कम कही जाने वाली कोई चीज नहीं–इसीलिए इस प्रोजेक्ट का नाम है क्रांति (कियोस्क्स इन रूरल एरियाज नेटवर्क एंड टेलीकम्यूनिकेशन इंफ्रास्ट्रक्चर)।

इस तरीके से ई-मेल, वेब से जुड़ी सूचनाएं, संरचित सामग्री, विश्लेषण और खबरों को कियोस्क के माध्यम से कंप्यूटर में हस्तांतरित किया जा सकता है। यदि देरी होती है तो वह सिर्फ इस क्षेत्र में बसों और ट्रेनों के आगमन के चलते होती है। जरूरी नहीं कि किसी क्षेत्र में नियमित तरीके से बसें और ट्रेन लगातार आती-जाती रहें। सेठी बताते हैं, "जब बस या ट्रेन रुकती है, तो डाटा अपने आप ट्रांसफर हो जाता है। सिर्फ 5 से 10 मिनट के भीतर 100 एमबी डाटा को हस्तांतरित किया जा सकता है। कनेक्टिविटी यानी संपर्क का दायरा एक एंटिना के प्रयोग से सामान्य तौर पर 50 मीटर का होता है, जिसे बढ़ाया या घटाया जा सकता है।

इस मॉडल के चलते कियोस्क कंट्रोलर भारत के गांवों में विभिन्न किस्म की इंटरनेट सुविधाएं प्रदान कर सकता है और इसमें खर्चा बहुत मामूली है–प्रति व्यक्ति सिर्फ 13.5 रुपया। इसके संचालन की लागत प्रतिमाह प्रति व्यक्ति एक रुपये 10 पैसे आती है। सेठी कहते हैं, "हमारी सरकार ने पहले ही ई-गवर्नेंस को सक्षम बनाने के लिए गांवों में हजारों कियोस्क लगा रखे हैं जो सूचनाओं को एकत्रित करने में

भूमिका निभाते हैं। लेकिन विभिन्न किस्म की अन्य दिक्कतों के चलते इंटरनेट अब भी देश के सुदूरवर्ती हिस्सों तक पहुंच नहीं सका है। हमारा कंट्रोलर दसियों एमबी डाटा को शहरों से गांवों तक पहुंचाने में मदद करेगा, वो भी कुछ ही मिनटों के भीतर और बहुत कम लागत पर यह सब संभव हो पाएगा।" इस टीम ने परियोजना का विशाखापट्टनम के करीब एक गांव में पिछले साल परीक्षण भी किया है। हाल ही में यह परियोजना खड़गपुर में भी लगाई गई थी। लागत में कटौती के लिए इन दोनों ने पुनर्प्रसंस्करित कंप्यूटरों, सौर ऊर्जा और ग्रामीण भारत में आसानी से मिलने वाले संसाधनों का इस्तेमाल किया है।

स्पष्ट है कि इंटरनेट ने आज हमारे जीवन में गहरे तक पैठ बना ली है और इसका प्रयोग निरंतर बढ़ता जा रहा है। जैसे-जैसे इंटरनेट का इस्तेमाल बढ़ता जा रहा है वैसे-वैसे इसमें नित नई प्रौद्योगिकी का इस्तेमाल भी बढ़ता जा रहा है जिस कारण इंटरनेट पहले के मुकाबले और अधिक सुविधाजनक हो गया है।

•

2

इंटरनेट का अर्थ

आज हम साइबर-युग में जी रहे हैं। जीवन के हर क्षेत्र और हर रंग में सूचना-प्रौद्योगिकी अपनी महत्त्वपूर्ण भूमिका अदा कर रही है। सूचना- प्रौद्योगिकी के एक महत्त्वपूर्ण उत्पाद के रूप में आज हमारे सामने 'इंटरनेट' नामक एक जादुई चिराग, उपलब्ध है। बात चाहे हम व्यापार की करें या बैंकिंग की। बात चाहे हम शोध और अनुसंधान की करें या फिर मनोरंजन की, जीवन के हर क्षेत्र में इंटरनेट ने आज अपनी उपस्थिति दर्ज करा दी है।

इंटरनेट के कारण आज हमारा जीवन इतना सुविधाजनक और सरल हो गया है कि बिना इंटरनेट के आज जीवन की कल्पना तक करना कठिन हो गया है। हम सभी लोग किसी न किसी रूप में इंटरनेट का प्रयोग कर रहे हैं इसलिए इंटरनेट के बारे में जानना आवश्यक है कि यह कैसे काम करता है। प्रस्तुत अध्याय में हम चर्चा करेंगे कि इंटरनेट कहते किसे हैं और यह कैसे काम करता है।

कुछ लोग कहते हैं कि इंटरनेट, इक्कीसवीं सदी का मानव जाति को सबसे उपयोगी और खूबसूरत उपहार है, तो यह कुछ गलत नहीं है। आज इंटरनेट का उपयोग प्रत्यक्ष या अप्रत्यक्ष रूप से लगभग सभी लोग कर रहे हैं। गली-गली में रोज खुलते नये-नये साइबर कैफे ही यह बताने के लिए काफी हैं कि भारत आज इंटरनेट क्रांति के द्वार पर है। राष्ट्रीय राजधानी दिल्ली की सरकार ने दिल्ली को 'साइबर सिटी' (इंटरनेट शहर) में परिवर्तित करने की घोषणा की है, जिससे समझा जा सकता है कि इंटरनेट का आज के जीवन में क्या उपयोग है।

इंटरनेट से संबंधित बहुत से शब्द आज प्रचलन में हैं इसलिए प्रस्तुत अध्याय में हम इंटरनेट के विभिन्न पक्षों के साथ-साथ इंटरनेट से संबंधित प्रमुख परिभाषाओं और शब्दावली की भी चर्चा करेंगे।

इंटरनेट

इंटरनेट, इंटरनेशनल-नेटवर्क का संक्षिप्त रूप है। कम्प्यूटर नेटवर्क का अर्थ है विभिन्न कम्प्यूटरों को परस्पर एक साथ जोड़ना ताकि उनके मध्य सूचनाओं का आदान-प्रदान किया जा सके। कम्प्यूटर नेटवर्क के सहारे संसाधनों का सामूहिक उपयोग भी किया जा सकता है और इसके द्वारा अलग-अलग स्थानों पर बैठे व्यक्ति किसी प्रोजेक्ट पर एक साथ काम कर सकते हैं।

नेटवर्क कई प्रकार के होते हैं लेकिन इनमें सबसे लोकप्रिय इंटरनेट ही है जो आज महानगरों व शहरों से निकल कर छोटे-छोटे कस्बों तक पहुंच गया है। हमारे यहां भी कई प्रकार के कम्प्यूटर नेटवर्क कार्य कर रहे हैं।

दुनियाभर में आज 3 प्रमुख नेटवर्क काम कर रहे हैं : कम्प्यूसर्व, अमेरिका ओरलाइन तथा इंटरनेट। कहने की जरूरत नहीं कि इन तीनों में सबसे लोकप्रिय और उपयोगी इंटरनेट ही है। इंटरनेट इन तीनों में सबसे विशाल नेटवर्क भी है। इंटरनेट को सूचना-राजपथ या इंफोर्मेशन-हाइवे के नाम से भी जाना जाता है क्योंकि इसके द्वारा सूचनाओं का आदान-प्रदान बहुत तेजी से किया जा सकता है। आज दुनियाभर में निम्नलिखित कम्प्यूटर नेटवर्क कार्य कर रहे हैं :

★ मार्कनेट
★ निकनेट
★ एरनेट
★ आई-नेट
★ कम्प्यूसर्व
★ अमेरिका ओरलाइन
★ इंटरनेट

इंटरनेट ने आज हमारी जीवन शैली बिल्कुल बदल कर रख दी है। इसके कारण दुनिया ने आज एक गांव का रूप ले लिया है क्योंकि दुनिया के एक कोने से दूसरे कोने तक सूचनाओं का आदान-प्रदान इतनी अधिक तेजी से होता है कि हम सोच भी नहीं सकते। इंटरनेट, सूचनाएं लेने और उनके आदान-प्रदान के लिए विश्वस्तरीय आंकड़ा सूचना सेवा उपलब्ध कराता है।

इंटरनेट का इतिहास

1969 में इंटरनेट का उद्‌भव एवं विकास अमेरिका के प्रतिरक्षा विभाग के मुख्यालय पेंटागन स्थित 'एडवांस्ड रिसर्च प्रोजेक्ट्स एजेंसी-एरपा' (ARPA) की संकल्पना से हुआ था। उस समय अमेरिकी रक्षा वैज्ञानिक एक ऐसी कमांड कंट्रोल

संरचना विकसित करना चाहते थे जिस पर सोवियत संघ के परमाणु आक्रमण का प्रभाव न पड़े। इसके लिए उन्होंने विकेंद्रित सत्ता वाला नेटवर्क बनाया जिसमें सभी कम्प्यूटरों को बराबर का दर्जा दिया गया। अर्थात इस नेटवर्क का उद्देश्य नाभिकीय युद्ध की स्थिति में अमेरिकी सूचना संसाधनों का संरक्षण करना था।

अमेरिका की रक्षा उन्नत अनुसंधान परियोजना एजेंसी ने विभिन्न प्रकार के अंतर संपर्क पैकेट नेटवर्कों के लिए कार्यविधियों और प्रौद्योगिकियों की जांच का अनुसंधान कार्यक्रम शुरू किया। इसका उद्देश्य ऐसे संचार नियम बनाना था जिनसे नेटवर्क से जुड़े कम्प्यूटर बहुसंयोजित पैकेट संजालों से सूचना को साफ-सुथरे ढंग से दे-ले सकें। यह इंटर-नैटिंग परियोजना कहलाती है और अनुसंधान से प्राप्त नेटवर्क प्रणाली 'इंटरनेट' कहलाती है। इंटर-नैटिंग परियोजना अनुसंधान में जो प्रोटोकॉल प्रणाली विकसित हुई वह प्रारंभ में विकसित दो प्रोटोकालों यानी प्रेषण नियंत्रण प्रोटोकॉल और इंटरनेट प्रोटोकॉल के नाम से जानी जाती है।

इंटरनेट कार्यपद्धति

इंटरनेट या सूचना राजपथ ऑप्टिकल फाइबर तारों से जुड़े कम्प्यूटरों का एक व्यापक नेटवर्क है। इसमें सूचनाओं, ध्वनियों, चित्रों, आवाजों एवं आंकड़ों आदि को प्रकाश की गति से भेजना संभव है। इसकी कार्यपद्धति बहुत आसान है। इस प्रणाली में कम्प्यूटरों के जाल को एक मुख्य कम्प्यूटर आपस में टेलीफोन लाइन के द्वारा जोड़ता है। यहां जोड़ने का कार्य जब टेलीफोन लाइन के बजाय आम तारों के द्वारा किया जाता है तो यह पद्धति नेटवर्किंग कहलाती है। कम्प्यूटर तथा टेलीफोन आपस में मोडेम के माध्यम से जुड़े होते हैं। यह मोडेम कम्प्यूटर के डिजिटल सिग्नल को टेलीफोन के मैग्नेटिक सिग्नल तथा मैग्नेटिक को डिजिटल सिग्नल में बदलता है। सूचनाओं का यह खजाना मुक्त एवं स्वतंत्र है। इस पर किसी भी केंद्रीभूत प्रशासन, संस्था या कंपनी का नियंत्रण नहीं है। इसी कारण इंटरनेट को कम्प्यूटरों का मुक्त संयोजन कहा जाता है। वर्तमान में यदि किसी व्यक्ति के पास एक कम्प्यूटर (पी.सी.) एक मोडेम, टेलीफोन लाइन (आई.एस.डी. सुविधा सहित), आवश्यक सॉफ्टवेयर तथा इंटरनेट नेटवर्क से संयोजन हो, तो वह विश्व संबंधी समस्त घटनाओं की सूचना आसानी एवं अतिशीघ्र प्राप्त कर सकता है। प्रत्येक इंटरनेट कम्प्यूटर 'होस्ट' कहलाता है।

भारत में इंटरनेट

देश में कुछ सीमित सभ्रांत लोगों द्वारा प्रयोग किए जाने के साथ इंटरनेट का प्रवेश 1987-88 में ही हो गया था। परन्तु विदेश संचार निगम लिमिटेड द्वारा इंटरनेट

सुविधा को जनसामान्य को उपलब्ध कराने के उद्देश्य से 15 अगस्त, 1995 से 'गेटवे इंटरनेट' सेवा आरंभ की गई। इसके अंतर्गत मुंबई के इंटरनेट एसेस कोड को सेटेलाइट मीडिया द्वारा अमेरिका और सबमरिन केबल मीडिया द्वारा यूरोप के इंटरनेट नोड के साथ जोड़ा गया। मुंबई स्थित इंटरनेट एसेस नोड विदेश संचार निगम के गेटवे पैकेज स्विच सर्विस, डॉट के रिमोट एरिया बिजनेस मैसेज नेटवर्क, आईनेट के डोमेस्टिक पैकेट स्विच नेटवर्क और एच.पी. नेट के हाईस्पीड री-सेट नेटवर्क से जुड़ा हुआ है, जिसके कारण इन सभी नेटवर्क के सदस्यों को भी इंटरनेट सेवाओं का पूरा लाभ मिलेगा। जी.आई.ए.एस. (GIAS) के साथ ही आईनेट के सदस्य बन जाने से देश के सभी एस.टी.डी. सुविधा सम्पन्न शहरों में इंटरनेट सुविधा उपलब्ध हो जाएगी। ज्ञातव्य है कि इंटरनेट कम्प्यूटर के माध्यम से लोकल कॉल, एस.टी.डी. या आई.एस.डी. किसी भी माध्यम को अपनाने पर लोकल कॉल का ही चार्ज लगता है।

निजी क्षेत्र की कंपनी सत्यम इनफो वे 21 नवम्बर, 1998 से इंटरनेट सेवा शुरू करने के साथ विदेशी संचार निगम लिमिटेड (सार्वजनिक क्षेत्र) के बाद देश की दूसरी इंटरनेट सेवा उपलब्ध कराने वाली निजी क्षेत्र की पहली कंपनी है। इसने नवम्बर, 1998 के शुरू में इंटरनेट सेवादाता (आई.एस.पी.) संबंधी नए दिशा-निर्देशों की घोषणा के बाद 12 नवम्बर, 1998 को सी-डॉट के साथ लाइसेंस समझौता किया था। कंपनी इंटरनेट सेवा सत्यम इनफो वे की सब्सिडियरी के रूप में गठित 'सत्यम ऑनलाइन' के माध्यम से देश भर के विभिन्न प्रमुख शहरों में उपलब्ध करा रही है।

इंटरनेट के लाभ तथा उपयोग

हालांकि इंटरनेट का प्रयोग सबसे पहले अमेरिका में रक्षा संबंधी जरूरतों को पूरा करने के लिए किया गया था लेकिन आज इंटरनेट के कारण हमारे बहुत से कठिन काम भी बेहद सरलता से संपादित हो जाते हैं। इंटरनेट की सहायता से प्रमुख अनुसंधान शालाओं व शिक्षण संस्थाओं को परस्पर जोड़ दिया गया है ताकि सभी लोग सूचनाओं का आदान-प्रदान कर सकें।

इंटरनेट के कारण जीवन के प्रत्येक क्षेत्र में आज खासी प्रगति हुई है। वाणिज्य और व्यापार के क्षेत्र में भी इंटरनेट के कारण उल्लेखनीय प्रगति हुई है। इंटरनेट पर आज बहुत सी आश्चर्यजनक सुविधाएं उपलब्ध हैं जिनकी सहायता से दैनिक जीवन काफी सरल व सुविधाजनक हो गया है। इंटरनेट पर वर्तमान में उपलब्ध कुछ प्रमुख आधुनिक सुविधाएं निम्नलिखित हैं :

इलेक्ट्रॉनिक डाक (E-mail)

इलेक्ट्रॉनिक डाक अथवा ई-मेल सबसे अधिक बुनियादी और आम प्रयुक्त

इंटरनेट सुविधा है। सामान्यतः ई-मेल के लिए इंटरनेट का सहयोग लेना आवश्यक नहीं है। एक ही ऑफिस, मकान या इलाके के कम्प्यूटरों को जोड़कर उनके बीच ई-मेल से संदेश का आदान-प्रदान संभव है, परन्तु अंतर्राष्ट्रीय स्तर पर संदेश के आवागमन के लिए इंटरनेट का उपयोग करना आवश्यक है। उल्लेखनीय है कि ई-मेल में कम्प्यूटर पर उस व्यक्ति के न रहने पर भी संदेश/सूचना संबद्ध कम्प्यूटर सेट पर छोड़ा जा सकता है, जिसे व्यक्ति बाद में अपने कम्प्यूटर पर प्राप्त कर सकता है। ई-मेल के मध्यम से संदेश, आंकड़े, चित्र आदि बहुत तेजी से भेजा जा सकता है। इसमें किसी प्रकार की गलती की संभावना नहीं होती, साथ ही संदेश भेजने के अन्य तरीकों से कम खर्च भी होता है। इससे विभिन्न देशों के बीच समय-वैभिन्य से बचा जा सकता है और टेलीफोन से सम्पर्क न हो पाने की समस्या से भी निजात पाई जा सकती है। ई-मेल एक कम्प्यूटर से दूसरे कम्प्यूटर (प्रयोक्ता कम्प्यूटर) को भेजा जाता है। प्रयोक्ता कम्प्यूटर को इंटरनेट अथवा ई-मेल की सेवा देने वाली कंपनी (होस्ट कम्प्यूटर) से जुड़ा होना चाहिए।

भारत में प्रथम व्यापारिक ई-मेल सेवा नई दिल्ली में 11 फरवरी, 1994 को शुरू की गई, जिसे चेन्नई स्थित आई.सी.एन.ई.टी. नामक एक निजी कम्प्यूटर कंपनी द्वारा सरकार से लाइसेंस प्राप्त करके शुरू किया गया था। देश में सार्वजनिक क्षेत्र के संस्थान विदेश संचार सेवा निगम लिमिटेड (VSNL) द्वारा ई-मेल सेवा व्यावसायिक स्तर पर 'जी.ई.एम.एस.-400' लिमिटेड (GEMS-400) नाम से शुरू की गई है, जिसका कार्यक्षेत्र आरंभ में चारों महानगरों, पुणे, त्रिवेंद्रम और भुवनेश्वर तक सीमित था। बाद में इसके कार्य क्षेत्र को विस्तृत करते हुए अब इस सेवा को विश्व के विभिन्न प्रमुख देशों के साथ भी जोड़ा जा रहा है। सरकारी नीतियों में उदारीकरण के बाद निजी कंपनियों द्वारा विभिन्न प्रकार की ई-मेल सेवाएं उपलब्ध कराई जा रही हैं तथा वी.एस.एन.एल. के अतिरिक्त भी कुछ सार्वजनिक क्षेत्र की कंपनियां इस सेवा-क्षेत्र से जुड़ रही हैं। वर्तमान में ई-मेल आधारित अनेक मूल्य वर्द्धित सेवाएं देश में आरंभ की गई हैं।

डाक-सूचियां, सूची-सेवाएं तथा बुलेटिन बिल बोर्ड

डाक-सूचियां व्यक्तियों अथवा संगठनों के इलेक्ट्रॉनिक डाकपतों की सामान्य वितरण सूचियां होती हैं। डाक-सूचियों से एक ही स्रोत वाली सूचना आसानी से कम खर्च पर और बहुत शीघ्रता से अनेक पार्टियों को मिल जाती है। सूची-सेवाएं विशेष दिलचस्पी वाली डाक-सूचियां होती हैं जो एक स्वचालित 'सर्वर' कार्यक्रम द्वारा संचालित होती हैं। सूची-सेवा के माध्यम से प्रयोगकर्त्ता सामान्य ई-मेल के उपयोग से किसी सूची में अपना नाम जोड़ सकता है या निकाल सकता है तथा एक ही

पते पर डाक भेज कर उसे समूचे वर्ग तक पहुंचा सकता है। बुलेटिन बिल बोर्ड एक प्रकार की होस्ट कम्प्यूटर प्रणालियां होती हैं, जो किसी प्रयोक्ता को जोड़ती हैं या फिर अधिसूचनाओं और पाठ्य दस्तावेजों की जांचने में मदद करती हैं। ये सॉफ्टवेयर और फाइलों को लेने-देने का कार्य करती हैं। इनमें प्रयोक्ता को सारी डाक सीधे अपनी डाक-पेटी में लेने के बजाए डाक संदेश जांचने की छूट होती है। इनमें से कुछ बुलेटिन बोर्ड सेवाओं को इंटरनेट से जोड़ने की आवश्यकता नहीं होती। बुलेटिन बोर्ड सेवा ई-मेल से भी सस्ती है, जिसका कारण बुलेटिन बोर्ड का सामान्यतया संचालन शौकिया लोगों द्वारा किया जाना है।

पुसनेट (Push Net)

पुसनेट अंतर्राष्ट्रीय मीटिंग करने का स्थान है जहां लोग कम्प्यूटर का उपयोग करके एक-दूसरे से मिलते हैं तथा सूचनाओं का आदान-प्रदान करते हैं। पुसनेट के सहयोग से संदेश इलेक्ट्रॉनिक बुलेटिन बोर्ड पर भेजे जा सकते हैं, जिसे कोई भी व्यक्ति देख सकता है। सभी इंटरनेट केंद्रों पर पुसनेट की सुविधा उपलब्ध है इसके अतिरिक्त स्वतंत्र रूप से भी पुसनेट की सुविधा उपलब्ध कराई जाती है।

यूसनेट (Use Net)

यूसनेट वास्तव में यूसर नेटवर्क का संक्षिप्त रूप है। यूसनेट, नेट न्यूज चलाने वाले स्थलों का तार्किक नेटवर्क है। नेट-न्यूज, नेटवर्क परक बुलेटिन बोर्ड होता है जिससे बड़े पैमाने पर लोगों को बहुत आसानी से प्रश्न प्रसारित किए जा सकते हैं। लेकिन सभी स्थलों प्रयोक्ताओं के लिए यह अनिवार्य ठहरा दिया गया है कि वे समाचारों को लेने के बाद उनके बदले में अन्य लोगों को बिना शुल्क के यूसनेट उपलब्ध कराएं। यूसनेट को न्यूज ग्रुप का डिस्कशन ग्रुप के नाम से भी जाना जाता है। न्यूज ग्रुप या यूसनेट पर ललित कला से लेकर विज्ञान कथाओं और इतिहास तक एवं ध्रुव प्रदेश से लेकर अफ्रीका तक के किसी भी विषय पर अलग-अलग भाषाओं में जानकारी उपलब्ध है। यूसनेट में एक विषय पर रुचि रखने वाले लोग सूचनाओं एवं अभिप्रायों का आदान-प्रदान एवं तर्क कर सकते हैं। इलेक्ट्रॉनिक डाक प्रौद्योगिकी का प्रयोग होने के कारण इसका उपयोग वहां हो सकता है जहां इंटरनेट उपलब्ध हो और वहां भी हो सकता है जहां सम्पर्क के साधन अपेक्षाकृत कम हों।

टेलनेट (Tel Net)

टेलनेट एक होस्ट कम्प्यूटर के प्रयोगकर्ता को इंटरनेट में अन्यत्र होस्ट कम्प्यूटर से जोड़ देता है। टेलनेट से आप अपने कम्प्यूटर पर नेटवर्क के दूसरे

कम्प्यूटर पर लॉग इन हो सकते हैं और इस प्रकार काम कर सकते हैं मानो दूर रखे कम्प्यूटर का की-बोर्ड आपकी मेज पर रखा हुआ है। टेलनेट से दूसरे महाद्वीप के किसी सम्मेलन में भाग लेने वाला अनुसंधानकर्त्ता स्वदेश में अपने कार्यालय के कम्प्यूटर खाते में प्रविष्टि कर सकता है और अपनी डाक की ऐसी जांच-पड़ताल कर सकता है, जैसे वह अपने कार्यालय में ही मौजूद हो।

फाइल स्थानांतरण प्रोटोकॉल

एफ.टी.पी. ऐसा निदेशक सिद्धांत है जिसका प्रयोग इंटरनेट पर कम्प्यूटरों के बीच फाइलों के स्थानांतरण के लिए किया जाता है। एफ.टी.पी. का प्रयोग करने से पूर्व इंटरनेट पर एक कम्प्यूटर से दूसरा कम्प्यूटर जोड़ दिया जाता है। इसके बाद या तो दूसरे कम्प्यूटर पर फाइलें स्थानांतरित कर दी जाती हैं या फिर ये दूसरे कम्प्यूटर से स्थानीय कम्प्यूटर को वापस स्थानांतरित कर दी जाती हैं। एफ.टी.पी. मोड दो प्रकार के होते हैं। पूरे सुविधा सम्पन्न मोड में पहचान या संकेत शब्द देकर दूर दराज के सर्वरों से फाइलें मंगाई जा सकती हैं या उन्हें भेजी जा सकती हैं। दूसरा मोड 'गुमनाम एफ.टी.पी.' कहलाता है। प्रणाली प्रशासक एक विशेष प्रयोक्ता पहचान नाम दे देता है जिसे 'गुमनाम' कहते हैं। इंटरनेट पर इसका कोई भी प्रयोग कर सकता है। गुमनाम एफ.टी.पी. भी पूरे सुविधा सम्पन्न एफ.टी.पी. की ही तरह कार्य करता है, सिवाय इसके कि प्रयोक्ता पहचान के लिए गुमनाम शब्द दाखिल करना पड़ता है और संकेत शब्द के लिए ई-मेल पता देना होता है। यहां होस्ट और प्रयोक्ता दोनों को समुचित एफ.टी.पी. सॉफ्टवेयर रखना पड़ता है। आर्ची (Archie) एफ.टी.पी. स्थलों के लिए मनचाहे विषय से फाइलें ढूंढने का सॉफ्टवेयर है।

गोफर (Gopher)

यह एक ऐसी प्रणाली हैं जिसमें इंटरनेट सर्वरों पर फाइलों को दिखाने और संयोजित करने के लिए विश्वव्यापी वैब (World Wide Web-www) की पिछली तारिखें दी जाती हैं। गोफर अपने वर्ण्य-विषयों को फाइलों की श्रेणीबद्ध सूची के रूप में प्रस्तुत करता है। गोफर को मिनसोटा विश्वविद्यालय में विकसित किया गया और इसका नाम स्कूल के शुभंकर के नाम पर रखा गया। जांच की दो प्रणालियों वेरोनिका (VERONICA) और जगहेड से गोफर प्रणालियों में जमा सामग्री की विश्वव्यापी सूचियों का पता लगाया जाता है। वेरोनिका नई गोफर सूची का पता लगाने का काम सभी वेरोनिका स्थलों में बांटकर इंटरनेट के बारे में संपूर्ण जानकारी देता है। जगहेड वेरोनिका की ही तरह लेकिन यह गोफर स्थान के सीमित क्षेत्र की ही खोज करता है।

ई-फैक्स

यह सूचना प्रौद्योगिकी की एक नई विधा है। ई-फैक्स की सुविधा इलेक्ट्रॉनिक डाटा इंटरचेंज के माध्यम से उपलब्ध होती है। ई-फैक्स का उपकरण फैक्स मशीन के साथ नेटवर्क डिवाइस जैसी एक छोटी-सी युक्ति लगाने मात्र से काम करने लगता है। जब कोई दस्तावेज ई-फैक्स मशीन पर रखा जाता है, तो वह स्वयं उस पते को खोज लेता है जहां उस दस्तावेज को भेजना होता है। अगर दस्तावेज को एक साथ कई स्थानों पर प्रेषित करना हो, तो सर्विस प्रोवाइडर इसे एक साथ कई स्थानों पर प्रेषित कर सकता है। ई-फैक्स मशीनों की प्रेषण गति सामान्य फैक्स मशीनों की तुलना में काफी अधिक होता है जिससे समय की काफी बचत होती है।

टेलीटैक्स्ट

यह वास्तव में एक ऐसी इलेक्ट्रॉनिक पत्रिका है जिसे घर बैठे कम्प्यूटर स्क्रीन पर पढ़ा जा सकता है। टेलीटैक्स्ट प्रणाली में स्क्रीन पर सबसे पहले सूचनाओं की क्रम सूची आती है जिसे देखकर यह जाना जा सकता है कि किस विषय में संबंधित सूचना किस पृष्ठ में है। इसके द्वारा रेलवे की समय-सारणी, बाजार भाव, शेयर बाजार की सूचनाओं, समारोहों, कार्यक्रमों, बैठकों, टेलीफोन डायरेक्टरी, विमानों की समय-सारणी आदि की जानकारी प्राप्त की जा सकती है। भारत में टेलीटेक्स्ट सेवा दूरदर्शन, इलेक्ट्रॉनिक विभाग तथा भारतीय राष्ट्रीय सूचना विज्ञान केन्द्र के संयुक्त प्रयास से किया गया है।

वर्ड वाइड वेब

यह इंटरनेट द्वारा प्रदान की जाने वाली एक व्यावसायिक सेवा है इसे संक्षेप में WWW भी कहा जाता है। इस सेवा का प्रयोग करके आप अपने उत्पाद को समूची दुनिया के सामने ला सकते हैं। इसके लिए आपको अपना वेब पेज बनवाया होगा और फिर उसकी इंटरनेट से पोस्टिंग करनी होगी। इसके पश्चात् आपके वर्ड वाइड वेब पते का प्रयोग करके कोई भी व्यक्ति उत्पाद से संबंधित जानकारी प्राप्त कर सकता है।

एफ टी पी

एफ टी पी का पूरा नाम है फाइल ट्रांसफर प्रोटोकॉल। इस सेवा का प्रयोग करके आप फाइल को स्थानांतरित कर सकते हैं या फिर अपनी जानकारी दूसरे सिरे पर बैठे व्यक्ति को पहुंचा सकते हैं।

टैली नेट

यह भी संचार की एक सेवा है। जो आपको दूसरे सिस्टम तक पहुंचा कर उस पर उपलब्ध सेवाओं के प्रयोग का अवसर प्रदान करती है। उदाहरण के लिए आप इस सेवा का इस्तेमाल करके सारे विश्व के पुस्तकालयों से संपर्क कर सकते हैं और फिर यह पता लगा सकते हैं कि उनमें आपके जरूरत की किताब है या नहीं।

होम पेज

इंटरनेट पर यह एक ऐसी सुविधा है कि कोई भी व्यक्ति अपने या अपनी संस्था या किसी खास उत्पाद के लिए इसे प्रयोग कर सकता है। होम पेज में आप टेक्स्ट से लेकर तस्वीरों और आवाजों को प्रयोग कर सकते हैं।

आर्ची

इंटरनेट की यह एक ऐसी सुविधा है जिसके जरिए आप सूचनाओं को ढूंढने का कार्य कर सकते हैं। यह एक तरह से सर्वरों का संग्रह होता है।

गो-फार

यह भी इंटरनेट पर प्रयोग की जाने वाली एक सुविधा है जिसका नाम गो-फार के नाम से पड़ा है। इस सुविधा का विकास अमेरिका के मिनीसोटा विश्वविद्यालय में किया गया था। आर्ची नामक सुविधा का प्रयोग करके आप यह पता लगा सकते हैं कि आप जिस सूचना की तलाश में हैं वह कहां है, जबकि गो-फार उस सूचना की तलाश करता है और उसे खोजकर आपके कम्प्यूटर में ला देता है।

वेरोनिका

वेरोनिका वह प्रोग्राम है जिसके पास गो-फार के जरिए पहुंच होती है। इसका प्रयोग करके आप तेजी से आवश्यक सूचनाएं हासिल कर सकते हैं। हमारे देश में इंटरनेट की सेवा का मुख्य स्रोत विदेश संचार निगम लिमिटेड है। वैसे महानगर टेलीफोन निगम लिमिटेड ने भी इस सेवा की शुरुआत कर दी है। इंटरनेट की सेवा दो तरह की होती है, पहली सेवा को सेल एकाउंट कहते हैं। यह सेवा सस्ती होती है। दूसरी तरह की सेवा ग्राफिक्स पर आधारित है और इसे TCP/IP कहते हैं। इस सेवा के तहत आप किसी भी तरह के चित्र और फिल्म देख सकते हैं। सेल एकाउंट में केवल लिखित सामग्री को ही प्रयोग किया जा सकता है। इंटरनेट के प्रयोग में लगातार बदलाव आ रहा है भारतवर्ष में MTNL और BSNL के बीच

ग्राहकों को रिझाने की होड़ लगी हुई है। जिसकी वजह से ऐसा लगता है कि अभी यह सेवा और सस्ती होगी। इंटरनेट में सूचनाअें को वर्गीकृत करने के लिए जिन विस्तार नामों का प्रयोग किया जाता है उन्हें डोमेन कहते हैं। इन डोमेन को DNS नामक बड़े कम्प्यूटर के द्वारा संचालित किया जाता है। DNS का संपूर्ण नाम है डोमेन नेम सर्विस। सूचनाओं को शीघ्रता से खोजा जा सके और उनकी पहचान की जा सके इसके लिए इन्हें आठ वर्गों में बांटा गया है।

इंटरनेट ब्राउज़र

इंटरनेट ब्राउज़र एक ऐसा सॉफ्टवेयर होता है जिसकी सहायता से आप इंटरनेट को प्रयोग करते हैं। यह सॉफ्टवेयर ही हमारे कम्प्यूटर में इंटरनेट को जोड़ने में मदद करता है और इसके द्वारा ही हम लिखित सामग्री से लेकर फिल्में तक देखते हैं। ब्राउजरों में नेटस्केप, नेवीगेटर और नेटस्केप प्रमुख हैं। वैसे कई और ब्राउज़र हैं लेकिन इनका प्रयोग केवल नाम मात्र का ही रह गया है। उदाहरण के लिए ली-निक्स नामक ब्राउज़र का प्रयोग आप केवल टेक्स्ट को देखने के लिए ही कर सकते हैं। ग्राफिक्स को दिखाने वाला पहला ब्राउज़र मोजैक था। वास्तव में इस ब्राउज़र ने सन् 1993 में इंटरनेट को विश्वव्यापी बनाया था। मोजैक के बाद ही नेटस्केप नेवीगेटर आया और इस तरह से ब्राउज़रों के विकास की एक अनवरत शृंखला प्रारंभ हुई और अंत में माइक्रोसॉफ्ट कारपोरेशन अपनी समूची शक्ति के साथ उतरी और उसने विंडोज 98 को इंटरनेट के सभी टूल्स से लैस करके यह सॉफ्टवेयर बाजार में उतारा।

जरूरी हार्डवेयर

इंटरनेट को प्रयोग करने के लिये आपको निम्न अतिरिक्त सॉफ्टवेयरों की आवश्यकता होगी–

★ एक्सटर्नल मोडेम अथवा इंटरनल मोडेम
★ टेलीफोन हैंडसेट
★ कनेक्टर केबल
★ टेलीफोन वायर

यदि आपके पास एक्सटर्नल मोडेम हैं तो उसे कम्प्यूटर की सीरियल पोर्ट से जोड़ लें। यदि इंटरनल मोडेम है तो उसे कम्प्यूटर में लगाकर किसी एक पोर्ट से कॉन्फीगर कर लें। इसके बाद टेलीफोन की तार के कनेक्टर से मोडेम को जोड़े और फिर मोडेम के दूसरे कनेक्टर से टेलीफोन हैंडसेट जोड़ लें। जब यह समस्त प्रक्रिया पूरी हो जाये तो कम्प्यूटर को ऑन करें, विंडोज 98 स्वयं ही मोडेम को इंस्टॉल करके सक्रिय कर लेगा।

कनेक्शन का निर्माण

इंटरनेट कनेक्शन लेने के बाद उसको प्रयोग करने के लिये आपको अपने कम्प्यूटर में इसकी स्थापना करनी होगी। मोडेम को कम्प्यूटर में इंस्टॉल करने के बाद आप प्रोग्राम मीनू में जाकर इंटरनेट नामक ग्रुप में दिये हुए कनेक्शन विजार्ड नामक ऑइकॉन पर क्लिक कर दें। यह विजार्ड खुद ही समस्त कार्य सम्पन्न कर देगा तथा माई कम्प्यूटर के अंतर्गत दिये हुए डॉयलअप नेटवर्किंग नामक ऑप्शन का प्रयोग करके माई कनेक्शन नामक ऑइकॉन को बना देगा। यदि आप इसे डेस्कटॉप से प्रयोग करना चाहें तो इसे खींचकर डेस्कटॉप पर ले आयें। इस पर क्लिक करते ही आप स्थानीय सर्वर से जुड़ जायेंगे। अब आप इंटरनेट एक्सप्लोरर या नेटस्केप नेवीगेटर का प्रयोग करके वेब सर्फिंग कर सकते हैं।

भारत में विदेश संचार निगम पहला सेवा प्रदाता है। फिलहाल इंटरनेट उपयोक्ताओं की संख्या करीब पांच लाख है। पिछले साल यह 90,000 हजार थी। इस संख्या में लगातार इजाफा हो रहा है। एक सर्वेक्षण के मुताबिक इस साल पीसी खरीदने वालों में से तकरीबन आधे से ज्यादा लोगे ऐसे हैं जो इंटरनेट कनेक्शन लेने का इरादा रखते हैं। इंटरनेट की पहुंच व्यापक हुई है। सिर्फ इंटरनेट सेवा मुहैया कराने वाली कंपनियों में ही इजाफा नहीं हुआ है बल्कि अनेक शहर इसके दायरे मे आए हैं और बेहतर स्पीड के साथ नई प्राइवेट कंपनियां अलग-अलग किस्म की सेवाएं अपने ग्राहकों को मुहैया करा रही हैं। करीब 148 आईएसपी यानी इंटरनेट सेवा मुहैया कराने वाली कंपनियां अपना कारोबार शुरू करने की तैयारी में जुटी हैं। कम शुल्क और विभिन्न विकल्पों के साथ बीस कंपनियों ने तो अपना कामकाज शुरू भी कर दिया है। ये कंपनियां मुफ्त में सॉफ्टवेयर और ट्रेनिंग किट्स के साथ-साथ अनेक प्रकार की सुविधाएं अपने ग्राहकों को मुहैया करा रही हैं।

नेट कनेक्शन

नई आईएसपी नीति लागू हो जाने के बाद निजी क्षेत्र में अनेक आईएसपी यानी इंटरनेट सर्विस प्रोवाइडर कंपनियां मैदान में आ गई हैं, जिनका इंटरनेट एकाउंट समाप्त होने को आ रहा है उनको अब बीएसएनएल के पास भागने की जरूरत नहीं है। आपके पास दूसरे कई विकल्प हैं। पहला महत्त्वपूर्ण सवाल कीमत का है। अगर आप औसत से ज्यादा खर्च करने जा रहे हैं तो आपको अतिरिक्त फायदों पर ध्यान देने की आवश्यकता है। कीमत की तुलना करते समय कंपनियों के शानदार और खूबसूरत ब्रोसरों पर गंभीरता ने नजर डालें। कुछ दरें प्रमोशनल हो सकती हैं और यह पहले कुछ सप्ताहों के दौरान ही लागू होती हों। कुछ आईएसपी

कंपनियों की व्यस्त और सामान्य समय के लिए अलग-अलग दरें हैं। ऐसा देखा गया है कि हमेशा एक अघोषित रजिस्ट्रेशन शुल्क कहीं किनारे में छुपा होता है। इसे वास्तविक शुल्क में शामिल करके ही कीमत का अंदाजा लगाएं। किसी आईएसपी के साथ जुड़ने के लिए आपको कंपनी की ओर से किसी तकनीकी सहायता की जरूरत नहीं होनी चाहिए।

वेब सर्फिंग

वेब सर्फिंग का अनुभव निराशा से आपको निजात दिलाता है या निराशा को बढ़ा सकता है। पूछने के लिए सबसे बड़ा सवाल यह है कि आपके आईएसपी के पास फोन लाइनों की संख्या कितनी है और कितने फोन नंबर वहां तक पहुंचते हैं ? इस मामले में जवाब जानने चाहिए। बीएसएनएल प्रत्येक दस इंटरनेट यूजरर्स के लिए एक फोन लाइन का अनुपात बनाए रखने का प्रयास कर रहा है और अगर यह प्रयास सफल हो जाता है तो यह संख्या काफी प्रशंसनीय होगी। लेकिन बीएसएनएल के पास ढेर सारे नंबर भी हैं, जबकि सिर्फ एक नंबर होना चाहिए। ढेर सारे नबंर में परेशानी यह है कि आपको बार-बार अलग-अलग नंबर डायल करना होता है। एक नंबर होने से आपको या तो लाइन मिल जाती है या व्यस्त टोन मिलने से आप कुछ देर बाद डायल करते हैं।

आसानी से लाइन न मिलने का एक दूसरा कारण यह हो सकता है कि आप अपने एक्सचेंज में ही पड़े रह सकते हैं। अगर आपका एक्सचेंज निरंतर व्यस्त रहता है तो आप आगे बढ़ ही नहीं सकते चाहें आपके आईएसपी के पास लाखों लाइन क्यों न हों, बीएसएनएल के पास मुंबई में एक अद्भुत नंबर है 4404444 जो आपकी लाइनों को बड़ी तेजी के साथ मिलाता है। मंत्रा ऑनलाइन का दिल्ली, मुंबई और बैंगलूर का नंबर है 1723151 ये दोनों नंबर ऐसे हैं जो 2 एमबीपीएस के फाइबर ऑप्टिक लाइनों वाले हैं और प्रत्येक शहर के छह प्रमुख एक्सचेंजों में हैं।

मोडेम कनेक्टिंग की संतोष जनक आवाज सुन लेने के बाद प्रमाणीकरण की प्रक्रिया तेज और स्वचालित हो जानी चाहिए। अगर आपका आईएसपी पीएपी (पासवर्ड अथोर्टिकेशन प्रोटोकॉल्स) या सीएचएपी (चैलेंज हैंडशेक अथोर्टिकेशन प्रोटोकॉल्स) का इस्तेमाल करना है तो विंडो का डायलअप नेटवर्किंग इस्तेमाल के नाम और उसके पासवर्ड को आईएसपी के सर्वर को स्वतः ट्रांसमिट कर सकता है।

लाइन क्वालिटी से आपके मॉडेम की बेहतर स्पीड बनती है लेकिन इसमें और भी कई कारण जुड़े होते हैं, इनमें आपके घर की वायरिंग भी शामिल है। इस मामले में आईएसपी ज्यादा कुछ नहीं कर सकता। हालांकि इस बात को सुनिश्चित कर लें कि आपकी आईएसपी कंपनी अच्छी और तेज रफ्तार मोडेम का इस्तेमाल करती

है या नहीं। भारत में कोई भी 56 केबीपीएस तकनीक मुहैया नहीं करा सकता क्योंकि इसके लिए हमारे टेलीफोन नेटवर्क में काफी व्यापक बदलाव लाने की जरूरत होगी। इंटरनेट के साथ आपके आईएसपी की कनेक्टिविटी लाइन क्वालिटी के साथ-साथ इस बात को भी निर्धारित करेगी कि वेब पेज कितनी तेजी से डाउनलोड होते हैं।

इंटरनेट एक्सेस की शुरुआत आसान डायल और लॉगइन से होती है और इसकी समाप्ति अच्छी और स्थिर कनेक्टिविटी से होती है। हालांकि प्रभावशाली ढंग से प्रतिस्पर्धा में टिके रहने के लिए आईपीएसपी जैसी संस्थानों में हमेशा अतिरिक्त पेशकश करती रहती हैं। इसका उद्देश्य आपको खुश और उत्साहित करना होता है, ध्यान रखिए कि आप अपने काम की चीज ही लें। इन अतिरिक्त चीजों में एक यह भी है कि आप अपने एकाउंट का प्रबंध कितनी आसानी से कर सकते हैं। अपने इंटरनेट एकाउंट को ठीक ढंग से मैनेज करने के लिए आपको अक्सर अपना पासवर्ड बदल देना चाहिए। कुछ लोगों का मानना है कि वह अपने ग्राहक को पासवर्ड बदलने के लिए कहते रहें ताकि कोई उसके खाते का दुरुपयोग न कर सके। इसके लिए सबसे सही तरीका यह है कि लॉगइन प्रोसेस के दौरान मैसेज फ्लैश किया जाए या ई-मेल से यह संदेश भेजा जाए कि यूज़र जब तक अपना पासवर्ड नहीं बदलता उसे एक्सेस की इजाजत नहीं दी जाएगी। इस काम के लिए खाते पर रोक लगा देना सही तरीका नहीं होगा। बीएसएनएल के पासवर्ड न बदलने के पीछे सबसे बड़ा कारण यह है कि अधिकतर लोगों को यह पता ही नहीं होता कि पासवर्ड कैसे बदला जाता है। बीएसएनएल के पास पासवर्ड बदलने के लिए अब वेब आधारित इंटरफेस है जिसका इस्तेमाल करना आसान है। आपके एकाउंट की स्थिति भी वेब पर आसानी से दिखाई देनी चाहिए और साथ इसमें महज इतनी जानकारी न हो कि एकाउंट समाप्त होने में अब इतने घंटे शेष रह गए हैं बल्कि इसमें और ज्यादा सूचनाएं शामिल की जानी चाहिए। यूजर के लिए एकाउंट मैनेजमेंट को आसान बनाना एक डेडीकेटिड वेबसाइट की मांग करता है। इस बात की जांच कर लें कि क्या आपके आईएसपी की ओर से 24 घंटे का फोन सपोर्ट है या नहीं। ऐसा समझा जाता है कि आपका आईएसपी आपके एकाउंट का नवीकरण करना चाहता है और वह इसके लिए पूरा प्रयास करेगा और वह इसे आसान बनाएगा।

इंटरनेट से जुड़ना

भारत में आज अनेकों सरकारी एवं गैर सरकारी संस्थाएं इस प्रकार की सेवाएं दे रही हैं, जिनसे मिलने वाले अनेक तरह के एकाउंटों में से, किसी एक का पंजीकरण करा सकते हैं। टीसीपी/आईपी (ट्रांसमिशन कंट्रोल प्रोटोकॉल) टेक्स्ट के साथ ग्राफिक्स

भी उपलब्ध कराता है, इसके लिए आपको इंटरनेट एक्सप्लोरर या नेटस्केप नेविगेटर की तरह के वेब ब्राउज़र की आवश्यकता होती है। इसके अलावा आपको विनसॉक (जो आपके कम्प्यूटर को इंटरनेट पर दूसरे कम्प्यूटरों से कनेक्ट होने और कम्यूनिकेट करने में मदद करता है) जैसे सॉफ्टवेयर की आवश्यकता होती है।

यदि आप विंडोज 95 का नया संस्करण प्रयोग कर रहे हैं, तो आपके पास विनसॉक और टीसीपी/आईपी समाहित होता है। आपको केवल तब डायलअप नेटवर्किंग कॉम्पोनेंट को इंस्टॉल और कॉन्फिगर करने की जरूरत होती है। पुराने विंडोज के सभी वर्जनों (95, 3.x वर्क ग्रुप आदि) के यूजरों को विनसॉक सॉफ्टवेयर की जरूरत होती है। अनेक विनसॉक प्रोग्रामों में से ट्रम्पेट विनसॉक सबसे लोकप्रिय है।

इंटरनेट शब्दावली

बहुत से ऐसे तकनीकी शब्द हैं जिनका उपयोग हम इंटरनेट के संदर्भ में बारंबार करते हैं लेकिन उनका सही अर्थ हमें पता नहीं होता है। यहां हम कुछ ऐसे ही तकनीकी शब्दों की चर्चा करेंगे।

ब्रॉडबैंड (Broadband) : इसकी सहायता से सूचनाओं की विशाल मात्रा को बेहद कम समय में एक स्थान से दूसरे स्थान पर संप्रेषित किया जा सकता है। यह सूचनाओं के संचारण की सबसे आधुनिक तकनीक है। आजकल केबल टीवी और इंटरनेट के उपयोग में ब्रॉडबैंड तकनीक का ही उपयोग किया जाता है।

मोडेम (Modem) : कम्प्यूटर को टेलीफोन जैसे दूरसंचार उपकरण से जोड़ने के लिए मोडेम का उपयोग किया जाता है। यह 'मोड्यूलेटर-डी-मोड्यूलेटर' का संक्षिप्त रूप है। मोडेम, एनालॉग सिग्नल्स को डिजिटल सिगनल्स में और कम्प्यूटर के आंतरिक डिजिटल सिग्नल्स को एनालॉग सिग्नल्स में बदलता है। मोडेम, सिग्नल, मोड्यूलेशन पद्धति पर आधारित है।

बैंडविथ (Bandwidth) : किसी संचार माध्यम की सूचनाओं को वहन करने की क्षमता ही बैंडविथ कहलाती है। वास्तव में यह एक मात्रक है जिसकी सहायता से पता चलता है कि कोई संचार उपकरण, कितनी सूचनाओं (डेटा) को एक समय में संचारित कर सकता है।

जब हम बात डिजिटल युक्ति की करते हैं तो बैंडविथ का अर्थ है किसी निश्चित अवधि के दौरान संचारित की गयी सूचना अथवा डेटा की मात्रा (बिट्स)। कहा जा सकता है कि बैंडविथ जितनी अधिक होगी, डेटा का संचारण उतना ही अधिक होगा।

सर्च इंजन (Search Engine) : इंटरनेट पर असीमित मात्रा में सूचनाएं उपलब्ध होती हैं। सूचनाओं के इस अथाह सागर से अपने काम की सूचना प्राप्त

करना आसान नहीं है लेकिन सर्च इंजन इस जटिलता को सरलता में बदल देता है। इस प्रकार सूचना (डेटा) को ढूंढने के लिए जिस माध्यम का उपयोग किया जाता है उसे सर्च इंजन कहते हैं।

इंटरनेट पर आजकल बहुत सारे सर्च इंजन उपलब्ध हैं जिनकी सहायता से हम इच्छित सूचना को क्षणभर में ढूंढ निकाल लेते हैं। कुछ प्रमुख सर्च इंजन निम्नलिखित हैं :

★ डब्ल्यू. डब्ल्यू. डब्ल्यू. गूगल, कॉम
★ डब्ल्यू. डब्ल्यू. डब्ल्यू. लाइकास, कॉम

ब्राउजर (Browser) : सूचनाओं के राजपथ 'इंटरनेट' का उपयोग करने के लिए जिस सॉफ्टवेयर (प्रोग्राम) का प्रयोग किया जाता है उसे ही ब्राउजर कहते हैं। प्रमुख ब्राउजर निम्नलिखित हैं :

★ इंटरनेट एक्सप्लोरर
★ नैटस्केप
★ नेवीगेटर

ऐसेस प्रोवाइडर (Access Provider) : ऐसी कंपनियां जो इंटरनेट सुविधा, आम जनता को उपलब्ध कराती हैं, ऐसेस प्रोवाइडर कहलाती हैं। भारत का पहला ऐसेस प्रोवाइडर बी.एस.एन.एल. (भारत संचार निगम लिमिटेड) था। आजकल हमारे यहां निम्नलिखित कंपनियां इंटरनेट सुविधा उपलब्ध कराती हैं :

★ विदेश संचार निगम लिमिटेड
★ महानगर टेलीफोन निगम लिमिटेड
★ भारत संचार निगम लिमिटेड
★ सत्यम
★ मंत्रा
★ एयरटेल
★ टाटा इंडिकॉम
★ रिलायंस इंफोकॉम

बैक बोन (Back Bone) : छोटी-छोटी प्रसारण लाइनों से सूचनाओं को एकत्रित करके उन्हें आगे संचारित करने वाली बड़ी प्रसारण लाइन, बैक बोन कहलाती है।

भारत सरकार के दूरसंचार विभाग द्वारा एक 'राष्ट्रीय इंटरनेट बैकबोन' की स्थापना की योजना बनायी गयी है। इसकी सहायता से देशभर के कुल 549 केन्द्रों को परस्पर जोड़ा जायेगा।

वेबसाइट (Website) : यदि इंटरनेट को सूचनाओं से भरी एक पुस्तक मान लिया जाए तो वेबसाइट उस पुस्तक का एक अध्याय है। आजकल विभिन्न संस्थाएं, कंपनियां आदि अपनी अलग वेबसाइटें चलाती हैं जिन पर उस संस्था विशेष के बारे में जानकारी उपलब्ध रहती है।

किसी वेबसाइट के एड्रेस (पते) के अंतिम भाग में डॉट (.) के बाद 3 अक्षर होते हैं जो बताते हैं कि वेबसाइट किस प्रकार की है। यदि अंतिम 3 अक्षर, .COM हैं तो इससे पता चलता है कि वेबसाइट किसी कामर्शियल आर्गेनाइजेशन से संबंधित है। इसी प्रकार यदि अंतिम 3 अक्षर .Edu हैं तो साफ है कि वेबसाइट एजुकेशन से संबंधित किसी संस्था की है।

कुछ वेबसाइटों के एड्रेस के अंतिम भाग में डॉट (.) के बाद केवल दो ही अक्षर होते हैं। ये दो अक्षर, बताते हैं कि वेबसाइट किस देश से संबंधित है।

in = India

Uk = यूनाइटेड किंगडम

Us = संयुक्त राज्य अमेरिका

डी.एस.एल. (DSL) : यह 'डिजिटल सब्सक्राइबर लाइन' का संक्षिप्त रूप है। इसके अंतर्गत किसी कम्प्यूटर को टेलीफोन के एक सामान्य तांबे के तार के द्वारा टेलीफोन एक्सचेंज से जोड़ दिया जाता है।

आई.एस.डी.एन. (ISDN) : यह 'इंटीग्रेटेड सर्विसेज डिजिटल नेटवर्क' का संक्षिप्त रूप है। इसके तहत कम्प्यूटर की डिजिटल सूचना को सामान्य टेलीफोन नेटवर्क पर प्रेषित किया जाता है। ये सूचनाएं 128 KPBS की गति से प्रेषित की जाती हैं।

ISDN के द्वारा वीडियो, ऑडियो और डेटा का एक साथ प्रसारण संभव हो सका है। हमारे यहां निम्नलिखित संगठन, आई.एस.डी.एन. सुविधा उपलब्ध कराते हैं।

★ भारत संचार निगम लिमिटेड

★ महानगर टेलीफोन निगम लिमिटेड

ऊपर हम इंटरनेट की इतनी चर्चा कर चुके हैं कि आप अपने कम्प्यूटर पर इंटरनेट का प्रयोग आसानी से कर सकें। इंटरनेट की ब्राउजिंग बेहद यूजर-फ्रैंडली है इसलिए आप अकेले ही इसकी शुरुआत कर सकते हैं।

स्पष्ट है कि इंटरनेट, कम्प्यूटर नेटवर्क का एक विश्वव्यापी संगठन है। इंटरनेट से जुड़ते ही हम लाखों लोगों के उस समुदाय का हिस्सा बन जाते हैं जो इंटरनेट का उपयोग करते हैं। इंटरनेट को आज विचार अभिव्यक्ति का भी एक सशक्त माध्यम माना जाता है। इंटरनेट पर विचारों का आदान-प्रदान करने के लिए

एक विशेष भाषा का इस्तेमाल किया जाता है जिसे 'TCP-IP' कहा जाता है। हम ऊपर चर्चा कर चुके हैं कि इंटरनेट के क्या-क्या उपयोग हैं। संक्षेप में हम कह सकते हैं कि इंटरनेट पर हम निम्नलिखित कार्य कर सकते हैं :

1. समाचार-पत्रों का अवलोकन
2. विभिन्न न्यूज चैनलों का अवलोकन
3. ई-मेल द्वारा पत्र भेजना
4. *चैटिंग* द्वारा विचारों का आदान-प्रदान
5. विभिन्न सूचनाएं व जानकारियां प्राप्त करना
6. विभिन्न संस्थाओं व संगठनों के बारे में जानकारियां प्राप्त करना
7. उपयोगी आंकड़े प्राप्त करना
8. फाइल्स, सॉफ्टवेयर और डेटन्ना को एक स्थान से दूसरे स्थान तक भेजना
9. अपनी संस्था या कंपनी के बारे में लोगों को सूचनाएं देने के लिए
10. ऑन-लाइन खरीदारी करने के लिए
11. ऑन-लाइन बैंकिंग के लिए
12. ऑन-लाइन प्रचार-प्रसार के लिए
13. उत्पादों और सेवाओं के विज्ञापन के लिए
14. शोध व अनुसंधान में सहायता प्राप्त करना।

ऑप्टिकल फाइबर और इंटरनेट : इंटरनेट के इस युग में आपने ऑप्टिकल फाइबर का नाम खूब सुना होगा। सवाल है कि यह ऑप्टिकल फाइबर होता क्या है और इसका उपयोग क्या है। पहले विभिन्न कम्प्यूटरों को इंटरनेट के माध्यम से परस्पर जोड़ने के लिए तांबे के तारों का इस्तेमाल किया जाता था। तांबे के तारों के साथ समस्या यह थी कि इनके द्वारा डाटा स्थानांतरण की गति काफी धीमी होती थी और शोर भी काफी सुनाई देता था। तांबे के तारों के बाद कोएक्सियल केबल का प्रयोग किया जाने लगा। यह वही मोटा सा तार (केबल) होता है जिसका प्रयोग घरों में केबल टेलीविजन के लिए किया जाता है। कोएक्सियल केबल में एक मोटा तार होता है जिस पर अवरोधक पदार्थ का आवरण चढ़ा रहता है। इस आवरण के ऊपर एक ब्रेडेड धात्विक शील्ड (धातु की जाली) चढ़ी होती है। इस धात्विक जाली के कारण बाहर का शोर केबल तक नहीं पहुंच पाता है। यही कारण है कि तांबे के तारों की अपेक्ष कोएक्सियल केबल का प्रयोग इंटरनेट के लिए समय के साथ-साथ बढ़ता गया। हालांकि तांबे के तार की अपेक्षा कोएक्सियल केबल काफी सुविधाजनक था लेकिन इसके साथ दिक्कत यह थी कि इसका इस्तेमाल करने पर इंटरनेट की गति काफी कम रहती थी। इन सभी समस्याओं का हल लेकर अब ऑप्टिकल फाइबर हमारे सामने है।

ऑप्टिकल फाइबर या फाइबर ऑप्टिक के जरिए शुद्ध संदेश बेहद तेज गति से भेजे जा सकते हैं। ये केबल-ग्लास या प्लास्टिक फाइबर के बने होते हैं और ये हमारे बाल की मोटाई के बराबर ही मोटे होते हैं। इनके ऊपर एक अपारदर्शी आवरण चढ़ा होता है जिस कारण प्रकाश न तो अंदर जा सकता है और न ही भीतर से बाहर आ सकता है। फाइबर ऑप्टिक में संदेश या डेटा को एक लेजर बीम के रूप में भेजा जाता है। लेजर को एक सेकेंड के खरबवें भाग की दर से ऑन-ऑफ करके बिट के समान प्रकाश स्पंद के पैटर्न पैदा किये जाते हैं। दूसरे सिरे पर पहुंच कर लेजर (प्रकाश) विद्युत संकेत में बदल जाता है। यह डेटा स्थानांतरण का सबसे तेज माध्यम है और एक ऑप्टिकल फाइबर प्रति सेकेंड अरबों मेगाबाइट की दर से सूचनाएं ले जाता है। ऑप्टिकल फाइबर के साथ दिक्कत सिर्फ यही है कि इसकी कीमत काफी अधिक होती है।

फाइबर ऑप्टिक की लागत को कम करने के लिए आजकल काफी गंभीर प्रयास किये जा रहे हैं। ऐसे ही प्रयासों के अंतर्गत एक फाइबर, सेवा-प्रदाता के यहां से उपभोक्ताओं के समूह के निकट तक जाता है जहां एक नोड (गांठ) बनी होती है। नोड से एक फाइबर, विभेदक के द्वारा प्रकाश संकेतों को विभिन्न उपभोक्ताओं तक ले जाता है। इसी प्रकार हाइब्रिड फाइबर कोएक्सियल नेटवर्क के द्वारा भी फाइबर ऑप्टिक की लागत को कम करने के प्रयास किये जा रहे हैं। इंटरनेट से जुड़ने के लिए प्रयोगकर्ता को एक केबल-मोडम की जरूरत पड़ती है जिसका एक सिरा कम्प्यूटर से और दूसरा सिरा केबल से जुड़ा होता है। आजकल डायल-अप मोडेम का इस्तेमाल अधिक किया जा रहा है और एक मोडेम द्वारा 56 किलो बिट्स प्रति सेकेंड की दर से डेटा भेजा जा सकता है। एक केबल मोडेम द्वारा कई कम्प्यूटरों को एक साथ जोड़ा जा सकता है जिस कारण कम्प्यूटरों की नेटवर्किंग काफी सरल हो जाती है।

अल्पविकसित देशों में 'डी.सी.एल.' (डिजीटल सब्सक्राइबर लाइन) के जरिए भी इंटरनेट सुविधा उपलब्ध करायी जाती है। इसमें टेलीफोन लाइन के ही एक भाग को इंटरनेट के डेटा-प्रसारण के लिए इस्तेमाल करते हैं। इस विधि से इंटरनेट की गति भी बढ़ जाती है और बात करने के लिए टेलीफोन सुविधा भी उपलब्ध रहती है। इस विधि द्वारा इंटरनेट सुविधा प्राप्त करने के लिए एक मोडेम की आवश्यकता पड़ती है। इसके अलावा 'लोकल मल्टीप्वाइंट डिस्ट्रीब्यूशन सर्विस' द्वारा भी इंटरनेट सुविधा उपभोक्ताओं को उपलब्ध करायी जाती है। यह एक तार-रहित (बेतार) पद्धति है, जिसके जरिए आईएसएस मेगाबिट्स प्रति सेकेंड की गति से डेटा का आदान-प्रदान किया जा सकता है। यह पद्धति सेल्युलर फोन सेवा की तरह कार्य करती है और इसमें उच्च आवृत्ति वाले रेडियो संकेतों का इस्तेमाल किया जाता है।

इस तकनीक को 'एसिन्क्रोनस ट्रांसफर मोड' भी कहा जाता है। चूंकि उच्च आवृत्ति वाली रेडियो तरंगें केवल सीधी रेखा में ही चलती हैं इसलिए ऊंची इमारतों और वृक्षों आदि के कारण इस विधि में व्यवधान भी उत्पन्न हो जाता है। इस पद्धति में सेल्युलर (मोबाइल) फोन टावरों का इस्तेमाल किया जाता है। यही कारण है कि आजकल लगभग सभी सेल्युलर सेवा प्रदाता, इंटरनेट सेवा भी प्रदान कर रहे हैं।

भू-आधारित नेटवर्कों (लोकल मल्टीप्वाइंट डिस्ट्रीब्यूशन सर्विस, केबल, कोएक्सियल केबल, डिजिटल सब्सक्राइबर लाइन आदि) की अपनी कुछ तकनीकी सीमाएं हैं जिस कारण इनका उपयोग आजकल काफी कम हो गया है। आजकल जमाना उपग्रह के जरिए इंटरनेट सुविधा प्रदान करने का है। उपग्रह के जरिए इंटरनेट सेवा प्राप्त करना बेहद सुविधाजनक तो है ही साथ ही यह अपेक्षाकृत सस्ती भी पड़ती है। उपग्रह आधारित इंटरनेट सेवा, संचार उपग्रहों द्वारा प्रदान की जाती है। ये उपग्रह भूस्थैतिक कक्षा में 36 हजार किलोमीटर की ऊंचाई पर स्थित होते हैं। इस सुविधा का उपयोग करने के लिए प्रयोगकर्ता को अपने घर की छत पर एक डिश एंटिना लगाना पड़ता है जिसके द्वारा रेडियो संकेतों का आदान-प्रदान होता है। उपग्रह आधारित इंटरनेट सेवा, अन्य विधियों के मुकाबले लगभग 12 गुना तेज गति वाली होती है। भारत सरकार के दूरसंचार विभाग द्वारा एक 'संचार सागर परियोजना' पर काम किया जा रहा है, जिसके अंतर्गत लगभग 18 हजार किलोमीटर लंबे ऑप्टिकल फाइबर देश भर में बिछाए जा रहे हैं। इसके द्वारा 180 नगरों को आपस में जोड़ा जा रहा है। इस परियोजना द्वारा 2.5 जी बी पी एस बैंड विड्थ की सेवाएं उपलब्ध करायी जायेंगी। इसके अलावा भारत सरकार द्वारा 'सांख्य वाहिनी' परियोजना भी चलाई जा रही है जिसके अंतर्गत विभिन्न विश्वविद्यालयों, शैक्षणिक संस्थाओं और अनुसंधान केंद्रों को परस्पर इंटरनेट द्वारा जोड़ा जा रहा है।

तकनीक तथा प्रौद्योगिकी ने आज इतनी तरक्की कर ली है कि अब पाइप लाइन के जाल द्वारा भी इंटरनेट सेवा उपलब्ध करायी जा रही है। 'गेल' अर्थात् गैस अथॉरिटी ऑफ इण्डिया का देशभर में पाइप लाइनों का एक अच्छा नेटवर्क है इसलिए अब 'गेल' दूरसंचार के क्षेत्र में भी सक्रिय हो गयी है। 'गेल' की योजना के अंतर्गत दिल्ली और मुंबई को इंटरनेट नेटवर्क से जोड़ा जायेगा। इस प्रस्तावित नेटवर्क की कुल क्षमता लगभग 2.5 जी बी पी एस होगी। 'गेल' की तर्ज पर ही अब 'पावर ग्रिड कार्पोरेशन ऑफ इण्डिया' भी दिल्ली और चंडीगढ़ के बीच 4 हजार किलोमीटर लम्बी ऑप्टिक फाइबर लाइन बिछा रहा है ताकि कुल 56 छोटे-बड़े शहरों में इंटरनेट सेवा उपलब्ध करायी जा सके। जब तेल और बिजली क्षेत्र की कंपनियां, इंटरनेट के क्षेत्र में प्रवेश कर रही हैं तो भला भारतीय रेलवे क्यों पीछे रहे। उसने भी देशभर में 'ओ.एफ.सी.' नेटवर्क का जाल बिछाने की योजना प्रारंभ कर दी है ताकि दिल्ली,

मुंबई, चेन्नई, हैदराबाद, बंगलुरु, पुणे और अहमदाबाद जैसे अनेक शहरों में इंटरनेट सुविधा उपलब्ध करायी जा सके। सरकारी व सार्वजनिक क्षेत्र की कम्पनियों के अलावा अब मंत्रा ऑन लाइन, भारती एण्टरप्राइजेज, बी.पी.एल. ब्राड बैंड नेटवर्क्स लिमिटेड और रिलायंस समूह जैसे निजी कम्पनियां भी अपने नेटवर्क के जरिए इंटरनेट सुविधा उपलब्ध करा रही हैं।

प्रारंभिक दौर में भारत में इंटरनेट सेवा की शुरुआत, सार्वजनिक क्षेत्र की कम्पनी, विदेश संचार निगम लिमिटेड ने की थी लेकिन अब निजी क्षेत्र की कई दिग्गज कम्पनियां भी इंटरनेट सेवा उपलब्ध कराने के क्षेत्र में उतर चुकी हैं। सारतः आज भारत में इंटरनेट क्रांति का आगाज हो चुका है और आज भारत में विकास का रथ, इंटरनेट के पहियों पर ही दौड़ रहा है। अगले अध्याय में हम भारत में इंटरनेट के इतिहास की चर्चा करेंगे।

●

3

इंटरनेट का रचनात्मक प्रयोग

जनसंचार के प्रति जागरूकता ने आज समाज के प्रत्येक वर्ग को इंटरनेट तकनीकी से प्राप्त उपलब्धता के कारण स्वतः जोड़ दिया है। नित नवीन सूचना प्राप्त करने कीमती, पुस्तक पढ़ने और विभिन्न संस्कृतियों को जानने-पहचानने के लिए इंटरनेट एक सार्वजनिक माध्यम बनता जा रहा है। जिसकी सहायता से कोई भी व्यक्ति घर बैठे किसी भी प्रकार की जानकारी अपने कम्प्यूटर पर प्राप्त कर सकता है। देश दुनिया की तमाम गतिविधियों का अध्ययन एवं जानकारी प्राप्त करने में सफल हो जाता है।

इंटरनेट का उपयोग करते समय इस बात का विशेष ध्यान रखें कि इंटरनेट पर मित्रता और चैटिंग करते समय अधिकांशतः लोग सही जानकारी नहीं देते हैं। अतएव आप अपने बारे में सही जानकारी देकर कोई मुश्किल न ले बैठे। जहां तक हो सके नाम, पते, फोन नम्बर देने से बचें। अपनी पहचान छद्म नाम से ही बनाये। इस बात का विशेष ध्यान रखें कि अपना नाम अनाप-शनाप व अश्लील न हो आपके नाम से ही इंटरनेट-फ्रेंड आपके बारे में छवि बनाता है। इसके साथ ही अभद्र भाषा का प्रयोग कभी नहीं करना चाहिए।

इंटरनेट दुनिया के अपने खतरे भी होते हैं। इससे निपटने के लिए अलग तरह की रणनीति की आवश्यकता का प्रयोग करना पड़ता है। जिस तरह इंसान की परख करना आसान नहीं है। परन्तु कुछ विशेष बातों का ध्यान रखकर हम इंटरनेट पर धोखा खाने से बच सकते हैं। जानकारी प्राप्त करते समय ही यह ध्यान रखना चाहिए कि नाम, स्त्रोत और उसे कब अपडेट किया गया है आदि आदि। कई बार सही तथ्यों के जानकारी के लिए इंटरनेट के अन्य साइटों से भी जानकारी की तुलना कर लेनी चाहिए।

हिंसात्मक और घृणित संदेशों से दूर रहना चाहिए। इस बात का भी ध्यान

राखना चाहिए कि कोई अपराधी तत्त्व आपके द्वारा दी गई सूचनाओं का गलत प्रयोग करने की फिराक में तो नहीं है, चेक करना चाहिए। विश्वसनीय नेटवर्क रेडिफ गूगल एम.एस.एन. गूगल बच्चों के लिए उपयुक्त हैं। अपने कम्प्यूटर से सदैव लाक आउट करके ही उठना चाहिए और अपने पासवर्ड को समय-समय पर बदलते रहना आवश्यक कार्य समझना चाहिए। कुछ भी डाउनलोड करते समय चेक अवश्य करें कि उसमें वायरस तो नहीं है। अपने कम्प्युटर पर एक अच्छा-सा एंटी वायरस सॉफ्टवेयर अवश्य इंस्टॉल कर लें। अनजान नाम पते से आए ई मेल को खोलने से आपके कम्प्यूटर में वायरस आ सकता है और कम्प्यूटर खराब हो सकता है।

इंटरनेट पर खरीददारी करते समय क्रेडिट कार्ड की आवश्यकता पड़ती है, अगर आपके पास क्रेडिट कार्ड है और क्रेडिट कार्ड से खरीदारी करते हैं, तो इस बात का विशेष ख्याल रखें कि कोई इसका गलत इस्तेमाल करके आपको चूना भी लगा सकता है। साइबरवर्ल्ड में फ्री गेम, फ्री म्यूजिक, फ्री पोर्न गवी फ्री कांटेस्ट जैसे इंटरनेट साइट पर जाना भी कई बार मुसीबत का कारण बन जाता है। इससे आपकी व्यक्तिगत जानकारी का उपयोग कर कोई भी आपको बदनाम कर सकता है और मानसम्मान एवं धन की क्षति पहुंचा सकता है। सदा यह याद रखें कि जब भी आप कम्प्युटर पर कोई चीज डाऊन लोड, टाइप या स्टोर करते हैं तो उसकी जानकारी कई लोगों को जो विश्व भर में फैले हैं, स्वतः उन्हें हो जाती है। साइबर (लेंग्वेज) भाषा में कुछ जानकार व्यक्ति अथवा स्पाईवेयर संगठन हैकर या फिशर के नाम से प्रचलित होते हैं और उनका काम ऐसे तत्वों की जानकारी ही करना होता है। यही तत्त्व या संगठन आपके व्यक्तिगत विवरणों सूचनाओं का दुरुपयोग करके अपना फायदा उठाते हैं अथवा आपको ब्लैक मेल करते हैं। कई बार तो ऐसे संगठन आपके रचनात्मक क्रियाकलापों में फर्जी ई मेल या लिंक साइट के रूप में आपको न्योता (ऑफर) भी भेजते हैं। यदि आप एक बार भी इनके जाल में फंस गए, बस समझ लीजिए ऐसे संगठनों का ब्लैक मेलिंग या आपको चूना लगाने का काम आसान हो जाता है।

पूर्व में इंटरनेट सिर्फ अश्लील साहित्य बेबसाइट के लिए ही माने जाते थे। परन्तु आज यह आर्थिक घोटाले, खतरनाक अफवाह, फर्जी सूचनायें, अपराध पुलिस मुखबिरी जैसे अपराध का प्रयाय बन चुके हैं। यदि आपको कोई भी इंटरनेट साइबर पर फंसाता है तो अपनी सुरक्षा के लिए शीघ्र ही पुलिस विभाग के साइबर क्राइम सेल से सम्पर्क करके अपने शिकायत को अवश्य दर्ज कर देना चाहिए। ताकि ऐसे असामाजिक तत्त्व आपका कोई नुकसान न कर सकें।

इंटरनेट का प्रयोग रचनात्मकता के लिए है, जो कि हमें देश-दुनिया की बहुत सी जानकारी या ताजी गतिविधियों से जोड़ती हैं। परन्तु यह सावधानी भी सिखाता

हैं कि इंटरनेट पर आंखें मूंदकर प्राप्त सूचनाओं पर भरोसा भी करना सही आंकलन नहीं होता है। इंटरनेट पत्रकारिता के इस दौर में कई सार्वजनिक ग्रुप डिस्कशन भी चलाये जा रहे हैं, जिससे आप अपने किसी भी प्रकार के भटकाव से बच सकते हैं। इंटरनेट पत्रकारिता के माध्यम से आप अपनी समस्या सम्बन्धी बातचीत का उत्तम जरिया तलाश कर किसी भी प्रकार के गम्भीर सम्बन्धों से बचाव कर सकते हैं।

इंटरनेट पत्रकारिता के श्रीगणेश से आप घर बैठे कोई भी सूचना प्राप्त करके, महंगी किताबे पढ़ने तथा विभिन्न संस्कृतियों को जानने समझने में इंटरनेट एक विशिष्ट व उपयुक्त माध्यम बन चुका है। आप अपने कम्प्यूटर पर इंटरनेट पत्रकारिता के सहारे घर बैठे दुर्लभ सूचनाएं एवं जानकारियां प्राप्त करने में सफल हो जाते हैं। विश्व की तत्काल सूचनायें हम टेलीविजन सूचना के आधार पर इंटरनेट पत्रकारिता के रसास्वादन का सुलभ लाभ उठाते हैं। जिसे त्वरित इंटरनेट पत्रकारिता के रूप में जनमानस इंटरनेट का रचनात्मक प्रयोग मानता एवं जानता है।

इंटरनेट सम्प्रेषण और विश्व भाषायी-विभीषिका

इंटरनेट और हाईटेक सम्प्रेषण भाषा के दौर में चुपचाप दस्तक विश्व की भाषाओं के साथ भारतवर्ष की क्षेत्रीय भाषायें क्रमिक गति से हाशिये पर बढ़ती जा रही हैं। इस इंटरनेट कम्प्यूटर के सम्प्रेषण की एक निश्चित भाषा के बढ़ोत्तरी के कारण विश्व पटल पर भाषाओं का विलुप्त होना एक आश्चर्य का प्रयास बनता जा रहा है। खोती जा रही भाषाओं बोलियों की चिन्ता विश्व भर में एक भाषायी विभीषिका का संकट उभार रही है।

भाषाविद विश्व भर में चिन्तित हैं। इस कड़ी में विश्वस्तर पर यह आवाज 1980 के दशक में उठाई जा चुकी हे। यूनेस्को ने विलुप्त होती भाषाओं का वर्ष 1993 घोषित किया। टोक्यो एवं जापान में 1995 में 234 भाषाविदों ने लुप्त होती बोलियां माना है। भाषाओं, जिसका आंकलन वर्तमान में 6,760 (छः हजार सात सौ साठ) के लगभग भाषाएं होने की पुरजोर पुष्टि की गई है।

भाषाविद इस तथ्य से भी सहमत थे कि इक्कीसवी शताब्दी तक दुनिया की 70% प्रतिशत भाषाएं बोलचाल से खत्म हो जाएगी और स्थानीय प्रशासन की भाषायें इनका स्थान ग्रहण कर लेगी। यह एक आश्चर्यजनक तत्त्व उभर कर सामने आया है कि हर पन्द्रह (15) दिन में एक भाषा लुप्त होने का दौर प्रारम्भ हो चुका है।

वर्तमान में सूचना का इंटरनेट माध्यम की तकनीक के बढ़ते वर्चस्व ने केवल चंद भाषाओं का ही दबदबा बढ़ाने का कार्य किया है। जिसके कारण विश्व की क्षेत्रीय भाषाएं स्वतः लुप्त होती जा रही है। क्षेत्रीय ग्रामीण भाषायें बड़े पैमाने पर लुप्त भाषाओं की श्रेणी में आ गई है। विश्व में भाषाओं/ बोलियों के लुप्त होने से मानव

जीवन की औषधि एवं जीवनचर्या की वैज्ञानिक उपयोगिता का भी स्वतः ह्रास होता जा रहा है। कल्पना करके सोचिए लुप्त हो रहे बोलियों के साथ ग्रामीण/ आंचलिक सुरीले गीत, धुनें, खेती के मापदण्ड एवं विधियां, देशज खगोल शास्त्र का विज्ञान पहेलियां, चिड़ियों की बोली समझने, जानवरों के पदचाप समझने के संकेत समझने, जानवरों के पदचाप समझने के संकेत सम्बन्धी जानकारियां, बिरले ध्वनि-सामंजस्य-भाषा आदि की जानकारियां भी लुप्त हो रही हैं।

विचार करने योग्य विषय यह है कि विश्व के इतिहास में जो भी भाषायें नष्ट हो चुकी है। शिलालेखों पर अवशेष लुप्त भाषा। बोलियों के क्षरण को प्रतिपादित कर रही हैं कि आज ऐसी लिपि/ भाषा को समझने वाला विश्व पटल पर ढूंढ़ने से भी नहीं मिल पा रहा है। आज भी हड़प्पा व मोहनजोदड़ो में प्राप्त भाषा/ लिपि कौन सी हैं? भाषाविद नहीं जान पा रहे हैं कि वह कौन सी लिपि/ भाषा थी? आधुनिक दौर में आज विश्व पटल पर इतना अधिक उभर चुका है कि अपनी क्षेत्रीय एवं मातृ भाषा से दूर हो रहा है। निम्न श्रेणी की भाषा समझकर उपेक्षा कर रहा है। अपने वर्तमान से दूर हो रहा है।

विश्व भाषायी अध्ययन करने पर उदाहरणतः यह ज्ञात होता है कि पूर्व अफ्रीका के निवासी अपने बच्चों को 'स्वाहिनी' सिखाने पर जोर दे रहे हैं। मध्य दक्षिणी अमेरिका के भारतीय मूल के निवासी अपने बच्चों को 'स्पानी' सीखने-पढ़ने के लिए प्रेरित एवं शक्ति तक प्रयोग करने पर अमादा होते हैं। हिन्दी के स्थान पर अंग्रेजी पढ़ाने में गर्व कर रहे हैं। यह स्थिति पूरे भारत में क्षय रोग की तरह फैल गया है।

इतिहास इस बात का गवाह है कि योरोपीय देशों में विशेषकर सन् 1066 ई. में जब विलियम प्रथम का शासन स्थापित हुआ, तो उसने पूर्ण जागरूकता का परिचय देते हुए, अपने क्षेत्रीय भाषा 'फ्रैंच की भाषा को प्राथमिकता दी और पूरे शासन तन्त्र में 'फ्रैंच' भाषा का ही प्रादुर्भाव हो गया। तदोपरान्त इंग्लैण्ड जैसे गणराज्य में तत्तकालीन प्रयुक्त होने वाली भाषा 'लैटिन' भाषा का प्रयोग 400 वर्षो से अधिक प्रचलन में बना रहा। अंग्रेजी भाषा एक अविकसित भाषा के रूप में और निम्न स्तरीय भाषा क्षेत्रीयता से ग्रसित भाषा समझी जाती थी। राष्ट्र प्रेमी अंग्रेजी भाषाविदों के कारण काफी संघर्ष के पश्चात अग्रेंजी प्रशासन तन्त्र की भाषा बनी थी, तथा एक समय था जब अंग्रेजी का सूर्यास्त न था।

सत्रहवीं शताब्दी में क्रमवेल के शासनकाल में अंग्रेजी भाषा लागू करने का नियम कठोरता के साथ प्रार्दुभाव में आया। अंग्रेजी भाषा का काफी विरोध भी हुआ। परन्तु इंग्लैण्ड में अंग्रेजी भाषा का प्रयोग न करने पर दण्ड व्यवस्था लागू कर दी गई। वह नियम था (एक्टस ऐण्ड आर्डिनेसेज आफ दि इण्टरेग्नम) 16421660 (1911)

(11455-56) प्रारम्भ में यह दण्ड व्यवस्था 20 पौण्ड था, जो बाद में बढ़कर 50 पौण्ड कर दिया गया। 4 जार्ज द्वितीय अध्याय-26(1731) इसी पृष्ठ भूमि के कारण मुगल बादशाहों की फारसी भाषा का अनुसरण करते हुए अंग्रेज और ईस्ट इण्डिया कम्पनी ने भी इसी भाषा को पहले अपनाया। प्रेडरिक जान शोर ने अंग्रेजी भाषा लागू करने का स्वयं विरोध भी किया। नियम कोर्ट कैरेक्टर ऐण्ड प्राइमरी एजुकेशन इन द नार्थ वेस्टर्न प्राविंसेज ऐण्ड अवध अपेंडिक्स पृष्ठ-8)

1830 ई के लगभग भारतवर्ष में फारसी भाषा को हटाने की बात चली तो इग्लैण्ड स्थित शासन-तन्त्र ने बोर्ड आफ डायरेक्टर्स को फारसी के स्थान पर अंग्रेजी भाषा के प्रयोग के ही विरोध में लिखा। 'यह विषय जनमानस के स्थिति व प्रतिबद्धता को स्वीकार करते हुए तत्कालीन इग्लैण्ड के शासन-तत्र ने भाषायी जागरूकता के प्रयलन को ध्यान में रखते हुए, अंग्रेजी के प्रयोग को भारत में अस्वीकार किया था।' टिप्पणी यह थी–'यह अति महत्त्वपूर्ण है कि न्याय प्रशासन या शासन व न्यायाधीश परिचित हों, किन्तु यह उससे कम महत्त्वपूर्ण नहीं है कि न्याय प्रशासन ऐसी भाषा में हो, जिससे पक्षकर उनके वकील तथा जन साधारण परिचित हो।

तात्पर्य यह है कि किसी भी भाषा को उसके मूल में बने रहने देने का प्रयास अवश्य किया जाना चाहिए। यदि शासन तन्त्र इस ओर ध्यान नहीं देगी, तो आज के चकाचौंध दौर में क्षेत्रीय भाषाओं का लोप, निश्चित रूप से अपना कर, परम्परागत क्रियाकलापों का अवरोध, स्वतः कर लेगा।

भारतवर्ष में भी भाषायी विभीषिका का दौर बना हुआ है। विशेषकर अंग्रेजी और हिन्दी कम्प्यूटर एवं इंटरनेट के प्रयोग के कारण। कम्प्यूटर एवं इटरनेट के सहारे अंग्रेजी का वर्चस्व बढ़ता जा रहा है। भारत की क्षेत्रीय भाषा निरीह होती जा रही हैं। भारतीय संविधान ने यद्यपि 22 भाषाओं की मान्यता अनुच्छेद सूची-8 के तहत दे रखी है। वर्तमान में भारतवर्ष में बहुभाषी समाज अब गौरव की बात नहीं है। कुछ वर्षों पूर्व दिल्ली के निवासी पंजाबी, हिन्दी और उर्दू भी जानते थे। हिन्दी भाषाओं को मैथिली भोजपुरी बुन्देली और छत्तीसगढ़ी आना सामान्य बात मानी जाती थी। परन्तु अब सारा कौशल सिर्फ इस बात पर सिमट गया है कि आप अंग्रेजी में बात कर सकते हैं कि नहीं। यह बड़प्पन की बात समझी जाने लगी है कि 'यू नो माई हिन्दी इज वेरी पुअर।'

प्रसंगवश यह कि सभी शासन काल में मुगलकाल एवं अंग्रेजी सरकारों के समय में भी सम्पर्क के कार्यों के लिए हिन्दी भाषा का ही प्रयोग का बराबर विधान में था। उदाहरण के लिए मुगल परम्परा में मोहरों में फारसी व बंगला के साथ-साथ हिन्दी को भी स्थान प्राप्त था। सूचनार्थ देखिए नियम-बंगाल रेगलेशन सं. सन् 1793 ई. ही धार--3 किसी भी व्यक्ति को सूचनार्थ या अनुपालनार्थ भेजी जाने वाली

आज्ञाओं तथा आदेशिकाओं में चाहे वह किसी पक्ष के लिए पारित हों या किसी साक्षी के लिए हों अथवा अंतिम आदेश के निष्पादन के लिए शासन तन्त्र व न्यायालय से जारी होने वाले सब आदेश फारसी के साथ-साथ नागरी लिपि में लिखित हिन्दुस्तानी में भी लिखकर पारित करेंगे (बंगाल रेगुलेशन नं. 6 की धारा-13) यही जारी व्यवस्था पाश्चमी प्रान्तों के आधिपत्य में आने वाले प्रान्तों के लिए देखिए वाराणसी के तत्कालीन आदेश जो पारित हुए 1795 का विनियम सं. 81 यह भी जानकारी के लिए आवश्यक है कि अनेक कार्यों के लिए हिन्दी के प्रयोग का विधान था तथा किसी भी कार्य सम्पादन पर कभी भी अंग्रेजी भाषा का प्रयोग अनिवार्य नहीं किया गया था। परन्तु जब अंग्रेजी के प्रयोग के लिए कभी भी कोई आदेश शासन-तन्त्र ने कभी नहीं दिए।'' तब भी भारत के निवासी लोकतन्त्र में हिन्दी के प्रयोग के लिए क्या कहा जाए वह अपने मातृ भाषा क्षेत्रीय बोली बोलने में भी कितनी हीन भावना महसूस करने लगे हैं। यह नितान्त खेदपूर्ण स्थिति पूरे भारत वर्ष की भाषायी व्यवस्था पर कुठाराघात का वर्चस्व अपनाए जा रही है।

अंग्रेजी वर्चस्व को लादने वालों को किस श्रेणी का नागरिक माना जाए यह तो प्रशासन की बात है। परन्तु भाषाई विविधता को बचाने की दृष्टि से कुछ विशेष परिलब्धियों का अध्ययन करना आवश्यक है। पड़ोसी देश चीन से बहुत कुछ सीखा जा सकता है। क्या उनके देश में तकनीकी, यह इंटरनेट सम्प्रेण की गति कम्प्यूटर पर नहीं प्रयोग किया जा रही है। भाषाई आधार पर चीन में भारत से अधिक भाषायें और बोलिया आज भी सुरक्षित है। चीन के नागरिक अंग्रेजी को मुकुट के रूप में धारण नहीं करती।

उदाहरण के लिए चीन व तिब्बत को मिलाकर भाषाई विविद्यता को बचाने की दृष्टि से एक सर्वेक्षण कराया गया। चीन सरकार के द्वारा भाषाई आधार पर चीन 1,500 सर्वेक्षण स्थलों को चुना गया, जिसमें तिब्बती के 90 स्थलों, क्षेत्रों और चीनी भाषा के 200 से अधिक क्षेत्रों की सर्वेक्षण व्यवस्था में चीन के अधिकांश बोलियों, भाषाओं में बारीक अंतर समझा जा सका। बल्कि 16 ऐसी भाषाओं का ब्यौरा भी दर्ज किया गया, जिसका पहले कोई लिपि में अस्तित्व ही नहीं था। एक और महत्त्वपूर्ण सर्वेक्षण चीनी भाषा में 1986 से 1990 के दौरान किया गया, जिसमें भाषाई आधार पर 700 सर्वेक्षण क्षेत्रों को चुनकर शोधकर्त्ता ने महत्त्वपूर्ण आंकड़े जमा किए। इसके पश्चात उन भाषाओं का व्याकरण स्त्रोत लेखन शैली जैसी अन्य बारीकियों को लिपिबद्ध किया गया। इस तरह चीन देश, नई खोजी गई भाषाओं पर 12 पुस्तकें प्रकाशित नवीन भाषा। बोलियों का स्वरूप पाने में प्रयासरत की गई और 30 से अधिक प्रकाशित होकर नवीन भाषा/ बोलियों का स्वरूप पाने में प्रयासरत हो रही हैं। वहीं अपने भारतवर्ष को कोई संजोने का प्रयत्न गम्भीरता पूर्वक नहीं किया जा

रहा है। यह भारतीय मूल के निवासियों के लिए खेदपूर्ण विषय है।

वर्तमान भाषाई विभीषिका एवं इंटरनेट कम्प्यूटर के व्यापक-प्रचार-प्रसार के दौर में अभी अवशेष के रूप में भारतवर्ष में 4,635 से अधिक समुदायों के लोग 1652 से अधिक जुबान/ बोलियां बोलते हैं तथा 100 से अधिक सक्रिय भाषायें उपलब्ध हैं।

इंटरनेट के आधुनिक युग में भी विशेषज्ञों का मानना है कि इस क्षेत्र में सर्तकता अपनाते हुए शेष लुप्त हो रही बोलियों का संरक्षण करने का कार्य द्रुतगति से होना अनिवार्य है। खतरे का बिगुल भारतवासी स्वयं बजा रहे हैं।

भारतवर्ष के तकनीकीविद एवं भाषा वैज्ञानिक चरणबद्ध तरीके से यहां की भाषाओं और बोलियों, रीति-रिवाजों, संकेतों, कृषि में व्याप्त कहावतों आदि का संरक्षण प्रशासनिक स्तर पर नहीं किया जाएगा, तो अवश्य असुरक्षित रहेगी। यहां भावना-प्रधानता की आवश्यकता है। चीन की भावना बोलियों के प्रति निःसदेह अनुकरणीय हैं।

इंटरनेट भाषा को, चिह्नित भाषा मात्र का दर्जा देना ही, उचित होगा।

भारतवर्ष में इंटरनेट

भारतवर्ष में इंटरनेट का विकास लगभग 20 वर्ष पहले हुआ। सर्वप्रथम सैनिक अनुसंधान नेटवर्क (ई आर नेट) ने शैक्षिक और अनुसंधान क्षेत्रों के लिए प्रारम्भ किया गया। ई आर नेट भारत सरकार के इलैक्ट्रानिक विभाग तथा 'युनाइटेड नेशन्स डेवलपमेंट प्रोग्राम' एक संयुक्त उपक्रम स्थापित किया गया। आगे चलकर इंटरनेट को पत्रकारिता के क्षेत्र में काफी सफलता मिली तथा अनेक नोडों की सहायता से परिचालन प्रारम्भ हो गया। लगभग 10 हजार से अधिक वैज्ञानिकों और तकनीशियनों द्वारा ई आर नेट की सुविधायें प्राप्त की जाने लगी। एनसीएसटी, मुंबई द्वारा अंतर्राष्ट्रीय सम्पर्क प्राप्त करके विस्तार किया गया।

15 अगस्त 1995 को 'विदेश संचार निगम लिमिटेड' ने 'गेटवे इंटरनेट एक्सेस सर्विस' (जी आईएएस) की स्थापना व्यवसायिक (वाणज्यिक) में विकसित की गई। इस दिशा में इंटरनेट नोड दिल्ली, मुंबई, पूणे, बैंगलूर, चेन्नई और कलकत्ता से प्रारम्भ किए गए। जिसके विस्तार में अमेरिका, इटली, जापान आदि से तकनीकी सुविधा हेतु समझौता करके देश के प्रमुख शहरों में इंटरनेट की सुविधा प्रारम्भ करायी गयी। जिससे भारतीय पत्रकारिता में अभूतपूर्व सफलता का श्रीगणेश हुआ। तत्पश्चात दूर संचार विभाग से सहयोग प्राप्त करके इंटरनेट सुविधा को देश के बड़े शहरों में स्थापित किया गया। आईनेट नामक नेटवर्क द्वारा दूरसंचार विभाग ने देश के दूरदराज के इलाकों को भी इंटरनेट से जोड़ना प्रारम्भ किया।

भारत की उदारीकरण नीति ने इस क्षेत्र में निजी कम्पनियों के प्रवेश हेतु रास्ता खोल दिया। सरकार की इंटरनेट के कारण देश-विदेश की बहुत-सी कम्पनियां भारतीय इंटरनेट प्रेमियों को अपनी सुविधा को प्रतिस्पर्धा के मापदण्ड पर लागू करते हुएप्रदान कर रही हैं। भारत के संविधान द्वारा लागु राष्ट्रभाषा के 22 मान्यता अभूतपूर्व इंटरनेट सुविधाओं का प्रयोग हो रहा है। इंटरनेट पत्रकारिता के व्यवसायिकीकरण एवं विज्ञापन इस समय भारतवर्ष में इंटरनेट की लगभग पांच लाख उपभोक्ता उपयोग कर लाभान्वित हो रहे हैं।

इंटरनेट कार्य प्रणाली में यह विशेषता है कि कोई भी सूचना छोटे-छोटे भा में विभाजित होकर गतिशील होती है। सर्वर सूचना को निश्चित आकार में विभाजित करके ग्राहक उपभोक्ता के पास पहुंचाता है। जब उपभोक्ता के कम्प्यूटर के पास सभी टुकड़े पहुंच जाते हैं तो वह उन्हें एकत्रित करके एक स्थान पर प्रस्तुत कर देता हे। ई-मेल के संदर्भ में सर्वर पर एक स्थानीय पर प्रस्तुत कर देता है। ई-मेल के संदर्भ में सर्वर एक स्थानीय डाक कार्यालय की भांति कार्यरत होता है जिस प्रकार विभिन्न स्थानों से प्राप्त डाक को उसके पते व गन्तव्य स्थान पर पहुंचाने की व्यवस्था करता है। ठीक इसी प्रकार टुकड़ों को जोड़ने का जो कार्य होता है। इसी प्रक्रिया में प्रयुक्त होने वाले नियम ट्रांसमिशन प्रोटोकॉल कहलाता हैं। संक्षेप में ई-मूल का अर्थ है किसी भी संदेश का एक कम्प्यूटर से दूसरे कम्प्यूटर पर हस्तांतरण करना।

वर्तमान में भारतवर्ष में तीन सरकारी एजेंसियां इंटरनेट सर्विस प्रोवाइडर (आई एसी पी) अर्थात् इंटरनेट की सुविधायें उपलब्ध करा रही हैं–(1) दूर संचार विभाग (2) महानगर टेलिकॉम निगम लिमिटेड (3) विदेश संचार निगम लिमिटेड।

फैक्स, टैलेक्स, टेलीप्रिन्टर, ब्रॉडबैंड वीडियों नेटवर्किंग दूरभाष टेलीग्राफ की अपेक्षा इंटरनेट ने पत्रकारिता की गति को तीव्रता प्रदान की हैं। इंटरनेट पत्रकारों को वर्तमान में आधुनिकत्म वह सामग्री भी उपलब्ध कराने में सक्षम हो रहा है, जिसकी कल्पना तक पत्रकारों को नहीं थी। विशेषतः समय की बचत और अनुवाद प्रक्रिया में सुविधा आज इंटरनेट पत्रकारिता के महत्त्वपूर्ण सफल देन है।

बहुभाषीय ऑन लाइन एवं सुपर टेक सॉफ्टवेयर के निर्माण से भारत के संविधान द्वारा लागू बाईस (22) राष्ट्रभाषा में कार्य करना संभव हो गया है। राजभाषा हिन्दी में पत्रकारिता कार्य करना सहज हो गया है। इंटरनेट के आगमन से अब संवाददाताओं पर कार्य का बोझ कम होने लगा है। समाचार संकलन एवं विश्लेषण में पाठकों की अभूतपूर्व भूमिका अत्यन्त महत्त्वपूर्ण नहीं थी। इंटरनेट पर व्यक्ति करोड़ों लोगों से अपनी मनचाही सूचना प्राप्त कर लेता है। परन्तु वर्तमान में संवाददाताओं को बहुत संतर्क रहना आवश्यक हो गया है। इसका प्रमुख कारण है कि आज का पाठक इंटरनेट के कारण सूचनाओं के निरंतर सम्पर्क स्थापित किए

होता है। अतएव इंटरनेट के माध्यम से कोई भी पाठक विश्व की अनेक घटनाओं से संपर्क साधने में विभिन्न स्त्रोतों का प्रयोग करके कर सकता है। जबकि संवाददाता निश्चित समय-सीमा में बंधकर कार्य करने के लिए बाध्य होता है। चूंकि इन्हें निर्धारित स्थान के अनुरूप ही अपना समाचार लिखना पड़ता है। साथ ही अपने पाठक वर्ग की अभिरुचि को भी ध्यान में रखना श्रेयकर होता है।

समाचार-पत्रों का प्रकाशन या पत्रिकाओं का प्रकाशन भी एक नियत समय पर नियमित रूप से प्रकाशित होता है। परन्तु इंटरनेट पर कोई समय सीमा की बाध्यता नहीं होती। इस लिए अब प्रातः काल समाचार पत्र आने से पूर्व ही अधिकांश लोगों को उन समाचारों की जानकारी इंटरनेट या दूरदर्शन द्वारा प्राप्त हो चुकी होती है। इंटरनेट के बढ़ते प्रभाव के कारण अब सम्पादकीय विभाग पर भी पाठकगणों की अभिरुचि एवं उत्साहवर्धन हेतु निरंतर दबाव बढ़ रहा है। पाठकों की अभिरुचि बनाए रखने की दृष्टि से वर्तमान में आधुनिक तकनीक का प्रयोग करके समाचार-पत्रों-पत्रिकाओं के कलेवर साज-सज्जा, स्तंभ के प्रदर्शन में व्यापक परिवर्तन या नवीनता का प्रयास किया जाने लगा है।

आज इंटरनेट पत्रकारिता विचारों की स्वतंत्र अभिव्यक्ति का सर्वाधिक प्रभावशाली माध्यम के रूप में विकास पा चुका है। इस समय इंटरनेट पत्रकारिता घर-घर में अपना वर्चस्व स्थापित करने में सफल सिद्ध हो रही है। अब तो इंटरनेट पर समाचार-पत्रों पर निर्भरता की अपेक्षा इंटरनेट पर सूचनाओं का आदान-प्रदान कर लेती है। अब अनेक संवाद समितियां अपने स्तंभ लेखकों एवं संवाददाताओं पर निर्भर नहीं रहते। कम्प्यूटर एवं इंटरनेट के आविष्कारों से पूर्व पत्रकारों को अपने दिन-प्रतिदिन के समाचारों की पृष्ठभूमि लिखने के निमित्त अपनी स्मरण-शक्ति पर निर्भर रहता था। परन्तु इटरनेट पत्रकारिता के क्षेत्र में सब सहज हो चुका है।

इंटरनेट पत्रकारिता के आगोश में आज विभिन्न केंद्रों को परस्पर जोड़कर समाचार समितियां सहज ही अपने ग्राहकों को त्वरित सेवा उपलब्ध करवा देती है। अब आप दुनिया के अलग-अलग हिस्सा में स्थापित इंटरनेट से जुड़े लाखों-करोड़ों कम्प्यूटरों के साथ आनन-फानन में सम्पर्क बना सकते हैं। आज आप जानकारियों, सूचनाओं एवं आंकड़ों तथा अनेक ज्ञान भण्डार के महासागर में गोते खाते हुए महसूस करने के भागीदार हो जाते है। आप इंटरनेट पर खरीद-फरोख्त करना एक महत्त्वपूर्ण सुविधा के रूप में प्रस्तुत हुई है। सच तो यह है कि आज इंटरनेट विश्व में युद्ध का अखाड़ा भी बन चुका है। सच तो यह है कि आज इंटरनेट विश्व में युद्ध का अखाड़ा भी बन चुका है। विभिन्न देशों में चल रहे गृह युद्ध से जुड़े समूहों, आंतकवादी संगठनों, एजेन्सियों व्यापारिक एवं विज्ञापनों की दुनिया के अनेकानेक संगठनों ने अपनी-अपनी बेवसाइड खोल चुके हैं और अपना प्रचार-प्रसार या प्रोपेगडा

करने में प्रयासरत हैं। दूसरी ओर ऐसे प्रोपेगड़ा या प्रचार को इनके विरोधी धवस्त करने की दिशा में इंटरनेट पत्रकारिता के जवाबी हमले करते रहते हैं। इस प्रकार इंटरनेट पर निरंतन एक युद्ध चलता रहता है जिसे आज 'साइबर वार' के रूप में जाना जाता हे। आश्चर्य की बात यह है कि विभिन्न देशों की सरकारें भी इस 'साइबर वार' से भयभीत होती है। क्योंकि इंटरनेट पर किया गया 'प्रोपेगड़ा' या प्रचार विश्वव्यापी होने के कारण पूरी दुनिया ध्यान आकर्षित करने में सक्षम है।

आज इंटरनेट चहुंमुखी विकास पा चुका है। मानवता की सुरक्षा की दृष्टि से इंटरनेट ने विश्व भर में चिकित्सा सुविधाओं का नक्शा बदल दिया है। अब घर बैठे ही देश-विदेश के प्रख्यात चिकित्सकों से सलाह-मशविरा कर सकते हैं। आधुनिक सुविधाओं के अस्पतालों में इंटरनेट के जरिए वीडियो सम्मेलन आयोजित करके चर्चायें की जाती और गहन-जटिल रोगों का डाक्टरों के सलाह पर तत्काल इलाज किया जाता है। इंटरनेट के कुछ केन्द्रों पर ऐसी सुविधायें भी है कि न्यूर्याक में चल रहा आपरेशन दिल्ली के अस्पताल में बैठा सर्जन/ डॉक्टर देख सकता है। आवश्यकता होने पर जरूरी निर्देश भी दे सकता है। इंटरनेट पर चिकित्सा को 'टेलीविजन' कहा जाता है। सभी क्षेत्रों पर नवीनतम सूचनाओं के लिए परिष्कृत एवं उपयोगी वेबसाइट उपलब्ध है।

पर्यटन-आविष्कार, खेल-कूद, समाचार, गायन, सिनेमा-चल-चित्र, सीरियल इंटरनेट के अपेक्षाकृत नये आकर्षण हैं। आज लगभग हर खेल सिखाने से लेकर उससे संबंधित नवीनतम जानकारियां, तकनीकी सूचनाओं को देने हेतु बेवसाइड उपलब्ध हो चुकी है। अब लोग इंटरनेट माध्यम से मोटर-कार में लगे पीपी पर ही आनन्द लेने लगे हैं। वह भी स्टीरिंग से हाथ हटाए हुए।

एक आश्चर्य और है कि शब्द या ध्वनि-स्वर बोलने से ही इंटरनेट नामक 'जिन्न' आपके कदमों में हाजिर हो जायेगा। मोटेरोला नाम वैज्ञानिक ने इंटरनेट के लिए एक ऐसी नयी भाषा विकसित की है, जिसके माध्यम से बोलकर ही अपनी मनपसंद वेबसाइड खोज सकेंगे। और आन-आफ भी अपनी इच्छानुसार कर सकेंगे। यदि इसके साथ ही आवाज को पाठक सामग्री और पाठ्य सामग्री को आवाज में बदलने वाला करामाती सॉफ्टवेयर भी लगा हो तो अंधे व्यक्ति भी इंटरनेट की चमत्कारी दुनिया का आनन्द उठा सकेंगे। इंटरनेट से वीडियो की चमत्कारी दुनिया का आनन्द उठा सकेंगे। इंटरनेट से वीडियों की क्वालिटी व क्षमता का विकास पा चुकी है। इंटरनेट-3 के माध्यम से वीडियो सम्मेलन के लिए प्रयोग तकनीक में विशेषज्ञों को ऐसा लगेगा कि वे एक कमरे में बैठे हुए आपस में विचार-विमर्श कर रहे हैं, जबकि उनके बीच में हजारों किलोमीटर की दूरी होती है। इस तकनीक में त्रि-आयामी ग्राफिक्स' का प्रयोग करते हुए आभासी कक्ष (वचुअल रुम) बना दिया

जाता है। इसे 'टेलि-इमर्शन' तकनीक कानाम दिया गया है। इसी तरह इंटनरेट पर आभाषी प्रयोगशाला में हजारों किलोमीटर की दूरी पर बैठे वैज्ञानिक आपस में किसी महेंगे उपकरण की आपसी साझेदारी भी कर लेते हैं। एक समान आंकड़ों, समाचारों या कोई भी जानकारियों को इंटरनेट सदस्यों के किसी बड़े समूह के प्रत्येक सदस्य तक पहुंचाने की तकनीक भी विकसित करने का आधुनिकतम प्रयास किया जा रहा है। इस विद्या को 'मल्टीकास्ट' तकनीक कहा जाता है। इंटरनेट-3 पर कम्प्यूटर सॉफ्टवेयर के विक्रय को नया लक्ष्य प्राप्त हो सकेगा।

इंटरनेट पत्रकारिता से प्राप्त सुविधाओं को निम्नतः चिह्नित किया जा सकता है:–

- विश्व के करोड़ों कम्प्यूटरों पर संग्रहित विषयों से इच्छित जानकारियों और सूचनाओं को प्राप्त किया जा सकता है।
- विश्व में करोड़ों मील की दूरी पर संग्रहीत सैकड़ों पृष्ठों की सामग्री अपने पास मिनटों में मंगाई या भेजी जा सकती है।
- विश्व में दूरस्थ स्थानों के कार्यक्रमों के चित्रों, एनिमेशन, ध्वनियों आदि की फाइलों को मंगाकर अपने कम्प्यूटर पर देखा जा सकता है।
- ई-मेल की सुविधा। एक अनुमान के तहत विश्व में 50 करोड़ लोगों के पते इंटरनेट पर हैं। जिनमें ई-मेल के माध्यम से समाचार आदि सरलता से किए जा सकते हैं।
- विभिन्न विषयों पर सरकारी, निजी एवं संस्थागत डाटाबेस आंकड़ों की खोज की जा सकती है।
- विश्व भर में विविध विषयों पर बने लगभग, 50.000 चर्चा समूहों से (Newa group) से सीधे बातचीत की जा सकती है।
- इंटरनेट पर उपलब्ध सामग्री की कैटलॉग देखकर मनसंपद सामान खरीदा जा सकता है।
- इलैक्ट्रानिक प्रकाशनों को पढ़ा जा सकता है।
- मनोरंजन के विभिन्न कार्यक्रमों को अपनी इच्छा के अनुसार घर पर बैठकर देखने की सुविधा है।
- व्यवसायी अपने उत्पादों को कम्प्यूटर पर विज्ञापित कर सकते हैं।
- इंटरनेट सुविधा से विश्व के किसी भी कोने ग्राहकों को माल बेच सकते हैं या खरीद सकते हैं।

इस प्रणाली की सेवा प्राप्त करने के लिए 'इंटरनेट'; का पंजीकरण कनेक्शन होना अनिवार्य शर्त है। जिसकी दरें उपभोगता पर अंकित है। साधारण उपभोक्ता केवल आंकड़े पढ़ या भेज सकता है। जो उपभोक्ता तस्वीर देखना या भेजा चाहते

हैं। उनको टी.सी.पी. (ट्रांसफर कंट्रोल प्रोटोकॉल) एकाउंट लेना पड़ता है। लीज लाइन एक प्रकार से दो देशों के बीच स्थित 'हाट लाइन' एक प्रकार से दो देशों के बीच स्थित 'हाट लाइन' की भांति ही होती है। जिसमें उपभोक्ता अपने चिह्नित होम पेज खोल सकता है। उपभोक्ता पंजीकृत कनेक्शन प्राप्त कर लेने के बाद 'बेबसाइट' या 'होमपेज' स्थापित किया जाता है। इसके पश्चात ही संस्था को 'इंटरनेट प्रोटोकाल (आई. पी. एड्रेस) की सुविधा प्राप्त हो पाती है। यह सुविधा ठीक हमारे घर के पते के समान ही होता है।

इंटरनेट प्रणाली से आप अपने कम्प्यूटर पर अपना आई. पी. पता देकर दूसरे विदेशी कम्प्यूटर का पता प्राप्त कर सकते हैं। यह कार्य 'डायलर' नामक सॉफ्टवेयर की सहायता से सम्पन्न होता है। इस इंटरनेट की भाषा में पी. पी. पी. (प्वाइंट-टु-प्वाइंट प्रोटोकाल) कहते हैं। इससे सम्बन्ध जुड़ते ही आप एक अन्य नेट स्केप नेवीगेटर नामक सॉफ्टवेयर की सहायता से इच्छित सूचनाएं घर बैठ अपने कम्प्यूटर पर प्राप्त कर सकते हैं। इस प्रकार इंटरनेट के बेवसाइट में आप समय-समय पर जानकारी एकत्रित कर सकते हैं। ऐसी सभी सूचनाओं का आदान-प्रदान एच.टी.एम. एल भाषा (हाइपर टेक्स्ट मार्कअप लैंग्वेज) में प्राप्त किया जा सकता है।

इंटरनेट पत्रकारिता में ई-मेल के द्वारा फैक्स, पेजर, सैक्यूलर फोन आदि का सरलतम् प्रयोग किया जाता है। बैंग्लोर स्थित 'ग्रेसर एप्लाइड टेक्नोलॉजिस' के नाम से तैयार इस तकनीक से भारत सहित विश्व के 70 से अधिक देशों के ग्राहकों को यह सुविधा उपलब्ध हो रही है। इस प्रक्रिया का लाभ उठाने के लिए 'पेज प्वाइंट पेजिंग सेवा' का ग्राहक बनना पड़ेगा और युनिमीडिया बाक्स में पहुंचेगा। यहां से इसे 'सत्यम नेट' (केवल भारत के लिए) या इंटरनेट के माध्यम से ग्राहक के सेल्युलर फोन, पेजर या फैक्स पर भेज दिया जाता है। इंटरनेट-3 के सेवा प्रारम्भ होने के कारण शिक्षा, अनुसंधान, व्यापार विज्ञापन आदि की राष्ट्रीय सीमा लांघ कर विश्वव्यापी स्तर पर सभी कार्य सरलतम स्थितियों का प्रयोग कर देश को चहुंमुखी सम्पन्नता तथा आधुनिक तकनीकीय दिशा में अपना अग्रसर भूमिका का निर्वाह कर रहा है।

इंटरनेट पत्रकारिता के क्षेत्र में आभासी पुस्तकालय आज इंटरनेट से जुड़कर विश्व स्तरीय पुस्तकालयों से सम्पर्क करने का प्रयास किया जा रहा है जिससे असंख्य पुस्तकों का भण्डार प्रत्येक विषय में प्राप्त हो सकेगा। इस सुविधा के कारण भारत मैं बैठा छात्र या वैज्ञानिक तकनीकी या शोध विषयों का भी अध्ययन विदेशी लाइब्रेरी अमेरिका, चीन, जापान आदि से इच्छित पुस्तक प्राप्त कर नवीनतम जानकारी प्राप्त कर सकता है।

इंटरनेट-ई-मेल-वेब

वर्तमान में विंडोज का अधुनातन 'वर्सन' (Version) है विंडोज 2000, इसे विंडोज एन टी 5.0 भी कहा जाता है। इसी के अनुरूप माइक्रोसॉफ्ट कम्पनी ने एम. एस.आफिस के अंतर्गत 'आफिस 2000' भी रिलीज किया है। इसे विश्व के समस्त जटिलतम लिपियों को समाहित किया गया है। प्रमुखतः–अरबी, हिब्रू, थाई, देवनागरी हिन्दी, एवं तमिल वस्तुतः अभ तक 'विंडोज' के अंतर्गत विभिन्न भाषाओं में मात्र कुंजियन (Keying) की सुविधा वैकल्पिक रूप में मौजूद है। किन्तु विंडोज 2000 के आगमन के कारण स्थानीय भाषाओं में इंटरफेस' की भी सुविधा उपलब्ध हो गई है अर्थात अब हम देवनागरी में न केवल संदेशों का आदान-प्रदान कर सकते हैं, बल्कि पाठों अध्यायों के कुंजीयन के साथ-साथ 'मेन्यू' (Menu) भी देवनागरी में देख सकते हैं, युनिको पर आधारित होने के कारण इसमें 'इस्की' कोडिंग प्रणाली का भी समावेश हो जाता है। यद्यपि ई-मेल और वेब प्रकाशन की सुविधा 'विंडोज 95' और 'विंडोज 98' में भी उपलब्ध है, लेकिन अब यह सब बहुत ही सरलता से भारतीय लिपियों में भी प्रयोग किए जा सकते हैं।

इसी क्रम 'सी-डेक' द्वारा विकसित 'आई लीप-आफिस 2.0' तथा आर के कम्प्यूटर्स द्वारा विकसित 'सुविंडोज 2.0' के माध्यम से न केवल ई-मेल के संदेशों का आदान-प्रदान देवनागरी (हिन्दी) में कियाजा सकता हैं बल्कि वेब-पेज भी हिन्दी में लिखा जा सकता है। परन्तु जहां 'आई-लीप' और 'लीप-ऑफिस 2.0' में यह सुविधा सभी भारतीय भाषाओं में सुलभ है। 'सुविंडोज 2.0' में यह सुविधा केवल देवनागरी में ही है। परन्तु सी-डैक द्वारा 'हॉटमेल के समक्ष हिन्दी और मराठी में 'मल्टीमेल' की भी सुविधा प्रदान की गई है। इस प्रक्रिया से केवल संदेशों का आदान-प्रदान ही हिन्दी में किया जा सकता है। बल्कि 'कमांड एवं मैन्यू' भी हिन्दी में उपलब्ध है। प्रयोक्ता अपना 'पासवर्ड' भी हिन्दी में दे सकता है। 'इंटरनेट पर इसकी प्रस्तुति कुछ इस प्रकार हैः–gist @ cdac-ernet-in और इंटरनेट पर–http:www.gist cdao. org. भारतीय भाषाओं के लिए यह सुविधा–www. mailj. com में भी उपलब्ध है।

अनेक स्थितियों में वेब अनुप्रयोगों को भारतीय भाषाओं में विकसित करने के लिए सी-डैक ने हाल ही में Iplug.in के नाम से एक सॉफ्टवेयर उपकरण तैयार किया है। इस पद्धति के विकास हेतु एक विशेष रूप से वेब फोन्ट विकसित किए गए हैं और इंटरनेट में इनके उपयोग के लिए 'इन्स्क्रिप्ट एवं ध्वन्यात्मक' कुंजीपटल की सुविधा प्रदान की गई है। यह उपकरण विंडोज 95-98 एन टी एवं 2000 के अनुरूप (Compatiable) है। इसकी सहायता से 'नेटस्केप एवं इंटरनेट एक्सप्लोरर

4.0' लेकर सभी 'वर्सन' के 'ब्राडजरों' के लिए अनुप्रयोग विकसित किए जाते हैं। इस प्रकार इंटरनेट की दुनिया में भारतीय भाषाओं की स्थायित्व को बढ़ावा मिल गया है। यह हर्ष का विषय है कि आज हिन्दी और अन्य भारतीय भाषाओं में स्वतंत्र रूप में 'पोर्टल' विकसित किए जाने लगे हैं। हिन्दी का पहला 'पोर्टलः www. naidunia. com. नाम से इंदौर से प्रकाशित पत्रिका 'नई दुनिया' के प्रकाश 'श्री विनय छजलानी' ने प्रारम्भ किया और आज इसके प्रसार के अंतर्गत 'ई-वार्ता' 'ई-पत्र' और 'ई-कामना' नाम से विविध प्रकार की सेवायें प्रारम्भ हो चुकी हैं। 'ई-पत्र' के माध्यम से 'रोमन लिपि' के सहारे सभी भारतीय भाषाओं में संदेश का आदान-प्रदान किया जाता है।

आज 'वेब-दुनिया' के प्रयोक्ताओं की संख्या 0 दो (2) लाख से अधिक हो चुकी है। इस दिशा में दूसरा सफल प्रयास www. netjaal com नाम से प्रारम्भ किया गया है। विभिन्न भारतीय भाषाओं के विकसित इस 'पोर्टल' का प्रचलन प्रारम्भ हो चुका है। यह 'पोर्टल' कम्प्यूटर सूचना संचार का आधार सी-डैक द्वारा विकसित 'इन्स्क्रिप्ट' प्रणाली के विकास से सम्भव हो सका है। अब इससे ही लिपि में सरलता से टंकित किया जा सकता है। इसके साथ-साथ अब खोज तथा तलाश नाम से 'वेब-दुनिया' और 'नेटजाल' ने हिन्दी में सर्च इंजिन का भी विकास कर लिया है। इस क्षेत्र में अब बहुत-सी बहुर्राष्ट्रीय कम्पनियों का आगमन भी हो चुका है। सर्वप्रथम माईक्रोसॉफ्ट ने विंडोज 2000 के साथ हिन्दी तथा तमिल में 'वर्ड 2000' के साथ हिन्दी का एक पोर्टल प्रारम्भ हुआ। यह rediff, com और indiainfo. com. ने भी हिन्दी और अन्य भारतीय भाषाओं में अपने 'पोर्टल' प्रारम्भ कर लिए है।

अब तो इंटरनेट पर भारतीय भाषाओं के विभिन्न समाचार-पत्र भी दिखाई पड़ने लगे हैं। हिन्दी का प्रथम प्रकाशित हिन्दी दैनिक 'डैली मिलाप' द्वारा हुई। परन्तु 'डायनामिक फोन्ट' के अभाव में इस वेब का व्यापक उपयोग न हो सका। आज इंटरनेट पर अंग्रेजी के समाचार पत्रों को सरलता से देखा और पढ़ा जा सकता है। परन्तु हिन्दी तथा अन्य भारतीय भाषाओं के अधिकांश समाचार-पत्रों को पढ़ने के लिए आज 'फौंट डाउन लोड' करने की आवश्यकता होती है। परन्तु भारतीय भाषाओं के समाचार-पत्रों में अब अत्यंत डायनामिक फोन्ट' का प्रयोग बढ़ता जा रहा है। अब 'फोन्ट डाउनलोड' किए बिना ही समाचार-पत्रों को कम्प्यूटर के पर्दे पर देखा या पढ़ा जा सकता है। इस कार्य में सफलता का श्रेय 'वेब-दुनिया' को ही जाता है। परन्तु दैनिक जागकरण' आदि अनेक समाचार-पत्र इंटरनेट पर 'डायनामिक' रूप में अब उपलब्ध हो रहे हैं।

आज समाचार पत्रों के साथ-साथ विभिन्न कम्पनियों ने भी वेबसाइट

विकसित कर लिए हैं। 'सर्च इंजिन' की सुविधा सभी भारतीय भाषाओं में विकसित हो चुकी है।

इंटरनेट ऑनलाइन द्वारा खरीद-फरोख्त

आम जीवन में इंटरनेट जीवन शैली का एक अभिन्न अंग बनता जा रहा है। नये जमाने की नयी तकनीक इंटरनेट ने मानो विकसित कर डाली है। आज हम इंटरनेट के माध्यम से खरीददारी करने लगे हैं। आज भुमण्डलीकरण के बाजार में 'नेट' के जरिये खरीद-फरोख्त आवश्यकता एवं सहूलियत का अभिप्राय बनता जा रहा हैं।

भारतवर्ष में भी ऑन लाइन खरीददारी का चलन जोर पकड़ने लगा है। ऑनलाइन बिक्री ओर नीलामी की विदेशी वेबसाइट भी भारत में कारोबार शुरू करने लगी है। अंडरवियर-बनियान से कार तक के सभी सामानों को ऑनलाइन वेबसाइट के माध्यम से भारत में किया जाने लगा है।

इंटरनेट पुस्तको की खरीद पर काफी छूट मिलती है। एक प्रश्न बनता है कि आखिर इंटरनेट के द्वारा ऑन लाइन खरीददारी में क्या फायदा होता है? बहुत फायदा होता है। नजदीकी बाजार के बजाए ऑनलाइन खरीददरी में समय और ऊर्जा दोनों की बचत होती है। इस सुविधा से उपभोक्ता का काफी समय बचता है। बुजुर्ग उपभोक्त हो या जवान, छात्र हो या नौकरीपेशा उपभोक्ता के लिए इंटरनेट के जरिये खरीददारी का चलन बढ़ता जा रहा है।

विचारणीय विषय स्थिति यह है कि कुछ समय पहले तक अधिकांशतः भारतीय नागरिक अपना क्रेडिट कार्ड का नम्बर इस डर के कारण नहीं बताते थे कि कहीं उसका दुरुपयोग न हो जाए। परन्तु आज के विकसित एवं आधुनिक समय में इंटरनेट में अभ्यस्त उपभोक्ता अपनी आवश्यकता की सामग्रियों की क्रय प्रक्रिया माइक्रोवेव और कार आदि की खरीददारी अपने कम्प्यूटर पर माउस की प्रयोगात्मक विधि से आसानी से कर लेते हैं।

वर्तमान में देश के अग्रणी ऑनलाइन शॉपिंग माल फैबमेल-डॉट-काम के अनुसार अब इंटरनेट पर खरीददारी उपभोक्ताओं द्वारा बड़े स्तर पर किया जाने लगा है। अब भारतीय उपभोक्ता फोन या कम्प्यूटर से अपने महीने भर की आवश्यकताओं की खरीद करने लगे हैं। आज के अग्रणीय उपभोक्ता तथा परिवार के लोग इंटरनेट द्वारा खरीद को समय ऊर्जा को बचाने का आकर्षक विकल्प मानते हैं।

ऑनलाइन समाज की बिक्री और नीलामी की कम्पनी 'एबे' ने 'बाजी' डॉट कॉम के साथ विलय के पश्चात अब भारत में अपना कारोबार प्रारम्भ करके इंटरनेट ऑनलाइन द्वारा खरीद-फरोख्त का बाजार व व्यापार बढ़ाने लगा है।

भारत वर्ष में घर-दफ्तर या फिर साइबर कैफे में इंटरनेट की सुलभता सस्ती और आसान हो जाने और क्रेडिट कार्ड के बढ़ते चलन से ऑनलाइन खरीददारी का दायरा भी आजकल काफी बढ़ता जा रहा है। इंटरनेट और क्रेडिट कार्ड का ऐसा जबरदस्त जोड़ है कि खरीददारी का प्रलोभन अब रोके नहीं रुक सकता। अब तो कुछ ऐसी भी वेबसाइटें हैं, जहां से प्रयोग में आने वाले सामानों की ऑनलाइनों खरीददारी आसानी से की जा सकती है। अब देश में ऑनलाइनों खरीददारी में प्रमुखतः इलेक्ट्रानिक सामान डिजिटल कैमरा और किताबों की खरीद सबसे अधिक होती है। परन्तु अब कास्टमैटिक, कार, बस, ट्रक आदि-आदि तथा प्रसिद्ध ब्रांडों की सामग्रियों की खरीद-फरोख्त भी किया जाने लगा है।

अब इंटरनेट के बढ़ते प्रयोग के कारण नये-नये एयरलाइनों ने भी ऑनलाइन टिकटों की बिक्री प्रारम्भ कर दी है। आजकल हवाई सेवा के क्षेत्र में उत्तरी 'स्पाइस जेट' एयरलाइंस केवल इंटरनेट के जरिए ही टिकट बेचना प्रारम्भ कर चुकी है और हवाई अड्डों पर वास्तविक टिकड़ों के बजाए इंटरनेट से निकाले गए टिकटों के प्रिन्ट आऊट अधिकतर प्रयुक्त हो रहे हैं। चूंकि इंटरनेट के माध्यम से टिकट सस्ते मिलते हैं। ऑनलाइन खरीददारी में यह सुविधा भी होती है कि ग्राहकों के पास भुगतान के सभी सुविधा उपलब्ध हो रहे हैं। सामान की कीमत क्रेडिट कार्ड से चुकाई जा सकती है या फिर सामान की डिलीवरी पर नकदी से की जा सकती है या चेक या ड्राफ्ट के माध्यम से भी भुगतान किया जा सकता है। ऑनलाइन खरीददारी का सिलसिला आज महंगी वस्तु की खरीद-फरोख्त को आसान कर रही है।

इंटरनेट के माध्यम से पूरे भारतवर्ष में रेलवे आरक्षण की सुविधा उपलब्ध हो गई है।

इंटरनेट पर भौगोलिक सूचना-प्रणाली

भौगोलिक सूचना प्रणाली डिजिटल तस्वीर की एक ऐसी नवीनतम प्रणाली है, जिसकी सहायता से किसी भी क्षेत्र के टोपोग्राफिकल आंकड़ों प्राकृतिक संसाधनों एवं नागरिक सुविधाओं से सम्बद्ध समस्त सूचनाओं की एक समग्र स्थिति या तस्वीर विकसित की जा सकती है। इससे कम्प्यूटर आधारित विशिष्ट प्रकार की इन्टरनेट सॉफ्टवेयर प्रणाली द्वारा मानचित्रों व मैनुअल आंकड़ों का भौगोलिक सन्दर्भ में एकत्रीकरण संग्रहण, विश्लेषण के क्षेत्र विशेष का सूचनातन्त्र किया जाता है। आज यह तकनीक स्वरोजगार का जरिया भी बन गयी है।

वैज्ञानिक इन्जीनियर इस तकनीक में दक्षता हासिल कर अनेक परियोजनाओं में कार्य कर रहे हैं और अपनी कन्सेलटेन्सी दे रहे हैं। इसके लिए बाकायदा देहरादून स्थिति इन्डियन रिमोट सेसिन्ग अनेक संस्थानों व विश्वविद्यालयों में विश्लेषण दिया

जा रहा है। विशेषतः प्राकृतिक संसाधनों का पता लगाने के लिए 'जियोग्राफिकल फारमेशन सिस्टम' की तकनीक वरदान साबित हो रही है। इसे अपनाकर सूचना प्रणाली की मदद से भू-उपयोग जनसंख्या घनत्व जल सम्पदा कृषि योग्य भूमि वन की स्थिति यातायात मकानों की संख्या सड़क आदि के विषय में जानकारी प्राप्त की जाती है इसी वजह से भौगोलिक सूचना प्रणाली का जमकर इन्टरनेट नैट पर उपयोग किया जा रहा है।

इससे सम्पूर्ण परिदृश्य नेत्रों के समक्ष होता है, जो नियोजन के प्रयोग हेतु बहुत महत्त्वपूर्ण होता है।

विकसित सूचना प्रणाली से नीति नियोजना के हिसाब से परियोजना बनाने अथवा निर्णय लेने में आसान हो गया है इस तकनीकी का प्रयोग करने के लिए कम्प्यूटर में इन्टरनेट पर एक खास तरह का साफ्टवेयर लगाया जाता है। तत्पश्चात आंकड़ों को स्कैन कर डिजिटल में बदल लेते हैं। इस तकनीक का प्रयोग करते समय पहली आवश्यकता होती हैं कि किसी भी क्षेत्र के टोपोग्राफिक्ल मानचित्रों की मुख्यता, जिसमें देशान्तर व अक्षांश को आधार लेकर जरूरी सूचनाओं को कम्प्यूटर पर लिया जाता है। तत्पश्चात उपग्रही तस्वीरों अथवा हवाई चित्रों की डिजिटल तस्वीरों का विश्लेषण कर मानचित्र आधारित डिजिटल सूचनाओं को तैयार कर लिया जाता है। इस तरह टू व थ्री डाइमेशनल मानचित्र तैयार किये जा सकते हैं। भौगोलिक सूचना प्रणाली में सबसे पहले सूचना व मानचित्रों की स्कैनिंग व डिजिटलाइजेशन किया जाता है। इसके लिए दो प्रकार के रोसटर डाटा कहा जाता है वेक्टर डाटा में प्वाइंट फीचर्स लाइन फीचर्स व क्षेत्रफल दर्शाते पालिंगन फीचर्स आते हैं। जिनको देशान्तर व एक्स वाई क्वाडिनेटस से जुड़ी सूचनाओं को लिया जाता है जबकि राइटर्स डाटा में लाइन्स इन्फ्लामेशन पिक्सेल वांइस इन्फरामेशन तथा वैन्डवाइस इमेजेश संग्रहित की जाती है इन सारी सूचनाओं की विभिन्न चरणों में मानचित्रीकरण विश्लेषण व संशोधन करते हुए एकीकृत सूचना-तन्त्र विकसित किया जाता है। विदेशों में इसका भरपूर प्रयोग हो रहा है। रिमोट सन्सेनिग कार्यो में जुटे संसाधनों में इस तकनीक का प्रयोग काफी किया जाने लगा है।

इंटरनेट भाषा

इंटरनेट पर हिंदी की चुनौतियां विस्तार ले रही हैं। चुनौतियां सामग्री, स्तर मानक, तकनीकि शब्दावली से लेकर कंम्यूलिपियों की समस्या तक विस्तारित हैं। कुछ हिंदी वेबसाइटों पर हिट्स की संख्या लाखों में पहुंचना उत्साहजनक है, साहित्य और विमर्श आधारित कुछ हिंदी साइट्स पर सैकड़ों कवियों, साहित्यकारों की रचनाएं संजोए देखना सुखद है। सुदूर देशों से हजारों हिट्स मिलना, हिंदी सीखने के लिए

विदेशों सैकड़ों ई-मेल आवेदन आश्चर्यजनक हैं। एक अमरीकी कम्पनी जो देश केंद्रित 27 विशेष वेब पोर्टल शुरू कर चुकी है उसने भारत के लिए हिंदी पोर्टल चुना है, इसके कम्पनी प्रवक्ता रीशेल टीशेर कहते है, फिलहाल भारत में इंटरनेट के लगभग शत-प्रतिशत प्रयोगकर्ता अंग्रेजी भाषी है। लेकिन भविष्य में इससे दूसरे भाषा-भाषी लोग भी जुड़ेगे जो हिंदी को ही इंटनेटी भाषा के रूप में अपनाएंगे। निस्संदेह देशव्यापी जाल (वर्ल्ड वाइड वेब) हिंदी को वैश्विक विस्तार देने के लिए सबसे सस्ता सुगम साधन है लेकिन इस माध्यम से हम कैसे हिंदी परोस रहे है, हिंदी में क्या कुछ दे रहे हैं, यह विस्तार किसके लिए है? अधिकतर साइटें सस्ती शायरी, घटिया, कविताएं, घिसे-पिटे चुटकुलों, द्विअर्थी बातों, अनस्तरीय विमर्श और पुराने फीचर तथा बासी खबरों से पटी है। कहीं-कहीं ज्योतिष, और कर्मकांड भी है, तो ढेरों साइटें अकुशल तरीके से हिंदी सिखाने, फिल्मी गाने सुनवाने की हैं। गभीर विमर्श उपयोगी सम्यक असंदिग्ध संदर्भों की साइटें हिंदी में न के बराबर है, साहित्य कला, दर्शन, विज्ञान को समर्पित साइटें अल्पसंख्यक हैं। कुछ पेज तो घोर अश्लील सामग्री परोस रहे हैं। भाषा भजकों की तो मानो भरमार है।

हिंदी की अधिकांश साइटों पर भाषा के संस्कार, बनाव या प्रयोग पर कोई ध्यान नहीं दिया जा रहा है। एक हिंदी वेब पोर्टल के कर्ताधर्ता बताते है कि फिलहाल इस वक्त हिंदी पोर्टल या साइटों के ज्यादातर उपभोक्ता विदेशों में बसे भारतीय है, इन्हें भाषा और सामग्री की स्तरीयता के कुछ लेना देना नहीं है तो फिर पोर्टल चलाने वाले इसकी चिंता क्यों करे। यहां बाजार का मामला भी उलट है। हिंदी साइट के बहुसंख्य दर्शक विदेशों में है। कंपनियां को माल देश में बेचना है सो वे इस पर तभी ध्यान देंगी जब इंटरनेट भारत में जनप्रिय और सर्वसुलभ हो जाए। कम विज्ञापन और सीमित आर्थिक संसाधनों के कारण ज्यादातर हिंदी वेबसाइटें बेहतर भाषा में स्तरीय सामग्री उपलब्ध नहीं करा पातीं। फिर नेट को अभी भी भविष्य का माध्यम मानने में हिंदी के लोगों को हिचक है, जाहिर है इसी कारण इंटरनेट की हिंदी से आज तक कोई बड़ा साहित्यकार, लेखक, पत्रकार, नहीं जुड़ा। कतिपय उदाहरणों को छोड़ दें तो इंटरनेट की हिंदी को लेकर कोई गहन शोध अभी तक नहीं हुआ।

हिंदी के विकास एवं फैलाव में वेब पोर्टल लिटरेट वर्ल्ड से जुड़े राजेश रंजन बताते हैं कि, दो साल पहले दुनिया में 51 प्रतिशत इंटरनेट उपभोक्ता अंग्रेजी भाषा का प्रयोग कर रहे थे जिसमें 5 करोड़ भारतीय भी शामिल थे। हमरा ख्याल था कि हमारे साहित्यिक विमर्श के वेबपोर्टलों को मुश्किल से 40,000 से 50,000 हिंदी पाठक ही मिल पाएंगे। मगर उम्मीद से कई गुना पाठक अर्जित हिट्स आज हमें मिल रहे हैं यह आंकड़ा दस लाख तक पहुंच गया है। इसमें 90 प्रतिशत विदेशों में रहने वाले भारतीय हैं, जो हिंदी से जुड़ाव महसूस करते हैं। इन आर्थिक रूप से

संपन्न लोगों तक हिंदी का एक मात्र जरिया इंटरनेट ही है। विदेशों से तमाम ई-मेल हमें हिंदी सिखाने के लिए मिल रहे हैं। हिंदी में कंप्यूटर की वजह से नये-नये तकनीकी शब्दों का समावेश हो रहा है और इससे व्यवाहरिक हिंदी समृद्ध हो रही है। कंप्यूटर संचार सूचना के संपादक हरिशंकर व्यास के अनुसार देश में इंटरनेटी हिंदी का विकास नगण्य है यूनीकोड और डिजिटल फोन्ट आ जाने से किंचित बढ़त मिली है, तकनीकी दिक्कतें सुलझ जाएं तो निस्संदेह यह भविष्य का माध्यम है। घर-घर कंप्यूटर पहुंचेगा तो इलेक्ट्रानिक मीडिया से विज्ञापन इंटरनेट की तरफ शिफ्ट होंगे। इसमें समय लगेगा पर संभावना को नकारा नहीं जा सकता पैसा आएगा तो फिर स्तर भी सुधरेगा।

इंटरनेट पर हिन्दी भाषा में रोजगार के बढ़ते आयाम

वर्तमान सूचना क्रान्ति के इस दौर में कम्प्यूटर से लेकर इंटरनेट तक भरपूर हिन्दी सामग्री उपलब्ध है। हिन्दी साफ्टवेयर की बढ़ती मांग के चलते हिन्दी जानने वालों की मांग दिन पर दिन चढ़ती जा रही है। सिलिकान सिटी बैंगलूर, हाईटैक सिटी हैदराबाद जैसे शहरों में तो साफ्टवेयर से जुड़ी अनेक बहुराष्ट्रीय कम्पनियां हिन्दी साफ्टेवयर बनाने व अन्य भाषाओं के साफ्टवेयर का हिन्दी अनुवाद कराने का कार्य सम्पन्न करने में जुटी हैं। एक-एक साफ्टवेयर का हिन्दी अनुवाद कराने के लिए कम्पनियां पच्चीस से तीस हजार रुपये योग्य एक दक्ष अनुवादकों को देने में कोई हिचक की भावना नहीं रखती है। पार्ट टाइम अनुवादक भी दस हजार रुपये प्रतिमाह तक कमा रहे हैं।

भारत में अंग्रेजी जानने वालों की संख्या आबादी का 55% प्रतिशत है और 2% प्रतिशत से भी कम लोग व्यवहारिक तौर पर अंग्रेजी बोलते-लिखते हैं। फिर भी रोजगार के क्षेत्र में प्रारम्भ से ही अंग्रेजी भाषा का ही वर्चस्व रहा है। हिन्दी भाषा के जानकार लोगों के लिए रोजगार की तलाश संघर्षो की राह पर चलने जैसी ही रही है। लेकिन अब हिन्दी के प्रति जागरूकता बढ़ी है। हिन्दी राष्ट्र का स्वाभिमान है।

हिन्दी में स्नातक स्नातकोत्तर व शोध करने वालों के लिए रोजगार के अवसर की भी उपलब्धता बढ़ी है। केन्द्र सरकार के विभिन्न मंत्रालयों कार्यालयों संस्थानों दूतावासों में हिंदी अधिकारी, मुख्य राजभाषा अधिकारी, राजभाषा अधिकारी, निदेशक (राज भाषा) उपनिदेशक, राजभाषा आदि के पद तो है ही। साथ ही सार्वजनिक क्षेत्र के उपक्रमों राष्ट्रीयकृत बैंको में भी हिन्दी जानने वालों का मांग बढ़ रही है। हिन्दी अनुवादकों की मांग बढ़ी है। युवकों, युवतियों के लिए कैरियर का अच्छे विकल्प बनता जा रहा है। इसी कारण भारतीय अनुवाद परिषद, दिल्ली के अतिरिक्त तिरूअनंतपुरम आरिगल कालडी (केरल) एवं गुहाटी (असम) में अपने केन्द्रों के

माध्यम से हिन्दी अनुवाद का स्नातकोत्तर के डिप्लोमा पाठयक्रम चलाया जा रहा है। केन्द्रीय अनुवाद ब्यूरो, नयी दिल्ली के आंकड़ों के अनुसार सरकारी प्रतिष्ठानों में 5 हजार हिन्दी अनुवादक और राजभाषा अधिकारी द्वारा हिन्दी भाषा के काम तथा प्रचार-प्रसार में संलग्न होना तथा कम्प्यूटर व इंटरनेट के द्वारा प्रसारण प्रचारित करना अनुदित किताबों की लोकप्रिय ने अनुवाद कैरियर में हिन्दी भाषा को रोजगार प्राप्ति व दिशा में बढ़ते कदम का स्वरूप ले चुका है। अब सभी भाषाओं के किताबों को हिन्दी अनुवाद करके कम्प्यूटर एवं इंटरनेट माध्यम से देश-विदेश में प्रचलित एवं प्रसारित किया जा रहा है। अच्छे अनुवादक अन्य भाषा-भाषी पुस्तकों के हिन्दी अनुवाद की मुंहमांगी कीमत प्रकाशक से प्राप्त कर रहे हैं।

एक विशेष अध्ययन के द्वारा हिन्दी कार्याशालाओं का आयोजन करके भी केन्द्र सरकारें अपने मंत्रालयों व सम्बध कार्यालयों, सार्वजनिक प्रतिष्ठानों एवं राष्ट्रीयकृत बैंकों में अधिकारियों कर्मचारियों को हिन्दी में काम करने, कम्प्यूटर तथा इंटरनेट प्रयोग करने की विधि, विभागी स्तर पर प्रत्येक तीन माह के अन्तराल पर आयोजित करके हिंदी कार्य प्रणाली पर विस्तृत जानकारी दिया जाना रोजगार की दिशा में हिन्दी भाषा को बढ़ोत्तरी देने में कारगर सिद्ध हो रही है।

हिन्दी की अच्छी जानकारी से किसी को भी पत्र-पत्रिका, टी.वी. फिल्मी रेडियो में उप सम्पादक, पटकथा लेखक के रूप में असीमित आय के स्रोत उपलब्ध हो गए हैं। अब हिन्दी भाषा स्वतः रोजगार की भाषा बन चुकी है। आज तो हिन्दी जानने वाले विदेशों में विशेष फ्रांस ब्रिटेन, अमरीका चीन, आस्ट्रेलिया आदि देशों में हिन्दी पढ़ाने की दिशा में रोजगार प्राप्त कर रहे हैं। हिन्दी में समालोचनाओं तथा व्याख्यान देने वालों को विदेशों में अच्छे दाम देकर आमंत्रित किया जाना ही अच्छे लक्षण का घोतक है। कम्प्यूटर एवं इंटरनेट अविष्कार से हिन्दी दिन रात चौगुनी उपलब्धि अवसर का प्रादुर्भाव सुनिश्चित कर चुकी है।

इंटरनेट व कम्प्यूटर पर तो हिन्दी भाषा विश्व भर में बढ़ते चुनौतियों में विशेष स्तर मानक तकनीकी लेख सामग्री से लेकर कम्प्यूलिपियों की वेबसाइटों की संख्या लाखों में पहुंचना उत्साहवर्धक तो है ही, साहित्य विमर्श आधारित कुछ विशेष साइटस हिन्दी साहित्यकारों कवियों की रचनायें संजोकर देश-विदेश में हिन्दी की धूम मचा रहे हैं। हिन्दी के प्रति सुदूर देशों से हजारों हिट्स कार्यक्रमों से सूची बद्ध हो रहे हैं। विदेशों से हिन्दी सीखने के लिए प्रतिबद्ध आवेदनों का आना हिन्दी रोजगार की भाषा बनने का उत्साहवर्द्धक संकेत है।

इंटरनेट पर हिन्दी के उज्जवल भविष्य होने का एक और कारण विश्व व्यापार पर परस्पर प्रयास, इसलिए है कि भारतवर्ष की आबादी 1 अरब से भी अधिक है। दुनिया भर के औद्योगिक देशों के उत्पादन के खपत के लिए भारत एक बड़ा

व्यापारिक केन्द्र सबकी दृष्टि में बना हुआ है। किसी भी देश के वस्तुओं के उत्पादन करने वालों को उसकी खपत की चिन्ता इतनी अधिक होती है कि वे उपभोक्ता की भाषा को नजर अंदाज नहीं कर सकते है और अपने व्यापारिक गरज के चलते उपभोगता की भाषा को भी सम्मान देकर अपना उत्पाद बेचने का प्रयत्न करते हैं। आज का यह औद्योगिक युग कम्प्यूटर इंटरनेट पर व्यापार-विस्तार का, प्रायोजित विज्ञापनों का, एक देश से दूसरे देश में प्रसारित विज्ञापनों को, एक देश से दूसरे देश में प्रसारित करने के निमित प्रयुक्त कर, लाभाविन्त हो रहे हैं।

आर्थिक रूप से सम्पन्न लोगों तक हिन्दी का एक मात्र जरिया इंटरनेट ही है। विदेशों में तो बहुतायत से ई-मेल हमें हिन्दी सिखाने के लिए मिल रहे हैं। हिन्दी में कम्प्यूटर की वजह से नये तकनीकी शब्दों का समावेश हो रहा है और इसके व्यवहारिक हिन्दी स्वतः समृद्धि प्राप्त कर रही है। कम्प्यूटर संचार देश में इंटरनेटी हिन्दी का विकास नगण्य है। यूनीकोड और डिजिटल फोन्ट आ जाने से किंचित बढ़त मिल सकी है। तकनीकी कठिनाई सुलझ जाए तो निस्संदेह यह भविष्य का मार्ग प्रशस्त करता है। राजभाषा हिन्दी को घर-घर कम्प्यूटर स्वतः पहुंचाएगा तो इलेक्ट्रानिक मीडिया से इंटरनेट विज्ञापन की दिशा में उच्चस्तरीय वृद्धि होगी।

आज कम्प्यूटर के बढ़ते महाकुम्भ में हिन्दी रोजगार परक समृद्धि पाने में दिन-प्रतिदिन सार्थकता का प्रदर्शन कर रहा है। वह समय दूर नहीं जब कि हिन्दी विश्व भाषा के स्थान पर गौरवान्वित हो जाएगी। आवश्यकता यह है कि भारतीय मूल के लोग चाहे जिस देश में निवास कर रहे हो, उन्हें अपने मातृ भाषा के प्रति जागरूक रहना अनिवार्य हो जाता है। तभी हिन्दी भाषा विश्व की रोजगार परक भाषा के रूप में विकास व समृद्धि पा सकने में सफल होगा। जिस तरह अंग्रेज अपने भाषा के प्रति दृढ़ संकल्प थे। उसी तरह भारतीय मूल के लोगों द्वारा विश्व भर में जहां भी रह रहे हो। हिन्दी का प्रयोग करना सुनिश्चित करे, तो वह दिन दूर नहीं जब हिन्दी विश्व की रोजगारपरक भाषा बन जाएगी।

आनलाइन रिटर्न का दौर

सरकार का वित्त मंत्रालय लगातार इस प्रयास में है कि आयकर व केंद्रीय उत्पाद कर विभागों का कामकाज आनलाइन अर्थात कंप्यूटर के माध्यम से होने लगे। वित्त मंत्री ने बीपीआर (बिजनेस प्रोसेसिंग रि-इंजनयरिंग) नाम से ऑनलाइन कामकाज इस वर्ष के अंत तक प्रारंभ करने की घोषणा की थी। सरकार ने इस दिशा में गंभीरता से काम भी किया है। यह इसी पहल का परिणाम है कि बैंकों के नगद कारोबार कर वार्षिक सूचना रिटर्न तथा टीडीएस एवं टीसीएस के त्रैमासिक रिटर्न आनलाइन कंप्यूटर के माध्यम से अनिवार्य रूप से दाखिल होने लगे हैं।

आयकर भुगतान करदाता के खाते से सीधे हो रहा है। इसके लिए कोई चालान नहीं दाखिल करना है। आयकर के रिफंड की धनराशि करदाता के बैंक खाते में सीधे इलेक्ट्रानिक क्लियरेंस सिस्टम से क्रेडिट कर भुगतान करने की व्यवस्था भी निर्धारित कर दी गई है।

जाहिर है कि इस प्रक्रिया से न केवल करदाताओं का काम आसान हो गया है। बल्कि आयकर विभाग के लिए भी सूचनाओं को संक्षिप्त व केंद्रीकृत करने में खासी सुविधा हो गई है। इसी कारण आयकर रिटर्न फार्म में बैंक, ब्रांच, खाता संख्या एवं बैंक की ब्रांच का माइकर कोड अंकित करने के कालम भरने होंगे। अब आयकर विभाग ने कम्पनी, गैर-कम्पनी करदाताओं कारोबारियों एवं नौकरीपेशा व्यक्तियों के लिए ऑनलाइन रिटर्न दाखिल करने हेतु, नये संशोधित रिटर्न फार्म नंबर-एक दो एवं तीन तथा फ्रिंज बेनिफिट कर दिया है। कम्पनी करदाताओं के लिए ऑनलाइन रिटर्न दाखिल करना अनिवार्य किया गया है। किंतु अन्य आयकरदाताओं के लिए आनलाइन रिटर्न दाखिला उनकी इच्छा पर छोड़ दिया गया है। आयकर एवं फ्रिंज बेनिफिट टैक्स के रिटर्न दाखिल करने की अंतिम तिथि-31 अक्टूबर निर्धारित की गई है। संशोधित रिटर्न फार्मों में समस्त आवश्यक सूचनाओं एवं आंकड़ों के संकलन के लिए सभी कालम निर्धारित किए गए हैं। ट्रेडिंग एवं प्राफिट एंड लॉस, एकाउंट, बैलेंस शीट, टैक्स आडिट रिपोर्ट एवं फ्रिंज बेनीफिट टैक्स से संबंधित समस्त आंकड़ों की सूचना संकलन के कारण रिटर्न फार्म के पेजों की संख्या काफी अधिक हो गई है। आयकर की करदेयता, उसकी गणना एवं भुगतान विवरण के कालम भी निर्धारित किए गए हैं। डिजिटल हस्ताक्षर कर देने पर रिटर्न के साथ कोई भी कागजात एवं विवरण दाखिल नहीं करने होंगे।

रिटर्न दाखिल करने वाले व्यक्ति को ई-मेल, पहचान प्रमाण पत्र एवं पैन नंबर देना होगा, तभी वेबसाइट पर ऑनलाइन रिटर्न स्वीकार किए जाएंगे। कम्पनी करदाताओं के लिए आयकर विभाग ने रिटर्न फार्म-नंबर एक को संशोधित कर दिया है। फ्रिंज बेनीफिट टैक्स का रिटर्न भी इसी फार्म में समाहित कर लिया गया है। नये फार्म नंबर-एक में रिटर्न दाखिल करने पर फ्रिंज बेनीफिट टैक्स का रिटर्न उन्हें अलग से दाखिल नहीं करना होगा। अब कर निर्धारण वर्ष 2008-2009 के आयकर रिटर्न इस संशोधित फार्म में ही आन लाइन दाखिल करने होंगे। कम्पनी करदाताओं के अलावा अन्य कारोबारी आयकरदाताओं, जैसे–व्यक्तिगत, एचयूएफ, प्रोपरइटरशिप एवं साझेदारी फर्मों, एओपी व्यक्तियों के संगठन आदि के लिए आयकर रिटर्न फार्म नंबर-दो में महत्त्वपूर्ण संशोधन कर दिए गए हैं। फ्रिंज बेनिफिट टैक्स का रिटर्न भी इस संशोधित फार्म में समाहित कर दिया गया है। इस संशोधित फार्म नंबर-दो को कंप्यूटर से दाखिल करना वैकल्पिक है। यदि करदाता चाहें तो वे पुराने सरल फार्म-2

डी में मैनुआल आयकर रिटर्न दाखिल कर सकते हैं। ऐसी दशा में प्रोपराइटरशिप फर्मों के अलावा अन्य आयकरदाताओं के फ्रिन्ज बेनीफिट टैक्स को वार्षिक रिटर्न अलग से फार्म-3 बी में दाखिल करना होगा। कारोबारियों एवं करमुक्त आय वाले चैरिटेबल ट्रस्ट आदि के अलावा अन्य आय के स्रोतों वाले करदाताओं (जैसे वेतन, गृह संपत्ति से आय, कैपिटल गेंस एवं अन्य स्रोतों के तहत ब्याज, लाभांश आदि) के मामले में विभाग ने निर्धारित फार्म नबर तीन में भी आवश्यक संशोधन कर दिया है। आनलाइन कंप्यूटर के माध्यम से रिटर्न दाखिल करने पर यदि करदाता डिजिटल हस्ताक्षर कर देते हैं। तब उन्हें अपने आयकर रिटर्न के साथ किसी भी प्रकार के कागजात, ट्रेडिंग एवं प्राफिट आडिट रिपोर्ट, जमा-चलान के साक्ष्य, कटौतियों के छूट के दावे से संबंधित साक्ष्य संलग्न नहीं करना होगा।

ऐसे समस्त कागजात आयकर विभाग के अधिकारियों द्वारा सत्यापन के लिए प्रस्तुत करने होंगे। किंतु यदि करदाता आनलाइन कंप्यूटर रिटर्न पर डिजिटल हस्ताक्षर नहीं करेंगे तब पूर्व की भांति उन्हें समस्त आवश्यक कागजात एवं अभिलेख मैनुअल रिटर्न में आयकर विभाग के समक्ष कंप्यूटर आनलाइन फाइलिंग इकनालेजमेंट (स्वीकृत पत्र) के साथ प्रस्तुत करना अनिवार्य होगा। यह स्वागत योग्य है कि आयकर विभाग अपना समस्त कामकाज ऑनलाइन रिटर्न माध्यम से करने की दिशा में तेजी से सक्रिय है। यह एक ऐसी प्रक्रिया है, जिसकी प्रतीक्षा की जा रही थी। अभी टीडीएस एवं डीसीएस के त्रैमासिक रिटर्न आनलाइन दाखिल अनिवार्य किया गया है। भविष्य में न सिर्फ सभी रिटर्न, बल्कि सभी विभागीय कामकाज भी आनलाइन हो जाएगा। कागजातों एवं विवरणों का बोझे रिटर्न से हटाने से न केवल करदाताओं को राहत मिलेगी बल्कि इससे विभाग भी तमाम झंझट से बच जाएगा। यह आवश्यक है कि करदाता इस सुविधा के संदर्भ में जागरूक बनें।

नेट पर कैसे टूटे प्रभुत्व?

अमरीका नेट के प्रशासन व प्रबंधन पर से नियंत्रण छोड़ना नहीं चाहता। उसका वाणिज्य विभाग इसके लिए भरसक कोशिश कर रहा है। यह मानने में किसी को गुरेज नहीं कि इंटरनेट इस्तेमाल करने वालों में एक तिहाई-अमरीका और ब्राजील के हैं और नेट के विकास में अमरीका का विशेष योगदान रहा है, पर तेजी से बदलते परिदृश्य में बाद के सालों में अन्य देशों ने भी नेट के विकास और फैलाव में अहम भूमिका निभायी है। इस परिदृश्य में अमरीका को नेट पर प्रभुत्व जमाये रखने का इरादा छोड़ देना चाहिए। अब दुनिया लाख कहे कि इंटरनेट पर कोई देश या सरकार मालिकाना हक का दावा नहीं कर सकती और कोई एक देश नेट का मालिक नहीं है पर सच्चाई है कि नेट पर अमरीका का अति प्रभुत्व है। जिसे शिकंजा भी कह सकते

हैं। अगर अमरीका के इरादे नेक होते और वह नेट को एक लोकपोयोगी औजार मानता तो वह निर्धारित समयसीमा के भीतर ही इस पर से अपना नियंत्रण छोड़ देता।

भारत के साथ ब्राजील भी अमरीकी वर्चस्व का कड़ा विरोध कर रहा है। वस्तुतः नेट का इस्तेमाल करने वाले वाकिफ हों या नहीं पर ज्यादातर लोग नेट पर जो भी सामग्री या सूचना चाहते हैं, उसमें से अधिकांश तो अमरीका में स्थित सर्वरों से गुजरकर ही उनके कम्प्यूटर पर दिखायी पड़ती है। अब अमरीका चाहता है कि नेट के रूप सर्वरों पर उसका नियंत्रण अनिश्चितकाल के लिए बना रहे। निश्चित रूप से अब नेट परिपक्व हो चुका है और भारत समेत कई विकासशील देश इसके फैलाव में अहम भूमिका निभा रहे हैं। लिहाजा इंटरनेट के प्रशासन और प्रबंधन में विकसशील देशों की भी भूमिका होनी चाहिए। विभिन्न देशों को मिलने वाले अधिकारिक डोमेन नामों से लेकर साइटों के डोमेन नामों के पंजीकरण की पूरी व्यवस्था पर अमरीका का कब्जा है। एक साल के बाद यह नियंत्रण स्वतः ही खत्म हो जाना है, पर अब अमरीका इसके लिए तैयार नहीं दिखता।

स्वयं संयुक्त राष्ट्र संघ मान चुका है कि नेट पर प्रबंधन और प्रशासन में अमरीका का या किसी भी एक देश का नियंत्रण नहीं होना चाहिए। इसमें विकासशील देशों की भी पूरी सहभागिता होनी चाहिए। जब संयुक्त राष्ट्र संघ का ही यह मानना है कि नेट पर प्रशासन या नेट को चलाने की समूची व्यवस्था में लोकतंत्रीकरण की झलक नहीं है, तो स्थिति की विकटता का आभास हो जाना चाहिए। नेट पर एक किस्म की अराजकता भी फैली है। कमोबेश सारे नामों से साइटें पहले ही पंजीकृत हो चुकी है। यहां तक कि अंग्रेजी के 25 हजार 500 शब्दों में से 24 हजार का प्रयोग तो साइटों के नाम में हो चुका है। इस स्थिति में अब जेनुइन लोगों या संगठनों के लिए भी कोई चारा नहीं रह गया है; सिवाय इसके कि वे डोमेन नाम उन लोगों से मुंहमांगी कीमत देकर खरीदे, जिन्होंने पहले ही इन पर कब्जा जमा रखा है। एक करोड़ डालर तक में डोमेन नाम बिक रहे हैं। इनकी कीमत के नित नये रिकार्ड बन रहे हैं। समस्या के और भी पहलू हैं। नये-नये तरह के 'साइबर अपराध' देखने में आ रहे हैं।

दहशत, आतंक और तबाही मचाने के लिए नेट का इस्तेमाल होने लगा है। ऐसी स्थिति में इस नयी चुनौतियों से निपटने के लिए जो भी व्यवस्था बननी चाहिए उसमें दुनिया के हर हिस्से को भागीदारी भी होनी चाहिए, न कि कोई एक देश दुनिया भर का पंच बनकर बैठ जाए। नेट को सुचारु व सुरक्षित रूप से चलाने के लिए सही मायनों में एक अंतरराष्ट्रीय मंच की जरूरत है। 36 साल के भीतर ही नेट ने विकास की रफ्तार को कई गुना बढ़ाने के साथ ही, आधुनिक दुनिया के सामने कई ऐसी चुनौतियां भी पेश कर दी हैं, जिनका समाधान दुनिया को मिलजुल

कर निकालना चाहिए। संयुक्त राष्ट्र संघ नेट के प्रशासन और प्रबंधन के लिए जिन विकल्पों पर विचार कर रहा है, उसमें ज्यादातर में यही बात कही गयी है कि ऐसे एक या ज्यादा संगठन बनें, जो नेट को चलाएं। लेकिन वे सीधे-सीधे संयुक्त राष्ट्र संघ के अधीन हों, न कि किसी देश विशेष के। कोई देश नेट का मालिक नहीं। इस बात पर इठलाया जा रहा है। लेकिन यह नहीं भूलना चाहिए कि इस वजह से विकट चुनौतियों की भी अनदेखी की जा रही है।

अमरीका के वाणिज्य विभाग के तेवर देखकर नहीं लगता कि वह नेट पर पर से अपना नियंत्रण छोड़ना चाहेगा। हालांकि इसके पीछे वह दलील डोमेन नामों की व्यवस्था की सुरक्षा को दे रहा है, पर यह तर्क शायद ही किसी के गले उतरे। संयुक्त राष्ट्र संघ और इसके महासचिव कोफी अन्नान के प्रभुत्व को चुनौती देते दिख रहे हों, पर खुद संयुक्त राष्ट्र संघ, जिस तरह से अमरीका का मोहताज है, इसे देखते हुए उससे ज्यादा उम्मीद नहीं की जानी चाहिए। और चौंकाने वाली एक बात यह भी है कि संयुक्त राष्ट्र संघ के ही मॉडलों में एक वह भी है कि जिसमें कहा गया है कि थोड़े फेरबदल के बाद नेट प्रबंधन की मौजूदा व्यवस्था को ही बरकरार रखा जाना चाहिए। वस्तुतः भारत ने एक बड़े काम की बीड़ा उठाया है। नेट प्रबंधन में दुनिया के विकसित देशों के साथ-साथ विकासशील देशों की भागीदारी सुनिश्चित करने की मुहिम में भारत को अगुआ बने रहना चाहिए।

इंटरनेट जॉकी

इंटरनेट पर अधिक जानकारी के लिए माउस फिराना बंद कर दीजिए क्योंकि अब आपके लिए उपलब्ध होंगे 'इंटरनेट जॉकी।' हालांकि इंटरनेट जॉकी भारतीयों के लिए नयी अवधारणा जरूर है, मगर कुछ ही समय में इस व्यवसाय ने अपने पैर जमा लिये है। बॉलीवुड हो या हॉलीवुड या फिर राजनीति की उथल-पुथल, चाहे खेल में हो रहे, नित-नये तजुर्बे ऐसी रोचक खबरों में दिलचस्पी रखने वालों के लिए यह व्यवसाय सबसे रोचक है। इंटरनेट जॉकी का दायरा रेडियो और वीडियो जॉकी से कहीं बड़ा और व्यापक है। इंटरनेट जॉकी उन लोगों से भी रूबरू हो पाएंगे, जिन्हें टेलीविजन देखना पसंद नहीं या समय न मिल पाने के कारण नहीं देख पाते।

कुछ महीने पहले तक विश्व में सिर्फ अमरीका की aol, yahoo, man और google ही ऐसी चार वेबसाइटें थीं, जहां पर इंटरनेट जॉकी बतौर करियर अपनाया जा रहा था। कुछ महीने पहले भारत में sifyltd ने मुंबई में sifymax.com के अंदर mumbailive.in और बेंगलूर के लिए www.Bangalorelive.in वेबसाइट का उद्घाटन कर भारतीय युवाओं के लिए केरियर का नया रास्ता खोल दिया है। इस केरियर में ग्लैमर के साथ पैसा भी खूब है। सिफी लिमिटेड ऑन का मुख्यालय चेन्नई

में बनाया गया है। फिलहाल बेंगलूर में पांच और मुंबई में दो इंटरनेट जॉकी नियुक्त किये गये हैं। जल्दी ही अन्य जगहों पर भी इसके ऑफिस खोलने की योजना चल रही है। सिफीमैक्स की विश्वसनीयता पर यह रोजगार दिलचस्प तो है ही साथ ही इसमें अच्छी आय भी होगी।' सिफीमैक्स भारत की पहली ब्रॉडबैंड वेबसाइट है, जिसमें सूचनाएं टेक्सट में नहीं बल्कि वीडियो और ऑडियो में मिलेगी। जहां आपको फिल्म और टेलीविजन की सबसे फ्रेश और नयी खबर देखने व सुनने को मिलेगी।

इंटरनेट जॉकी बनने के लिए व्यक्ति को कंप्यूटर की समझ के साथ ऑनालइन बेसिस भी आना चाहिए। आकर्षक व्यक्तिव के साथ अंग्रेजी और हिंदी भाषा में पकड़ होना बहुत जरूरी है। इस पेशे के लिए फिल्म और टेलीविजन से जुड़ी ताजा खबरों को लेकर सजगता होनी चाहिए। भारत में अभी तक कोई ऐसा संस्थान उपलब्ध नहीं है, जहां इंटरनेट जॉकी के लिए कोर्स हो। यदि आप इंटरनेट जॉकी बनना चाहते हैं, तो किसी पर्सनलिटी ग्रमिंग आदि इंस्टीट्यूट में दाखिला ले सकते हैं। सिफी लिमिटेड ऑन में आवेदन हेतु www,contactus.com में संपर्क कर सकते हैं।

आवेदनकर्त्ताओं में कुछ व्यक्तियों का चयन करने के बाद कम्पनी उन्हें साक्षात्कार के लिए बुलाती है। साक्षात्कारियों के लिए कम्पनी खानपान और रहने की व्यवस्था करती है। साथ ही उनके आने-जाने का खर्च भी उठाती है। साक्षात्कार के प्रथम दौर में सामाजिक ज्ञान जांचा जाता है, दूसरे दौर में उसका स्क्रीन टेस्ट लिया जाता है। स्क्रीन टेस्ट में स्क्रिप्ट लिखने को दी जाती है, जिसे कैमरे के सामने पढ़ना होता है। स्क्रिप्ट जितनी रोचक होगी, आपका पक्ष साक्षात्कर्त्ता के सामने उतना ही मजबूत होगा। चयन के बाद 15 दिन ट्रेनिंग दी जाती है, जिसमें तकनीकी जानकारी के साथ न्यूज अपडेट करना, जल्दी से जल्दी और किसी भी समय स्क्रिप्ट तैयार करने की क्षमता, बॉडी लैग्वेज, जेस्चर, फिंगर मूवमेंट और पंजाबी और अंग्रेजी मिक्स हिंदी बोलना आदि सिखाया जाता है।

इंटरनेट जॉकी को दिन में 3 घंटे काम करना पड़ता है। बाकी समय वह कोई दूसरा काम भी कर सकता है। प्रतिदिन खबरों के लिए एक घंटे का शूट और गॉसिप के लिए सप्ताह में एक दिन बाहर शूट करना पड़ता है। इस काम के लिए इंटरनेट जॉकी को महीने के 20 से 30 हजार रुपए तक मिलते हैं। विदेशों में तो इंटरनेट जॉकी की इससे भी ज्यादा आय होती है।

जॉकी वीडियो

वीजे (वीडियो जॉकी) बनने के लिए किसी खास डिग्री की नहीं, बल्कि प्रोफेशनल होने की जरूरत है। हास्य बोध होने के साथ विजुअल आर्ट और म्यूजिक

की समझ हो तो काफी अच्छा है। वैसे तो कुछ लोगों की पर्सनालिटी में स्वाभाविक तौर पर ही हयूमर होता है, पर देखा जाए तो यह एक तकनीक है, जिसे सीखा भी जा सकता है। यही वजह है कि स्वभाव से गंभीर व्यक्ति भी कैमरे के सामने घंटों आपसे बातें करता है।

वीजे हंट

सभी म्यूजिक चैनल प्रायः हर साल वीजे हंट करवाते हैं। सभी शहरों में चुनिंदा आवेदकों पर परफॉर्मिंग आर्ट का टेस्ट लिया जाता है, जिसमें उन्हें उनके मनपंसद विषय पर बोलने के लिए कहा जाता है। कांटछांट के बाद चुने गए अंतिम प्रतियोगियों को प्रोफेशनल वीजे ट्रेनिंग देते हैं। उसके बाद प्रतियोगिता के हर राउंड में अच्छे प्रतियोगियों को चुना जाता है। अंतिम दौर में विजेता की घोषणा होती है। जिसे बाद में उसी चैनल में बतौर वीजे रखा जाता है। यह प्रतियोगिता कब और कहा होती है, उसके लिए ध्यान से म्यूजिक चैनल देखें। विजुअल आर्ट कम्युनिकेशन एंड मीडिया डेवलेपमेंट का कोर्स करने वालों के लिए यह पेशा काफी अच्छा रहता है। वीजे बनने के लिए बायोडाटा के साथ पोस्टकार्ड साइज फोटो लगाकर म्यूजिक चैनल में आवेदन करना होता है।

फ्रीलांसर से ही सीखें

भारत में कहीं भी अभी तक वीजे के लिए कोई डिप्लोमा या डिग्री नहीं दी जाती है। हां, मीडिया, विजुअल आर्ट, ग्राफिक्स या डिस्क आदि में महारथ व्यक्तियों के लिए वीजे बनना काफी आसान हो जाता है। कई वीजे हैं जैसे सायरस बरूचा, सायरस साहूकार युधिष्ठर (यूडी) आदि जो बतौर फ्रीलांसर वीजे की ट्रेनिंग देते हैं। ट्रेनिंग में स्पीच को इंप्रूव करना, वॉयस में वेरिएशन लाना, विजुअल्स टेकनीक, परफार्मिंग आर्ट और माडयुलेशन ऑफ वॉयस सिखाजा जाता है।

आय

सभी म्यूजिक चैनलों का अपना कर्मशियल पे स्केल होता है। एम टीवी, वी चैनल आदि में शुरुआत में वीजे को कम से कम 50 हजार रुपए दिए जाते हैं। बाद में अनुभव के आधार पर यह बढ़कर 2 से 3 लाख हो जाता है। वीजे हंट जीतने के बाद वीजे को चैनल के साथ कुछ साल का बॉन्ड भरना पड़ता है। उसके खत्म होने के बाद ही वह किसी और चैनल या शो को होस्ट कर सकता है। पर कोई आरजे या डीजे या कोई प्रोफेशनल किसी चैनल में बतौर एंकर ज्वाइन करता है, तो उसे उसकी मांग के अनुसार पैसे दिए जाते हैं।

रोजगार की संभावनाएं

एम टीवी. वी, बी फॉर यू, इटीसी, जूम, एम फॉर यू, जी म्यूजिक और बल्ले-बल्ले जैसे कई म्यूजिक चैनलों में बतौर वीजे काम कर सकते हैं। म्यूजिक शो और फिल्म बेस्ट प्रोग्राम में क्रिएटिव हेड, होस्ट या प्रोड्यूसर के तौर पर काम कर सकते हैं।

इंटरनेट पर वर-वधू की तलाश

पुराने वक्त में लड़के-लड़की के लिए सुयोग्य वर-वधू ढ़ंढ़ूने के लिए करीबी रिश्तेदारों की मदद ली जाती थी। चूंकि उनकी पहुंच करीब के गांव या शहर में रह रहे अपनी जाति-बिरादरी के कुछ परिवारों तक ही सीमित रहती थी और वर-वधू को लेकर लोगों की सोच में जबरदस्त बदलाव आया है। मनपसंद रिश्ते की तलाश में जात-बिरादरी व भौगोलिक दूरियां अब मायने नहीं रखतीं। यही वजह है कि लखनऊ की लड़की के लिए लंदन में रह रहे लड़के का रिश्ता भी झट मंजूर कर लिया जाता है।

कहना गलत नहीं होगा कि अखबारों के वैवाहिक विज्ञापनों के बाद अब इंटरनेट पर वैवाहिक साइट ने जहां मनपसंद साथी की तलाश को आसान बनाया है, वही उसके माध्यम से एक स्वतंत्र, आत्मविश्वासी नारी की छवि भी उभरकर सामने आयी है। नेट के आंकड़े बताते हैं आज लड़कियां अपने विवाह के लिए खुद पहल कर रही हैं। यही नहीं, अपने जीवनसाथी के बारे में उनकी सोच बिल्कुल स्पष्ट है और पहले के मुकाबले फैसला लेने की हिम्मत भी काफी बढ़ी है।

माता-पिता खुश हैं कि इंटरनेट के जरिए घर बैठे नेट पर सर्फिंग कर देशी-विदेशी मैट्रीमोनियल साइट्स पर अपने बेटे-बेटी के लिए मनपसंद वर-वधू की तलाश कर सकते हैं। लोगों के इंटरनेट वेडिंग की तरफ बढ़ते रूझान का ही नतीजा है कि मैव मेकिंग के लिए नेट पर करीब 1450 भारतीय और 2000 से अधिक इंटरनेशनल मैट्रीमोनियल वेबसाइट उपलब्ध हैं। यही नहीं, इन साइट्स की संख्या तेजी से बढ़ रही है। स्वजातीय विवाह में विश्वास रखने वालों के लिए धर्म जाति, भाषा आदि को ध्यान में रखकर कुछ विशेष साइट्स भी बनायी गयी है। मुस्लिमों के लिए रिश्ताएनूर कॉम, बंगालियों के लिए बोदन कॉम, ईसाइयों के लिए बार्नआने कॉम, दक्षिण भारतीयों के लिए दिनाकर मनमेदेई कॉम।

याद आप ऐसी किसी साइट पर प्रपोजल देना चाहते हैं, तो इसके कई तरह के पैकेज उपलब्ध हैं। तिमाही, छमाही या सालाना। भिन्न-भिन्न साइट्स के लिए तिमाही शुल्क 1100 से 1700 रुपये तक है। भारत मेट्रीमोनीडॉटकाम की टेरीटरी

मैनेजर तनुजा बताती हैं कि तिमाही पैकेज में क्लासिक के लिए 1110 रुपये, क्लासिक प्लस के लिए 1410 रुपये व सुपरके लिए 1940 रुपये देने होते हैं। वह बताती हैं कि उनकी वेबसाइट पर 7.4 मिलियन लोग एनवोल्ड है।

नेट पर प्रोफाइल के साथ फोटो भी भेजी जा सकती है। अगर आपके पास समय की कमी है और आप ज्यादा देर बैठकर सर्फिंग नहीं कर सकते तो आटो मैच मेकिंग, मेलिंग व प्रोफाइल फारवर्डिंग जैसी सुविधाओं का लाभ भी उठा सकते हैं। मैच मेकिंग के लिए कम्पयूटर आपके प्रोफाइल व अपेक्षाओं के अनुरूप योग्य लड़के-लड़कियों की सूची ई. मेल कर देता है। यही नहीं यदि विवाह से पहले लड़के-लड़की एक दूसरे से मिलना चाहते हों तो डेटिंग की भी सुविधा कई वेबसाइट देती है। इसके अलावा नेट पर दोस्ती कर ई-मेल व चैटिंग के जरिए भी एक दूसरे को जाना जा सकता है।

अधिकतर भारतीय परिवार कुंडली पर विश्वास करते हैं और बगैर कुंडली मिलाये रिश्ता नहीं करते। इसीलिए साइट्स पर कम्प्यूटर द्वारा कुंडली मिलाने की भी व्यवस्था है। आजकल लोग अनजान लड़के व लड़की के चरित्र, नौकरी आदि का पता लगाने के लिए डिटेक्टिव एजेंसी का भी प्रयोग करते हैं। यह सभी जानकारियां भी आपको नेट पर ही मिल जाएंगी।

एक साइट के जरिये अपना जीवन साथी तलाशने वाली सुरेखा एक टेलीकॉम कम्पनी में काम करती हैं। वह बताती हैं कि साइट पर च्वाइस के कॉफी मौके मिलते हैं। लगभग छह महीने सर्च और मैच करने के बाद उनको मिस्टर राइट मिल गया। जिससे शादी कर वह खुशहाल जीवन बिता रही हैं। सेवानिवृत्त पुलिस अधिकारी आर.सी. सक्सेना का बेटा हैदराबाद में नौकरी करता है। वह चाहते थे कि उसका विवाह ऐसी लड़की से हो जो हैदराबाद में नौकरी करती हो। इसके लिए उन्होंने अपने बेटे का रजिस्ट्रेशन एक वैवाहिक साइट पर कराया। दो महीने के अन्दर ही उनके पास मनमाफिक प्रपोजल के ढेर लग गये। अपने स्तर पर लड़की के बारे में पता कर उन्हेंने धूमधाम से बेटे की शादी की। सचिवालय में कार्यरत श्रीमती सीमा के पिता का निधन हो चुका था। वह कहती हैं कि वैवाहिक साइट ने उनके लिए पिता की भूमिका निभायी और उनके लिए सुयोग्य जीवन साथी तलाशा। आज वह अपने परिवार के साथ खुश हैं।

टाइम्स मैट्री डॉट कॉम के सहायक प्रबन्धक अमित कुमार बताते हैं कि लोगों की मानसिकता में जबरदस्त बदलाव आया है। वह बताते हैं कि आज जो 'स्वयंवर' आयोजित किये जाते हैं, उनमें लड़का-लड़की स्वयं स्टेज पर आकर अपने बारे में बताते हैं। यही नहीं, अच्छे मैच के लिए जाति-बिरादरी का भी कोई बन्धन नहीं रहा है। वह कहते हैं कि ऐसी वेबसाइट्स की बढ़ती संख्या ही इस बात का प्रमाण है

कि आज सुयोग्य वर-वधू की तलाश में लाखों लोग हर रोज सर्फिंग कर रहे हैं।

रखें खास ध्यान

नेट पर भेजते समय अपने प्रोफाइल में धर्म, जाति, रंग-रूप, कद, आयु, शैक्षिक योग्यता, व्यवसाय व आमदनी की सही जानकारी दें।

अपना पोस्टल एड्रेस न दें। इसके स्थान पर ई-मेल एड्रेस दें।

नेट से तलाशे गये वर-वधू के बारे में पूरी छानबीन करने के बाद ही शादी का निर्णय लें।

●

4

इंटरनेट और सर्च इंजन

इंटरनेट को यदि जादुई चिराग माना जाता है तो इसका कारण सर्च इंजन ही होते हैं। इंटरनेट और सर्च इंजन का रिश्ता अटूट है। सर्च इंजन के कारण ही पलक झपकते ही इच्छित जानकारी हमारी कंप्यूटर स्क्रीन पर अवतरित हो जाती है। सर्च इंजन की सहायता से इंटरनेट या वर्ल्ड वाइड वेब से कोई भी सूचना या जानकारी, तुरंत प्राप्त की जा सकती है। सर्च इंजन एक शब्द या वाक्यांश लेकर, इंटरनेट पर उपलब्ध सभी वेब पेजों में वह शब्द या वाक्यांश खोजता है और फिर उन्हें हमारे सामने प्रस्तुत कर देता है।

इंटरनेट सूचनाओं का महासागर है और इतने सारे विशाल महासागर से कोई छोटी सी सूचना प्राप्त करना आसान काम नहीं है लेकिन सर्च इंजन ने इसे बेहद सरल व सुगम बना दिया है। इंटरनेट को यदि हम एक पुस्तक मान लें तो वेबसाइट की तुलना हम एक अध्ययन से कर सकते हैं और इस अध्याय को खोजने का कार्य ही सर्च-इंजन करते हैं। पुस्तकालयों में उपलब्ध सभी पुस्तकों की एक सूची/अनुक्रमणिका होती है लेकिन इंटरनेट पर उपलब्ध पेजों की ऐसी कोई सूची बनाना संभव नहीं होता है। इंटरनेट के सागर में उपलब्ध किसी सूचना को प्राप्त करने की विधि ज्ञात होना बेहद आवश्यक है। तभी आप इच्छित सूचना प्राप्त कर सकते हैं।

इंटरनेट के इस युग में 'सर्फिंग' शब्द काफी प्रचलन में है। सर्च इंजन की सहायता से किसी वेबसाइट को खोजना ही सर्फिंग कहलाता है। इस प्रकार सर्फिंग, इंटरनेट सर्च करने की एक पद्धति है। यदि आप गलत तरीके से सर्फिंग करें तो एक छोटी सी सूचना प्राप्त करने में ही काफी समय लग सकता है। इसके विपरीत यदि सर्फिंग करते समय कुछ सावधानियों का प्रयोग किया जाए तो बेहद अल्प समय में ही इच्छित जानकारी प्राप्त की जा सकती है। त्वरित खोज के लिए आप

इंटरनेट पर उपलब्ध कुछ ऐसी सर्चलाइटों से जुड़ सकते हैं जो ट्रैक, केटेलॉग और इंडेक्सिंग के लिए सर्च इंजन का इस्तेमाल करती हैं।

इंटरनेट को हर मर्ज की दवा माना जाता है। उसे ऐसा कहा जाने का सबसे बड़ा कारण सर्च इंजन ही है। यह बिल्कुल अलादीन के चिराग की तरह ही है, जिसमें आपकी मनचाही सर्च के डालते ही वह आपको मिल जाती है। गूगल सहित बहुतेरे ऐसे सर्च इंजनों की लंबी फेहरिश्त है, जहां से आप अपनी जरूरत के अनुसार विषयों की खोज कर सकते हैं। इंटरनेट का इस्तेमाल करने वाले इन सर्च इंजनों से अच्छी तरह वाकिफ होते हैं। लेकिन गूगल, याहू, लाइव सर्च के अलावा कई ऐसे इंजन आ गए हैं, जो विषय के अनुसार चीजों के मुताबिक अब आपके पास सर्च इंजन हैं। अगर आपको विज्ञान से संबंधित सर्च चाहिए तो उसके लिए अलग सर्च इंजन, अगर कला, फिल्म, म्यूजिक, खेल से संबंधित सर्च चाहिए तो उसके लिए अलग सर्च इंजन। आज हम आपको इन्हीं सर्च इंजनों से रूबरू कराएंगे।

विज्ञान : (www.scirus.com) विज्ञान से जुड़ी तमाम तरह की जानकारियों को सर्च करने के लिहाज से www.scirus.com उपयोगी है। इसमें विज्ञान से संबंधित 450 स्पेसिफिक वेब पेज मौजूद हैं जिनमें आप विज्ञान की नई जानकारियों से लेकर बेसिक कांसेप्ट के बारे में सर्च कर सकते हैं। इस सर्च इंजन में साइंस के पीरियोडिकल और जनरल भी मौजूद हैं। साथ ही इसमें आप लेखक, वैज्ञानिक के नाम की सहायता से भी सर्च कर सकते हैं। साथ ही अगर आपको मेडिकल से जुड़ी स्पेसिफिक जानकारी www.scienceroll.com सर्च कर सकते हैं। साथ ही स्वास्थ्य से जुड़ी सर्च के लिए http://www.health.com खासी उपयोगी है।

polycola.com : इस साइट में गूगल और याहू दो बड़े सर्च इंजनों के रिजल्ट को एक साथ सर्च कर सकते हैं। खास बात यह है कि एक साथ सर्च कर रहे इन दोनों सर्च इंजनों में दिखाए जाने वाले परिणाम भिन्न होते हैं। इससे आपकी सर्च तेज होने के साथ स्पेसिफिक होती है।

cuil.com : हाल ही में गूगल की सदस्य रही अन्ना पीटरसन ने अपने पति टॉम कॉस्टलो के साथ मिलकर cuil.com सर्च इंजन बना डाला। इसकी वाइस प्रेसीडेंट रसेल पावर गूगल की तीसरी को-फाउंडर थीं। इस सर्च इंजन में 120 बिलियन वेब पेज इंडेक्स हैं। साथ ही यह सर्च इंजन पुराने तरीकों के बजाए पॉपुलरिटी के आधार पर चीजों और वेबसाइटों को खोजेगा। साथ ही यह उन्हें कैटेगरी के अनुसार भी आपको उपलब्ध कराएगा।

wilkiseek.com : इस सर्च इंजन की सहायता से आप वीकिपीडिया के अंदर स्पेसिफिक सर्च कर सकते हैं।

संस्थानों की जानकारी

www.explore.oneindia.in में भारत से जुड़े विभिन्न क्षेत्रों–मेडिकल, आर्ट, फाइनेंस, लॉ, मीडिया, विज्ञान, सरकारी संस्थान, मूवी, शादी-विवाह से जुड़ी विभिन्न चीजों की जानकारी के बारे में सर्च कर सकते हैं। साथ ही इसमें भारत की लिस्टेड बिजनेस फर्म और कंपनियों के बारे में जानकारी ले सकते हैं।

खेल : खेल चाहें वह आने वाले वीडियोगेम, कंप्यूटर गेम हों, के बारे में www.gamepublic.com, www.gamespider.com पर सर्च कर सकते हैं।

ध्यान रखें :

- ☆ किसी भी दो सर्च इंजन द्वारा की गई खोजें समान परिणाम नहीं देती।
- ☆ प्रत्येक सर्च इंजन वेब की विभिन्न जगहों से खोज करता है।
- ☆ प्रत्येक सर्च इंजन विभिन्न समयों पर अपडेट होता है।

सर्च साइट्स : इंटरनेट पर अनेक सर्चसाइट्स उपलब्ध हैं जो हमारी खोज को बेहद सरल बना देती हैं। ये सर्च साइटें, सर्च इंजन का प्रयोग करके अपना एक कैटेलॉग बनाती हैं। सर्च इंजन एक सॉफ्टवेयर प्रोग्राम होता है जो वेबसाइट के होम पेज को डाउनलोड करके उनके कैटेलॉग बनाकर उन्हें व्यवस्थित करता है। सभी सर्च साइटें, सूचना एकत्र करने के लिए किसी न किसी सर्च इंजन का ही इस्तेमाल करती हैं। चूंकि सर्च-इंजन, वेब पर रेंगते हैं इसलिए सर्च इंजनों को कुछ लोग मकड़ी (स्पाइडर) भी कहते हैं। हाटवाट और अल्टाविस्टा प्रमुख सर्च इंजन हैं।

सर्च-इंजन और सर्च-साइट्स में मुख्य अंतर यही है कि सर्च साइट्स अधिक संगठित तो होती हैं लेकिन वे अद्यतन (अपडेट) नहीं हो पाती हैं। इसके विपरीत सर्च-इंजन पर्याप्त अद्यतन होते हैं और वे विभिन्न साइटों पर लगातार नई सूचनाओं की खोज करते रहते हैं। सर्च-इंजन के द्वारा किसी सूचना की खोज करने के लिए 'textstring' में खोजे जाने वाला शब्द या वाक्यांश टाइप करना होता है, जिसे 'textstring' कहते हैं। शब्द/वाक्यांश टाइप करने के बाद 'सर्च' बटन क्लिक करना होता है जिसके बाद संबंधित सूचना अथवा वेबसाइटें, स्क्रीन पर प्रदर्शित हो जाती हैं। सटीक व त्वरित खोज के लिए निम्नलिखित बातों का ध्यान रखा जाना चाहिए:

1. शब्द या वाक्यांश वर्णात्मक होने चाहिएं,
2. वाक्यांश में इच्छित खोज, सम्पूर्ण रूप से आ जानी चाहिए,
3. शब्द या वाक्यांश में वर्तनी (स्पैलिंग) की गलती नहीं होनी चाहिए,
4. यदि सर्च-इंजन/साइट द्वारा कोई सुझाव दिया जाता है तो उसका पालन करें,
5. 'टेक्स्ट बॉक्स' में सर्च-स्ट्रिंग टाइप करते समय, the, a,an, Real आदि अनावश्यक शब्दों का प्रयोग न करें,

6. एक सर्च-स्ट्रिंग को विभिन्न सर्च-इंजनों पर आजमा कर देखें। भिन्न सर्च-इंजनों के परिणाम अलग-अलग होते हैं,
7. सर्च-स्ट्रिंग में मुख्य शब्दों का ही प्रयोग करें,
8. सर्च-साइट का प्रयोग करने से पहले उस सर्च-साइट के नियमों को पढ़ लें और उन्हें अच्छी तरह से समझ लें,
9. सटीक खोज के लिए 'बूलीन ऑपरेटर्स' (+, – तंत्र) का प्रयोग करें,
10. आपका वाक्यांश जितना अधिक वर्णात्मक होगा, आपकी खोज उतनी ही संक्षिप्त व त्वरित हो जायेगी।

त्वरित खोज करने के लिए 'प्लस-माइनस' (+, –) पद्धति का प्रयोग काफी लाभदायक रहता है। यदि आप 'प्लस-माइनस' पद्धति का इस्तेमाल नहीं करते हैं तो सर्च-इंजन यह मानकर चलता है कि आप 'अथवा' (OR) शब्द का प्रयोग कर रहे हैं। ऐसा होने पर खोज, अनावश्यक रूप से काफी बड़ी हो जाती है। यदि किसी शब्द के आगे बिना स्थान दिये '+' शब्द का प्रयोग किया जाये तो सर्च इंजन केवल वही सामग्री उपलब्ध करायेगा जिसमें वे दोनों शब्द होंगे। उदाहरण के लिए:

☆ सर्च-स्ट्रिंग में "Women Crime" शब्दों का प्रयोग करने पर सर्च-इंजन वो सभी सामग्री उपलब्ध करा देगा जिसमें 'Women' या 'Crime' कोई एक शब्द भी होगा। इससे खोज काफी विस्तृत हो जायेगी।
☆ यदि आप सर्च-स्ट्रिंग में "Women+Crime" वाक्यांश का प्रयोग करेंगे तो सर्च-इंजन केवल वही परिणाम प्रदर्शित करेगा जिसमें ये दोनों शब्द (Women और Crime) होंगे। इस प्रकार खोज, सटीक और संक्षिप्त हो जायेगी।

यदि आप सर्च-स्ट्रिंग में किसी शब्द से पहले '–' (माइनस) चिह्न का प्रयोग करते हैं तो परिणाम वह शब्द नहीं होगा जिसके पहले '–' चिह्न लगाया गया होगा। उदाहरण के लिए :

☆ यदि आप सर्च-स्ट्रिंग में "Women Crime" वाक्यांश का प्रयोग किया जाता है तो सर्च-इंजन, "Women Crime" से संबंधित दुनियाभर की सामग्री व वेबसाइटें प्रदर्शित कर देगा।
☆ यदि आप सर्च-स्ट्रिंग में "Women Crime–Ingland" टाइप करेंगे तो सर्च-इंजन, इंग्लैंड के महिला-अपराधों को छोड़कर बाकी की सामग्री ही प्रदर्शित करेगा। इसी प्रकार यदि आप सर्च-स्ट्रिंग में "Crime in India–Women –Men" टाइप करेंगे तो पुरुष और महिलाओं से संबंधित अपराधों को छोड़कर, भारत में होने वाले अन्य अपराधों (बाल अपराध) के बारे में ही जानकारी उपलब्ध होगी।

सर्च-स्ट्रिंग टाइप करते समय केवल 'lower case' का ही प्रयोग करना चाहिए। इसका कारण यह है कि जब आप 'lower case' का इस्तेमाल करते हैं तो सर्च-इंजन, upper तथा lower दोनों cases में खोज करेंगे। इसके विपरीत जब आप सर्च-स्ट्रिंग में 'upper case' का प्रयोग करेंगे तो सर्च-इंजन केवल 'upper case' वाली सामग्री को ही खोजेगा। यदि खोज की जाने वाली सामग्री, जटिल प्रकार की हो तो 'स्पेशल कैरेक्टर्स' और 'पंक्च्यूशन' आदि का प्रयोग भी किया जा सकता है।

सर्च-इंजन द्वारा इच्छित सामग्री के साथ-साथ किसी वेबसाइट के सही पते को भी खोजा जा सकता है। इसके लिए 'टेक्स्ट बॉक्स' में इच्छित वेबसाइट का नाम तथा अन्य उपलब्ध जानकारी (यदि कोई हो) टाइप कर दें। 'सर्च' बटन क्लिक करते ही सर्च-इंजन, इंटरनेट पर उस शब्द से संबंधित सभी वेबसाइटों की सूची प्रदर्शित कर देगा। इस सूची में वेबसाइट का नाम, पता और उसके बारे में संक्षिप्त विवरण भी उपलब्ध होता है। इच्छित वेबसाइट को क्लिक करते ही आप उस वेबसाइट विशेष तक पहुंच सकते हैं। इस प्रकार इच्छित वेबसाइट की खोज करने के बाद हम उस सूची में प्रदर्शित आलोकित/रेखांकित लिंक को क्लिक करके सीधे ही उस वेबसाइट पर पहुंच सकते हैं।

इंटरनेट के इस युग में वेब-सर्फिंग करना या सर्च-इंजनों का प्रयोग करना भी एक कला है। कहा जाता है कि इंटरनेट एक समुद्र है, इसमें सर्च करना समुद्र में से बहुमूल्य खनिजों, धातुओं को निकालने जैसी बात है। समुद्र में किसी चीज को खोजने से पहले जैसे हाइड्रोग्राफिक्स सर्वे किया जाता है, वैसे ही किसी भी इंजन में सर्च करने से पहले कुछ बातों को समझना खासा जरूरी है जिससे आपकी सर्च स्पेसिफिक हो सकें। मतलब जो चीज आप खोजना चाहते हैं, उसके लिए आपको ज्यादा मशक्कत न करनी पड़े।

- ☆ चीजों को की-वर्ड के आधार पर सर्च करें। अगर लेखक ने की-वर्ड स्पेसिफाई नहीं किया है, तो सर्च इंजन इसे स्वयं बनाए गए की-वर्ड के आधार पर खोजता है। ऐसे में वेब पर प्रचलित की-वर्ड का ही इस्तेमाल करें।
- ☆ फ्रेज या किसी स्पेसिफिक चीज को खोजते समय " " का प्रयोग करें। (status of liberty")
- ☆ शब्दों को कम करने और विषय अनुरूप सर्च करने के लिए * का प्रयोग करें। (polit*) (retrieves politics, political, etc)
- ☆ समान टर्म वाले शब्दों को ढूंढने पर किसी एक में () का प्रयोग करें। cancer (smoking or cigarettes)

☆ गूगल के अलावा कई इंजनों में AND, NOT, OR ऑप्शन होते हैं, जिनसे सर्च बेहतर हो जाती है, मसलन heart AND attack तरीके से सर्च कर सकते हैं।

☆ साथ ही कई सच इंजन कांसेप्ट के आधार पर सर्च करते हैं। ऐसे में अगर हार्ट शब्द को खोजने पर उसके साथ coronary, lung, stroke, cholestrol, pump, blood, attack सर्च करने से बेहतर परिणाम मिल सकता है।

हम कुछ आधुनिक सर्च-इंजनों की चर्चा कर चुके हैं। इन सभी सर्च-इंजनों में सबसे अधिक लोकप्रिय 'गूगल' नामक सर्च-इंजन है। जैसे ही इंटरनेट पर किसी सामग्री को सर्च करने की बात आती है, हमारे मस्तिष्क में 'गूगल' शब्द कौंध जाता है। निस्संदेह 'गूगल' सर्वाधिक लोकप्रिय और उपयोगी सर्च-इंजन है लेकिन इसकी भी कुछ सीमाएं हैं, कुछ मामलों में 'गूगल' भी कमजोर साबित होता है। यदि गूगल पर सर्च करते समय 10 शब्दों से अधिक लंबा सर्च-स्ट्रिंग टाइप कर दिया जाए तो गूगल, भटक जाता है और वह सही सर्च नहीं कर पाता है। इसके विपरीत 'मेटा' नामक सर्च-इंजन के साथ ऐसा नहीं है। 'मेटा' में सर्च-स्टिंग के रूप में यदि पूरा एक पैराग्राफ भी टाइप कर दिया जाए तो वह सटीक सामग्री खोज निकालता है। गूगल में कुछ कमियां जरूर हैं लेकिन फिर भी वह दुनिया का सबसे लोकप्रिय सर्च-इंजन है।

●

5

इंटरनेट के अनुप्रयोग

आज हम इंटरनेट के युग में जी रहे हैं और लगभग प्रत्येक व्यक्ति प्रत्यक्ष या अप्रत्यक्ष रूप से इंटरनेट का इस्तेमाल कर रहा है। जो व्यक्ति किसी भी रूप में इंटरनेट का प्रयोग नहीं कर रहा है, वह कम से कम इंटरनेट से लाभान्वित अवश्य हो रहा है। इंटरनेट ने आज अगर हमारे जीवन के प्रत्येक क्षेत्र में अपनी पैठ बना ली है तो इसका कारण इंटरनेट के चमत्कारिक उपयोग व अनुप्रयोग हैं। प्रस्तुत अध्याय में हम पढ़ेंगे कि इंटरनेट किस प्रकार हमारे लिए उपयोगी है और इसके अनुप्रयोग क्या-क्या हैं।

हम पढ़ चुके हैं कि इंटरनेट की शुरुआत संयुक्त राज्य अमेरिका के रक्षा-विभाग द्वारा की गयी थी। उस समय इसका आविष्कार मात्र रक्षा मामलों में उपयोग हेतु ही किया गया था। तब किसी को अंदाजा भी नहीं रहा होगा कि एक दिन इंटरनेट समूची दुनिया में इतना लोकप्रिय हो जायेगा कि इसके बिना जीवन की कल्पना करना भी कठिन हो जायेगा। आज इंटरनेट ने हमारे जीवन के प्रत्येक क्षेत्र और प्रत्येक रंग में अपनी पैठ जमा ली है। जीवन का कोई भी क्षेत्र ऐसा नहीं है जिसमें इंटरनेट का उपयोग न किया जा रहा हो। बात चाहे हम व्यवसाय की करें या बैंकिंग की। बात चाहे हम पर्यटन की करें या फिर शिक्षा, अनुसंधान, शोध, रक्षा और शेयर बाजार की, हर जगह इंटरनेट उपस्थित है और अपनी प्रभावी भूमिका अदा कर रहा है। इंटरनेट के कुछ प्रमुख उपयोग/अनुप्रयोग निम्नलिखित हैं :

1. डेटा-स्थानांतरण : उपयोगी डेटा (सूचना, जानकारी आदि) के आदान-प्रदान का सबसे उत्तम और अच्छा साधन इंटरनेट को ही माना जाता है। इंटरनेट के द्वारा हम अत्याधिक विशाल डेटा को भी पलक झपकते ही एक स्थान से दूसरे स्थान तक भेज सकते हैं। इंटरनेट के द्वारा हम किसी सूचना को किसी वेबसाइट से प्राप्त कर सकते हैं और फिर उसे अन्यत्र कहीं भेज सकते हैं। उदाहरण के लिए, हम अपने

किसी घरेलू समारोह के चित्र अपने डिजिटल कैमरे से खींचते हैं और फिर उन चित्रों को अपने कंप्यूटर में स्टोर कर लेते हैं। इसके बाद हम उन चित्रों को सुदूर इंग्लैंड में बैठे परिचित को (ई-मेल) के जरिये भेज सकते हैं। यह भी एक प्रकार का डेटा-स्थानांतरण ही है। इंटरनेट के जरिए न केवल डेटा को कहीं अन्यत्र भेजा जा सकता है अपितु किसी और जगह से डेटा को अपने कंप्यूटर पर मंगवा भी सकते हैं। यहां यह बताते चलें कि डेटा का यह स्थानांतरण, ऑन-लाइन भी हो सकता है और ऑफ-लाइन भी। ऑन-लाइन डेटा स्थानांतरण तभी संभव होता है जब हमारे कंप्यूटर पर तो इंटरनेट सक्रिय हो ही साथ ही उस कंप्यूटर पर भी इंटरनेट सक्रिय हो, जहां से डेटा का स्थानांतरण किया जाना हो। जब दो या दो से अधिक व्यक्ति इंटरनेट के जरिए परस्पर बात करते हैं तो ऑन-लाइन वार्तालाप अथवा 'चैटिंग' कहा जाता है। ऑफ-लाइन डेटा स्थानांतरण, ई-मेल के जरिए होता है। जब हम ई-मेल करते हैं तो यह आवश्यक नहीं है कि जिसे हम ई-मेल कर रहे हैं, वह व्यक्ति भी अपना इंटरनेट खोल कर बैठा हो। हम किसी भी समय किसी को ई-मेल कर सकते हैं और जब भी प्राप्तकर्ता अपना ई-मेल खाता खोलेगा, उसे हमारे द्वारा भेजा गया डेटा मिल जायेगा।

ऑन-लाइन वार्तालाप (चैटिंग) हम किसी एक व्यक्ति से भी कर सकते हैं और एक साथ कई व्यक्तियों से भी। ठीक इसी प्रकार 'ई-मेल' भी हम एक साथ कई व्यक्तियों को भी भेज सकते हैं। हम एक ही डेटा को एक साथ कई लोगों को ई-मेल के जरिए भेज सकते हैं। इसमें कोई संदेह नहीं कि ई-मेल आज सूचनाओं व जानकारियों के आदान-प्रदान का सबसे सरल, सुगम व सस्ता साधन है। इसके द्वारा हम डेटा को क्षण भर में ही दुनिया के किसी भी हिस्से में भेज सकते हैं। यह डेटा स्थानांतरण का सबसे त्वरित साधन तो है ही साथ ही यह अपेक्षाकृत काफी सस्ता भी होता है। हम धरती के किसी भी कोने में डेटा को लगभग बिना किसी खर्च के भेज सकते हैं।

2. सूचनाओं का स्रोत : इंटरनेट, सूचनाओं का महासमुद्र है। इंटरनेट के महासागर में दुनियाभर की सारी सूचनाएं और जानकारियां समाहित हैं। आज इंटरनेट, सूचनाएं प्राप्त करने का सबसे त्वरित, सरल व सस्ता साधन है। किसी एक सूचना को पाने के लिए हमें पूरा एक दिन, कई दिन या कई महीने तक लग सकते हैं लेकिन इंटरनेट द्वारा हम कोई भी सूचना क्षणभर में ही प्राप्त कर सकते हैं। इंटरनेट से कोई सूचना प्राप्त करने की दो विधियां हैं—वेबसाइट और सर्च इंजन। यदि हमें पहले से ही पता हो कि संबंधित जानकारी किस वेबसाइट पर उपलब्ध है और उस वेबसाइट का पता क्या है तो हम सीधे उस वेबसाइट को खोलकर आवश्यक जानकारी प्राप्त कर सकते हैं। इसके विपरीत यदि हमें संबंधित वेबसाइट का पता

न हो तो हमम किसी सर्च-इंजन की सहायता से संबंधित वेबसाइट या जानकारी को क्षणभर में ही प्राप्त कर सकते हैं।

इंटरनेट पर हर तरह की सूचनाएं उपलब्ध हैं और इन विस्तारित सूचनाओं का स्रोत है विभिन्न संगठनों, एजेंसियों और संस्थाओं की वेबसाइटें और शब्दकोश। आज लगभग सभी कंपनियां अपने उत्पादों और सेवाओं की जानकारियां अपनी वेबसाइटों पर प्रदर्शित करती हैं। इन वेबसाइटों पर उपलब्ध सूचनाओं व जानकारियों का उपयोग ही हम अपने व्यक्तिगत प्रयोग के लिए करते हैं। आमतौर पर इंटरनेट पर विभिन्न सूचनाएं व जानकारियां मुफ्त (निशुल्क) उपलब्ध होती हैं लेकिन कुछ एजेंसियां अपनी वेबसाइट से सूचना उपलब्ध कराने के बदले प्रयोगकर्ता से कुछ शुल्क भी वसूल करती हैं। सेवा प्रदाता द्वारा विशिष्ट सूचना, प्रयोगकर्ता को उपलब्ध कराने के बदले शुल्क, कई विधियों से लिया जाता है। कुछ वेबसाइटें मासिक या वार्षिक सदस्यता शुल्क वसूलती हैं तो कुछ वेबसाइटें केवल किसी सूचना विशेष के बदले ही शुल्क लेती हैं। प्रयोगकर्ता अपना शुल्क ऑन-लाइन ही जमा कर सकता है और इसके लिए वह प्लास्टिक कार्ड/क्रेडिट कार्ड/डेबिट कार्ड आदि का प्रयोग कर सकता है।

इंटरनेट से वांछित सूचना प्राप्त करना एक कला है और इस कला की विस्तृत चर्चा हम पिछले अध्याय में कर चुके हैं। यदि हम सही तरीके से किसी सूचना को प्राप्त करने का प्रयास करें तो हम एकदम सटीक सूचना क्षणभर में ही प्राप्त कर सकते हैं। इसके विपरीत यदि हम सूचना खोजने के सही तरीके का इस्तेमाल न करें तो हो सकता है कि हम वांछित सूचना प्राप्त ही न कर पाएं अथवा सूचना प्राप्त करने में काफी विलम्ब हो जाए। इसलिए जरूरत इस बात की है कि सूचना खोजने के सही तरीके का इस्तेमाल किया जाए।

3. डेटा प्रकाशन : प्रकाशित समाचार-पत्र और पुस्तकें काफी लंबे समय से हमारे जीवन से जुड़ी हुयी हैं। इंटरनेट पर हम इसी प्रकार की सामग्री प्रकाशित कर सकते हैं। निसन्देह हम कह सकते हैं कि इंटरनेट, डेटा प्रकाशन का सबसे सस्ता व सुलभ साधन है। इंटरनेट पर 'न्यूज बुलेटिन' का प्रकाशन भी किया जा सकता है। ऐसा करने पर एक साथ न्यूज बुलेटिन को अनेकों लोगों तक पहुंचाया जा सकता है। इसी प्रकार ई-मेल पर डेटा का प्रकाशन करके उसे एक साथ अनेकों व्यक्तियों को भेजा जा सकता है। इसके अलावा सूचना या जानकारी को किसी वेब-पेज या वेबसाइट पर भी प्रकाशित किया जा सकता है।

आजकल आप विभिन्न समाचार-पत्रों को भी इंटरनेट पर देख/पढ़ सकते हैं। इंटरनेट पर समाचार-पत्र दो प्रकार के होते हैं। पहली श्रेणी में वे समाचार-पत्र आते हैं जो आमतौर पर तो छपते ही हैं लेकिन उनके इंटरनेट-संस्करण, इंटरनेट पर भी

उपलब्ध होते हैं। दूसरी श्रेणी में वे समाचार-पत्र आते हैं जो विशिष्ट रूप से केवल इंटरनेट पर ही प्रकाशित होते हैं। इसके अलावा आजकल विभिन्न प्रकार की पुस्तकें भी इंटरनेट पर प्रकाशित होते हैं। इसके अलावा आजकल विभिन्न प्रकार की पुस्तकें भी इंटरनेट पर प्रकाशित हो रही हैं। इस प्रकार हम समाचार-पत्र, पत्रिकाएं और पुस्तकें भी इंटरनेट पर पढ़ सकते हैं।

4. ई-मेल : इंटरनेट का सबसे अधिक इस्तेमाल आम लोग ई-मेल के लिए करते हैं। इसे आप सूचना-तकनीक का सबसे बेहतरीन उत्पाद भी कह सकते हैं। ई-मेल की सुविधा के द्वारा हम कोई भी सामग्री, पत्र के रूप में किसी अन्य व्यक्ति को भेज सकते हैं। किसी व्यक्ति को ई-मेल भेजने के लिए आवश्यक है कि उस व्यक्ति का अपना ई-मेल खाता इंटरनेट (वेबसाइट) पर हो। ई-मेल किसी एक व्यक्ति को भी भेजा जा सकता है और एक साथ अनेकों व्यक्तियों को भी।

ई-मेल खाता खोलने के लिए प्रत्येक प्रयोगकर्ता को एक कूट नाम दिया जाता है जिसे 'ई-मेल आई.डी.' (आइडेंटिफिकेशन) कहा जाता है। प्रत्येक ई-मेल आई. डी. के दो भाग होते हैं। पहले भाग में प्रयोगकर्ता का नाम अथवा कूटनाम होता है और दूसरे भाग में सेवा प्रदाता सर्वर का नाम होता है। इन दोनों भागों को '@' संकेत के द्वारा परस्पर जोड़ा जाता है। उदाहरण के लिए, यदि 'स्वप्निल भारत' नामक संस्था अपनी ई-मेल आई.डी., याहू नामक वेबसाइट/सर्वर पर बनाना चाहती है तो उसका ई-मेल आई.डी. निम्नलिखित प्रकार से होगा :

swapnil@yahoo.com

कुछ संस्थाएं अपनी स्वयं ही वेबसाइट बना लेती हैं और फिर इसके सर्वर पर सदस्यों/कर्मचारियों के ई-मेल पते बना दिये जाते हैं। उदाहरण के लिए 'स्वप्निल भारत' की कर्मचारी सोनी का ई-मेल पता निम्नलिखित प्रकार से होगा :

soni@swapnil-bharat

ई-मेल के प्रयोग ने आज हमारे जीवन में क्रांति की सी स्थिति पैदा कर दी है। वे दिन अतीत के पन्नों में सिमट गए हैं जब हमारे पत्र को एक स्थान से दूसरे स्थान तक पहुंचने में कई-कई दिन लग जाते थे। अब तो हमारा कोई जरूरी पत्र, इंटरनेट के जरिए क्षण भर में ही दुनिया के किसी भी हिस्से में पहुंच सकता है। कहा जा सकता है कि ई-मेल के आविष्कार ने सूचना-प्रेषण के क्षेत्र में क्रांति की सी स्थिति पैदा कर दी है। यह व्यक्तिगत संबंधों को विकसित करने का काम तो कर ही रहा है, साथ ही ई-मेल का प्रयोग व्यावसायिक क्षेत्रों में भी खूब किया जा रहा है। व्यावसायिक पत्राचार के लिए भी ई-मेल का जमकर इस्तेमाल हो रहा है जिस कारण उद्योग और व्यवसाय फल-फूल रहा है।

5. व्यवसाय और वाणिज्य में इंटरनेट : हम चर्चा कर चुके हैं कि इंटरनेट

ने हमारे जीवन के प्रत्येक क्षेत्र में अपनी पैठ बना ली है। जब हर क्षेत्र में इंटरनेट का जमकर इस्तेमाल हो रहा है तो भला वाणिज्य और व्यवसाय भला इसमें कैसे पीछे रह सकता है। यही कारण है कि आज व्यवसाय के क्षेत्र में भी इंटरनेट का खूब इस्तेमाल किया जा रहा है। इंटरनेट पर व्यवसाय या वाणिज्य करने को वैद्युतिक-वाणिज्य या *'ई-कामर्स'* कहा जाता है। कहा जा सकता है कि इंटरनेट के व्यावसायिक उपयोग को 'ई-कामर्स' कहा जाता है। इंटरनेट के उपयोग के कारण व्यावसायिक क्षेत्र को एक नई ऊंचाई मिली है।

इंटरनेट के जरिये उत्पादक या सेवा-प्रदाता अपने उत्पाद या सेवा की जानकारी बेहद अल्प समय और अपेक्षाकृत लगभग नगण्य खर्च में उपभोक्ताओं तक पहुंचा जा सकता है। इसके अलावा इंटरनेट पर आजकल वस्तुओं और उत्पादों की खरीद-फरोख्त भी होने लगी है। चूंकि इंटरनेट के जरिए उत्पादक सीधे ग्राहक या उपभाक्ता तक पहुंच सकता है और इसमें मध्यस्थों (डीलर्स) की कोई जरूरत नहीं होती है इसलिए ई-कामर्स के जरिए उपभोक्ताओं (ग्राहकों) को अपेक्षाकृत कम कीमत में उत्पाद या सेवा प्राप्त हो जाती है। ई-कामर्स के कारण व्यवसाय से भौगोलिक सीमाओं और भौगोलिक दूरियों का प्रतिबंध हट गया है। अब धरती के किसी एक कोने से उत्पादक, धरती के दूसरे कोने पर बैठे संभावित ग्राहक तक सीधे पहुंच सकता है।

यदि हम परिभाषा की बात करें तो किसी भी व्यवसाय के क्रियाकलापों को जब इंटरनेट के जरिये संपन्न किया जाता है तो उसे हम ई-कामर्स कहते हैं। इसमें व्यवसाय की विभिन्न गतिविधियों को संपादित करने के लिए इंटरनेट का प्रयोग किया जाता है। निम्नलिखित प्रमुख व्यवसायिक गतिविधियों में आजकल इंटरनेट का खूब इस्तेमाल किया जा रहा है :

1. उत्पाद या सेवा का प्रचार-प्रसार,
2. उत्पाद या सेवा का विज्ञापन,
3. माल खरीदने हेतु आदेश देना और भुगतान प्राप्त करना,
4. परिवहन सेवा,
5. बीमा व्यवसाय
6. शेयर बाजार,
7. टिकटिंग,
8. रेलवे,
9. हवाई सेवा और
10. होटल व्यवसाय।

ई-कामर्स के जरिये जहां एक ओर उत्पादक, ग्राहकों से सीधे संबंध स्थापित कर सकता है वहीं दूसरी ओर ग्राहक या उपभोक्ता अपनी शिकायतों, सुझावों या

समस्याओं के संदर्भ में उत्पादक, सेवा प्रदाता या वितरक से संवाद कायम कर सकता है। कहा जा सकता है कि ई-कामर्स ने आज व्यवसाय और वाणिज्य के क्षेत्र में क्रांति की सी स्थिति पैदा कर दी है।

जीवन के अन्य क्षेत्रों में भी इंटरनेट ने आज क्रांति की सी स्थिति पैदा कर दी है। आज निम्नलिखित क्षेत्रों में इंटरनेट का खूब इस्तेमाल किया जा रहा है :

- ☆ शिक्षा व अनुसंधान,
- ☆ रक्षा व आंतरिक सुरक्षा,
- ☆ चिकित्सा व शोध,
- ☆ पर्यटन व होटल उद्योग,
- ☆ मनोरंजन,
- ☆ खेल,
- ☆ व्यवसाय और वाणिज्य,
- ☆ शेयर और प्रतिभूति बाजार।

इसमें कोई संदेह नहीं कि इंटरनेट के विस्तार के कारण विभिन्न क्षेत्रों में क्रांतिकारी परिवर्तन आए हैं। इसके कारण न तो भौगोलिक दूरी कोई समस्या रह गयी है और न ही समय। इंटरनेट ने सूचना व जानकारी के द्वार सभी लोगों के लिए खोल दिये हैं। यही कारण है कि आज इंटरनेट की लोकप्रियता बहुत तेजी से बढ़ी है। इंटरनेट ने न केवल सूचना के आवागमन का स्वरूप बदल दिया है अपितु अर्थव्यवस्था को भी एकदम नया स्वरूप प्रदान कर दिया है। जीवन के हर क्षेत्र और हर रंग में आज इंटरनेट की पैठ है।

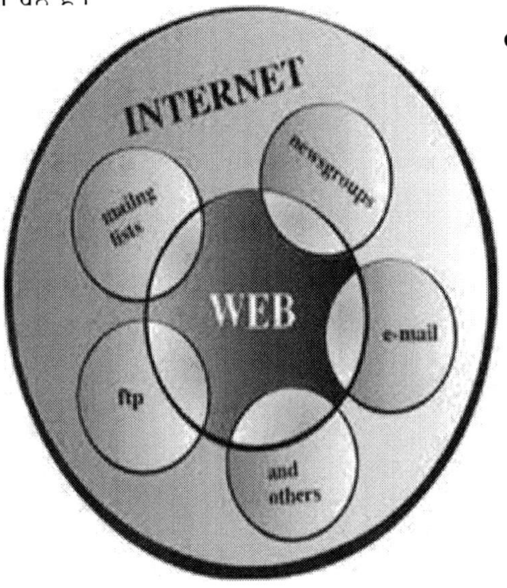

6

इंटरनेट और ई-मेल

जब सबसे पहले इंटरनेट का आविष्कार किया गया था तो किसी ने सोचा तक नहीं होगा कि इंटरनेट के कारण आने वाले समय में पत्र और चिट्ठियां अपनी पहचान खो देंगे और अधिकतर पत्र-व्यवहार, इंटरनेट के द्वारा ही होने लगेगा। जी हां हम बात कर रहे हैं ई-मेल की जिसने आज हमारी जिंदगी में अपनी एक अहम जगह बना ली है। आज ई-मेल का प्रयोग व्यक्तिगत विचारों के आदान-प्रदान के लिए तो करते ही हैं साथ ही इसका प्रयोग व्यावसायिक कार्यों में भी खूब होने लगा है। प्रस्तुत अध्याय में हम ई-मेल के विभिन्न पक्षों की चर्चा करेंगे।

इंटरनेट का ई-मेल के लिए सबसे पहले प्रयोग रे टॉमेलिनसन नामक अमेरिकी इंजीनियर ने किया था। उन्होंने इंटरनेट के प्रारंभिक संस्करण 'अपरा' का प्रयोग, संदेशों के आदान-प्रदान के लिए किया था। इसके लिए उन्होंने 'रिमोट पर्सनल मेल बॉक्स' का प्रयोग किया था। टॉमे लिनसन ने यह कारनामा सन् 1971 में किया था और उसके बाद से आज तक ई-मेल का प्रचलन इतना अधिक हो गया है कि अब हम ई-मेल के बिना इंटरनेट की कल्पना भी नहीं कर सकते हैं। आज इंटरनेट अगर इतना अधिक लोकप्रिय है तो इसका बहुत कुछ श्रेय ई-मेल को ही जाता है। आज दुनियाभर में कुल इंटरनेट ट्रैफिक का लगभग 60 प्रतिशत से भी अधिक हिस्सा, ई-मेल का ही है। ई-मेल के अत्याधिक प्रचलन व लोकप्रियता में व्यक्तिगत कंप्यूटर क्रांति और वर्ल्ड वाइड वेब का आविष्कार भी है। समूची दुनिया में आज डेढ़ हजार ई-मेल सेवा प्रदाता हैं जो कुल 85 देशों में फैले हुए हैं। ये सेवा प्रदाता लगभग 50 करोड़ लोगों को ई-मेल की सुविधा उपलब्ध करा रहे हैं।

'याहू' और 'हॉट मेल' आज दुनियाभर में ई-मेल के लिए सबसे अधिक प्रयुक्त की जाने वाली साइटें हैं। हॉटमेल सेवा का प्रादुर्भाव सन् 1995 में हुआ था और आरंभ से ही इसने विद्यार्थियों व व्यवसायियों को अपनी ओर आकर्षित कर लिया। ई-मेल

का प्रयोग करने के लिए आवश्यक नहीं है कि आपके पास अपना व्यक्तिगत कंप्यूटर हो। आप किसी साइबर कैफे में जाकर भी ई-मेल सेवा का लाभ उठा सकते हैं। आज गली-गली में साइबर कैफे खुल गए हैं और ये कैफे मुख्य रूप से ई-मेल के कारण ही चल रहे हैं। साइबर कैफों के कारण आम आदमी भी सूचना प्रौद्योगिकी से जुड़ गया है। इलेक्ट्रॉनिक मेल अर्थात् ई-मेल की लोकप्रियता के कई कारण हैं। यह साधारण डाक सेवा के मुकाबले बेहद तेज, सुगम और अपेक्षाकृत काफी सस्ता है। ई-मेल के जरिए पत्र ही नहीं अपितु चित्र, विडियो क्लिप, दस्तावेज और ध्वनि-संदेश भी एक स्थान से दूसरे स्थान तक भेजे जा सकते हैं। ई-मेल द्वारा कोई सामग्री भेजे जाने का एक और लाभ यह है कि भेजी गयी सामग्री, कंप्यूटर की मेमोरी में संरक्षित हो जाती है, जिसे हम भविष्य में कभी भी किसी भी रूप में प्रयोग कर सकते हैं।

ई-मेल सेवा का प्रयोग करने के लिए 3 अवयवों का होना आवश्यक है। ये तीन अवयव हैं—व्यक्तिगत कंप्यूटर, टेलीफोन और मोडेम। प्रयोगकर्ता के व्यक्तिगत कंप्यूटर को संचार नेटवर्क द्वारा मुख्य कंप्यूटर या मुख्य सर्वर से जोड़ा जाता है। ई-मेल सेवा युक्त सभी व्यक्तिगत कंप्यूटर इसी प्रकार मुख्य सर्वर से जुड़े होते हैं और इसी कारण सभी व्यक्तिगत कंप्यूटर प्रयोगकर्ता परस्पर संदेशों (सामग्री) का आदान-प्रदान कर पाते हैं। ई-मेल द्वारा कोई संदेश किसी को भेजना बेहद सरल होता है। सबसे पहले अपना ई-मेल खाता खोलें और फिर 'कम्पोज' बटन क्लिक करें। ऐसा करते ही एक पेज स्क्रीन पर उभर आयेगा। इस पेज पर सबसे ऊपर एक खाना बना होता है जिसमें उस व्यक्ति का ई-मेल आई डी (पता) टाइप करें जिसे ई-मेल भेजा जाना है। यदि भेजी जाने वाली सामग्री की प्रतिलिपि भी किसी को भेजनी हो तो उसका ई-मेल का पता, 'कॉपी टू' वाले खाने में टाइप कर दें। इसके बाद 'सब्जेक्ट' वाले खाने में भेजी जाने वाली सामग्री का विषय टाइप कर दें। फिर सबसे नीचे भेजी जाने वाली सामग्री टाइप कर दें। आप भेजी जाने वाली सामग्री को 'अटैचमेंट' के रूप में भी भेज सकते हैं। अटैचमेंट के रूप में आप वीडियो क्लिप, चित्र, पेंटिंग आदि भी भेज सकते हैं।

ई-मेल सेवा बेहद तीव्र होती है। ई-मेल के द्वारा कोई भी संदेश या सामग्री क्षण भर में ही दुनिया के किसी भी हिस्से में पहुंच सकती है। ई-मेल का एक और लाभ यह है कि जब हम किसी को ई-मेल संदेश भेजते हैं तो प्रापक का उसी समय इंटरनेट पर उपस्थित होना आवश्यक नहीं है। जब भी प्रापक अपना इंटरनेट सक्रिय करेगा उसे संदेश प्राप्त हो जायेगा। दरअसल जब भी किसी ई-मेल के खाते में कोई संदेश प्राप्त होता है तो कंप्यूटर द्वारा उसे 'मेल बॉक्स' या डेडिकेटेड मेमोरी में संरक्षित कर लिया जाता है। इस संरक्षित संदेश को कभी भी सुविधानुसार डाउनलोड किया जा सकता है। ई-मेल द्वारा एक ही संदेश को कई कंप्यूटरों पर अग्रसारित किया जा

सकता है। इस प्रकार ई-मेल द्वारा किसी संदेश के भेजने की प्रक्रिया के निम्नलिखित उचरण होते हैं :

1. संदेश निर्माण (मैसेज क्रिएशन)
2. संदेश स्थानांतरण (मैसेज ट्रांसफर)
3. संदेश प्रसारण (मैसेज डिलीवरी)

ई-मेल वास्तव में सुविधाओं का एक खजाना है। ई-मेल में हम अपने खाते की सुरक्षा के लिए पासवर्ड का भी इस्तेमाल कर सकते हैं। ऐसा करने पर कोई भी अन्य व्यक्ति हमारे ई-मेल खाते को संचालित नहीं कर पायेगा जिस कारण उसका दुरुपयोग संभव नहीं है। इसके अलावा ई-मेल में 'नॉन डिलीवरी नोटिफिकेशन' की सुविधा भी होती है। यदि किसी कारण प्रापक को ई-मेल संदेश की डिलीवरी नहीं हो पाती है तो संदेश भेजने वाले व्यक्ति को पता चल जाता है कि उसका ई-मेल संदेश वितरित नहीं हो सका है। ई-मेल का पता गलत होने पर अथवा प्रापक का ई-मेल खाता बन्द (ब्लाक) होने पर संदेश का वितरण नहीं हो पाता है। ई-मेल के और भी कई फायदे हैं। इसके द्वारा कोई सामग्री भेजे जाने पर उसका रिकॉर्ड रखने की कोई जरूरत नहीं होती है और रिकॉर्ड में संदेश भेजे जाने की तारीख के साथ-साथ समय का भी उल्लेख रहता है। इसी प्रकार संदेश प्राप्त करने वाले को भी दिनांक और समय का पता चल जाता है।

ई-मेल द्वारा संदेश भेजने और प्राप्त करने के लिए एक सॉफ्टवेयर की आवश्यकता पड़ती है जिसे मुफ्त में ही इंटरनेट से डाउनलोड किया जा सकता है। ई-मेल पर कुछ अतिरिक्त सेवाएं प्राप्त करने के लिए कुछ अन्य सॉफ्टवेयरों को बाजार से खरीदा भी जा सकता है। ई-मेल पर निम्नलिखित अतिरिक्त सेवाएं उपलब्ध होती हैं :

☆ भेजे गए संदेश को संग्रहीत करना,
☆ प्राप्त किये गए संदेश को संग्रहीत करना,
☆ भेजे जाने वाले संदेशों को विषयवार संगठित करना,
☆ भेजे जाने वाले संदेशों को प्रापकों के क्रमानुसार संगठित करना,
☆ फोल्डर तथा उप-फोल्डर बनाना।

इसमें कोई संदेह नहीं है कि ई-मेल आज संचार का सबसे सस्ता, सरल और लोकप्रिय साधन है। इसमें टेलीफोन की गति और क्षमता के साथ-साथ लिखित प्रारूप भी जुड़ा होता है और इस लिखित संदेश को संरक्षित (स्टोर) भी किया जा सकता है। ई-मेल द्वारा कोई संदेश भेजे जाते समय न तो समय कोई मायने रखता है और न ही गंतव्य की दूरी। इसके अलावा ई-मेल के द्वारा एक ही समय में एकाधिक उपयोगकर्ताओं से बात करना भी संभव है। ई-मेल की इन्हीं विशेषताओं ने ई-मेल

को आज संचार का सबसे सरल व लोकप्रिय माध्यम बना दिया है।

ई-मेल सेवा का उपयोग करने के लिए मात्र 3 चीजों की जरूरत पड़ती है—एक व्यक्तिगत कंप्यूटर, एक टेलीफोन कनेक्शन और एक मोडेम। इस सेवा को प्राप्त करने के लिए उपभोक्ता के टर्मिनल डिवाइस को एक कम्यूनिकेशन नेटवर्क द्वारा इस मुख्य कंप्यूटर से जोड़ा जाता है जिससे कि मुख्य कंप्यूटर व टर्मिनल डिवाइस में किसी दूसरे टर्मिनल डिवाइस से भेजे गए संदेश का आदान-प्रदान संभव हो पाता है। इस प्रकार मुख्य कंप्यूटर एक डाकघर की तरह कार्य करता है जो विभिन्न स्थानों से संदेश प्राप्त करके उन्हें आगे अग्रसारित करते हैं। ई-मेल सेवा प्रदाता द्वारा 'ई मेल क्लाइंट' नामक सॉफ्टवेयर का प्रयोग करते हैं जो संदेश (सामग्री) को प्राप्त करने, छांटने, भेजने और स्टोर करने का काम करता है। इस प्रक्रिया के लिए प्रत्येक उपभोक्ता के लिए मुख्य सर्वर में कुछ स्थान (मेमोरी) सुरक्षित कर दिया जाता है। यही सुरक्षित मेमोरी, प्रयोगकर्ता के कंप्यूटर से संदेश प्राप्त करते समय डाकखाने का कार्य करती है। यही कारण है कि इसे 'मेल बॉक्स' कहा जाता है। ई-मेल सेवा का लाभ उठाने के लिए प्रत्येक प्रयोगकर्ता को अपने कंप्यूटर के जरिए इस मेल बॉक्स से जुड़ना पड़ता है।

ई-मेल अर्थात् इंटरनेट के माध्यम से संदेश को भेजना या प्राप्त करना आज काफी लोकप्रिय हो गया है। इसके द्वारा कंप्यूटर पर बनाई गई ग्राफिक्स, टेक्स्ट और ऐनीमेटिड फिल्मों आदि की फाइलों को भी आसानी से भेजा और प्राप्त किया जा सकता है। ई-मेल ने आम जनजीवन में इतनी अधिक घुसपैठ कर ली है कि अब डाकिये का स्थान ई-मेल ने ले लिया है। हमारे देश में ई-मेल की सुविधा बी.एस. एन.एल., एम.टी. एन.एल., मंत्रा ऑनलाइन, नेट फॉर ऑनलाइन और सत्यम जैसी एजेंसियां उपलब्ध करा रही हैं। इंटरनेट पर ई-मेल का पता मुफ्त होता है इसलिए ऐसे लोग भी अपना ई-मेल का पता रखते हैं जिनके पास अपना व्यक्तिगत कंप्यूटर नहीं है। ई-मेल का प्रयोग करने के लिए आपके पास अपना कंप्यूटर होना आवश्यक नहीं है। आप किसी अन्य के कंप्यूटर अथवा साइबर कैफे के कंप्यूटरों से भी इस सुविधा का लाभ उठा सकते हैं। साइबर कैफों की लोकप्रियता के कारण ही कल के लगभग सभी पीसीओ बूथ आज साइबर कैफों में बदल चुके हैं। आज हमारे देश के महानगरों, शहरों और कस्बों के साथ-साथ गांव तक भी इंटरनेट और ई-मेल से जुड़ गए हैं।

ई-मेल पता : ई-मेल की सुविधा का इस्तेमाल करने के लिए आवश्यक है कि प्रत्येक प्रयोगकर्ता का अपना एक ई-मेल खाता हो और प्रत्येक खाते का एक पता होता है जिसे 'ई-मेल पता' कहते हैं। ई-मेल पते को आम बोलचाल की भाषा में 'ई-मेल आई डी' भी कहते हैं।

ई-मेल खाता खोलने के लिए प्रत्येक प्रयोगकर्ता को एक कूट नाम दिया जाता है जिसे 'ई-मेल आई.डी.' (आइडेंटिफिकेशन) कहा जाता है। प्रत्येक ई-मेल आई. डी. के दो भाग होते हैं। पहले भाग में प्रयोगकर्ता का नाम अथवा कूटनाम होता है और दूसरे भाग में सेवा प्रदाता सर्वर का नाम होता है। इन दोनों भागों को '@' संकेत के द्वारा परस्पर जोड़ा जाता है। उदाहरण के लिए, यदि 'स्वप्निल भारत' नामक संस्था अपनी ई-मेल आई.डी., याहू नामक वेबसाइट/सर्वर पर बनाना चाहती है तो उसका ई-मेल आई.डी. निम्नलिखित प्रकार से होगा :

swapnil@yahoo.com

कुछ संस्थाएं अपनी स्वयं ही वेबसाइट बना लेती हैं और फिर इसके सर्वर पर सदस्यों/कर्मचारियों के ई-मेल पते बना दिये जाते हैं। उदाहरण के लिए 'स्वप्निल भारत' की कर्मचारी सोनी का ई-मेल पता निम्नलिखित प्रकार से होगा :

soni@swapnil-bharat

ई-मेल का इस्तेमाल करते समय शालीन भाषा का प्रयोग किया जाना चाहिए ताकि किसी की भावनाएं आहत न हों। संदेश सरल भाषा में होना चाहिए ताकि उसे सुगमता के साथ पढ़ा जा सके। अपने 'ई-मेल बॉक्स' को नियमित रूप से चैक करते रहें और प्राप्त होने वाले संदेश का उत्तर देने का प्रयास करें लेकिन अनजान ई-मेल का उत्तर देने से बचें क्योंकि वे कोई वायरस भी हो सकते हैं। जहां तक संभव हो सके, ई-मेल संदेशों में लोअर-केस का इस्तेमाल करें क्योंकि इंटरनेट पर इसी की मान्यता अधिक है।

ब्लैकबेरी द्वारा ई-मेल : आजकल ब्लैकबेरी शब्द काफी प्रचलन में है और इसके चर्चा में होने का कारण है इसके गलत इस्तेमाल होने की आशंका। देश की सुरक्षा एजेंसियों ने केन्द्रीय गृह मंत्रालय को एक रिपोर्ट सौंपी है, जिसमें कहा गया है कि कुछ आतंकवादी संगठन और हवाला ऑपरेटर, ब्लैकबेरी सेवा का दुरुपयोग कर रहे हैं। इसलिए जरूरत इस बात की है कि ब्लैकबेरी सेवा के कंटेंट की निगरानी के लिए पुख्ता इंतजाम किये जाएं।

सरकार अब ब्लैकबेरी के जरिए भेजे जाने वाले ई-मेल के संदेशों पर निगरानी का काम किसी विदेशी कंपनी को सौंपने जा रही है। सरकार द्वारा किए जाने वाले उपायों को ब्लैकबेरी सेवा प्रदाता तकनीक लाइसेंस रखने वाली रिसर्च-इन-मोशन (रिम) के इस बयान से भी बल मिल है, जिसमें उसने कहा है कि उसके पास इस माध्यम से संचारित संदेशों को पढ़ने की कोई प्रणाली नहीं है।

रिम ने कहा है कि उसके पास ब्लैकबेकरी पर भेजे संदेशों को पढ़ने की कोई प्रणाली नहीं है। कुछ अन्य कंपनियां इसके लिए आगे आई हैं और हम उनकी मदद ले सकते हैं। मालूम हो कि ब्लैकबेरी के माध्यम से सब्सक्राइबर मोबाइल के जरिए

ही ई-मेल को एसएमएस के रूप में भेज अथवा प्राप्त कर सकते हैं। देश में ब्लैकबेरी सेवा तब आधिकारिक तौर पर निगरानी में आ गई जब संचार विदेशों में स्थापित सर्वरों के माध्यम से संदेशों का आदान-प्रदान होने लगा और देश की सुरक्षा एजेंसियां इसे रोक पाने में नाकाम रहीं। कुछ स्विस और कनाडाई कंपनियां हैं, जिन्होंने ब्लैकबेरी जैसी सेवाओं पर निगरानी के लिए सॉफ्टवेयर बनाने का दावा किया है। इसके पूर्व दूरसंचार विभाग (डॉट) ने कहा था कि वह केवल भारतीय मोबाइल ऑपरेटरों से बातचीत करेगा क्योंकि उसने उनहें ही मोबाइल सेवा प्रदान करने के लिए लाइसेंस दिया है। डॉट ने स्पष्ट किया कि वह ब्लैकबेरी वेंडर रिम के साथ कोई बातचीत नहीं करेगा। दूसरी ओर मोबाइल ऑपरेटरों ने यह कहते हुए गेंद डॉट के पाले में डाल दी कि ब्लैकबेरी मामला रिम और सरकार के बीच का मुद्‌दा है और उम्मीद है कि जल्द ही इसका कोई न कोई समाधान निकल जाएगा। हाल ही में स्विस कंपनी यूटिमाको ने सेफगार्ड का नया वर्जन जारी किया है, जिससे ब्लैकबेरी से भेजे गए सभी प्रकार के ई-मेल को पढ़ा जा सकता है।

ई-मेल खाते की सुरक्षा : आपके ई-मेल खाते का कोई अनाधिकृत व्यक्ति दुरुपयोग न करें, इसके लिए जरूरी है कि आप अपने ई-मेल खाते को पासवर्ड द्वारा सुरक्षित कर लें। अक्सर कई मेल एकाउंट और आईडी होने की वजह से इस बात को लेकर कंफ्यूजन हो जाता है कि कौन सा ई-मेल आईडी और पासवर्ड किसका है। गौरव के प्रत्येक सोशल नेटवर्किंग साइटों के लिए अलग पासवर्ड और आईडी है, वहीं ऑनलाइन शॉपिंग करने के लिए अलग आईडी और पासवर्ड। ऐसे में इन सबको मैनेज करने को लेकर समस्या उत्पन्न हो जाती है। ऐसे में अगर वह सारे ई-मेल अकाउंट के लिए एक पासवर्ड रखता है, तो उसके किसी परिचित के लिए इसे हैक करना आसान काम हो सकता है। ऐसे में अगर किसी खास के नाम पर, अपने मोबाइल या फोन नंबर को आधार मानकर पासवर्ड रखते हैं तो इसे भी किसी के द्वारा आसानी से पकड़ा जा सकता है। अब समया उठती है कि किया क्या जाए। क्योंकि ऐसा पासवर्ड बनाना है जो ध्यान में भी रहे और उसे आसानी से तोड़ा भी न जा सकें। ऐसे में कुछ टिप्स अपनाकर अपने पासवर्ड को और सुरक्षित और सिक्योर बना सकते हैं।

☆ वेबसाइट द्वारा सुझाए गए नाम के चार शब्दों के साथ, अपने दोस्त के चार नंबर और पीछे जोड़ सकते हैं।

☆ कोशिश करें कि अपने किसी नए पासवर्ड को पुराने की तरह न बनाएं। मसलन यदि पासवर्ड gaurav12 है तो दूसरा पासवर्ड gaurav13 न बनाएं।

☆ अपनी पत्नी, पेरेंटस के नाम, पालतू जानवर, घर का पता, 123456, abcdef, हाईस्कूल के नंबर कमजोर पासवर्ड की श्रेणी में आते हैं।

☆ आदर्शतः अपने पासवर्ड को तीन से चार महीनों में बदलते रहे। हालांकि यह मुश्किल काम है लेकिन इससे पासवर्ड को हैक करने के रिस्क को काफी हद तक टाला जा सकता है।

☆ तीन छोटे सरल शब्दों को मिलाकर नया पासवर्ड। मसलन dotoso

☆ एक ऐसा शब्द जो किसी पिक्चर, नोवल से लिया गया हो लेकिन लंबे समय से आपके दिमाग में बैठा हो तो बतौर पासवर्ड इस्तेमाल कर सकते हैं।

☆ अपना पासवर्ड लंबा रखें, कोशिश करें कि कम से कम यह आठ कैरेक्टर का हो। क्योंकि पासवर्ड जितना लंबा होगा, उतना ही मुश्किल इसे क्रेक करना होगा।

आमतौर पर माना जाता है कि ई-मेल की सुविधा प्राप्त करने के लिए आवश्यक है कि आपका अपना एक ई-मेल खाता हो, लेकिन वास्तव में ऐसा होना आवश्यक नहीं है। अगर आपके पास ई-मेल खाता नहीं है तो भी कई ऐसी वेबसाइटें हैं, जिनके द्वारा आप निःशुल्क ई-मेल प्राप्त कर सकते हैं। हॉटमेल, वेबदुनिया, सत्यम ऑनलाइन, रेडिफमेल और याहू आदि ऐसी ही वेबसाइटें हैं। ई-मेल का इस्तेमाल करने के लिए एक ई-मेल ब्राउजर की जरूरत होती है। इसके लिए माइक्रोसॉफ्ट आउटलुक एक्सप्रेस, माइक्रोसॉफ्ट आउटलुक, नेटस्केप, इंटरनेट मेल और चूडोरा आदि ब्राउजरों का प्रयोग किया जा सकता है।

ई-मेल के द्वारा आजकल कई। अत्याधुनिक सुविधाएं भी प्रयोगकर्ताओं को उपलब्ध हो गयी हैं। वॉयस चैट, नेट पेजर और यूनिवर्सल ई-मेल ऐसी ही कुछ अत्याधुनिक सुविधाएं हैं। वॉयस चैट द्वारा इंटरनेट पर एक ही समय पर कई लोगों से बात की जा सकती है। इस सुविधा का उपयोग करने के लिए एक माइक्रोफोन, स्पीकर्स और एक सॉफ्टवेयर की जरूरत पड़ती है। नेट-पेजर, ई-मेल का और भी तेज संस्करण है। इसके लिए दोनों ही कंप्यूटरों में एक विशेष सॉफ्टवेयर की आवश्यकता पड़ती है। स्पष्ट है कि ई-मेल ने आज हमारे जीवन में गहरी घुसपैठ कर ली है और इसके बिना आज हम जीवन की कल्पना भी नहीं कर सकते हैं।

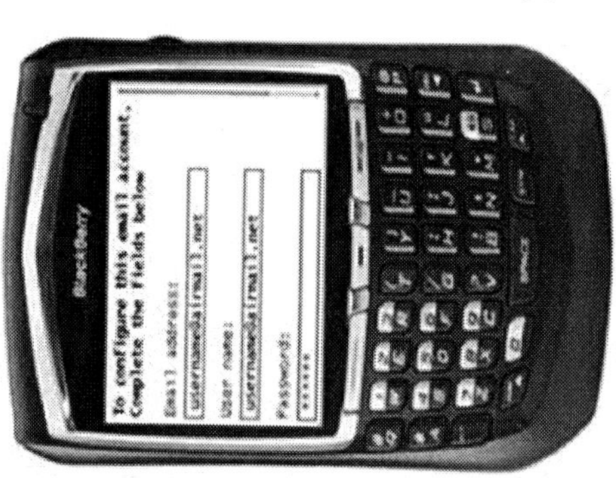

7

इंटरनेट और ई-कामर्स

इंटरनेट के प्रभाव से जब जीवन का कोई भी क्षेत्र अछूता नहीं है तो भला वाणिज्य जैसा महत्त्वपूर्ण क्षेत्र इससे अप्रभावित कैसे रह सकता है। यही कारण है कि इंटरनेट ने वाणिज्य अर्थात् कॉमर्स के क्षेत्र में भी अपनी पैठ स्थापित करली है। इंटरनेट सेवा का प्रयोग वाणिज्य में करने को ही ई-कामर्स कहते हैं। इंटरनेट ने वर्तमान व्यावसायिक जगत को एक नया आयाम प्रदान किया है। इंटरनेट के जरिए कोई भी व्यापारी या उद्योगपति उन लाखों लोगों तक सीधे पहुंच सकता है जो इंटरनेट का प्रयोग करते हैं। इसके जरिये व्यापारी/उत्पादक अपने उत्पाद या सेवाओं की विस्तृत जानकारी भी सीधे उपभोक्ताओं तक पहुंचा सकता है। उपभोक्ताओं को घर बैठे ही मूल्यवान जानकारी मिल जाती है जिस कारण वाणिज्य के क्षेत्र में इंटरनेट आज बेहद लोकप्रिय हो रहा है। इंटरनेट के कारण निर्माताओं और उपभोक्ताओं के बीच सीधा संपर्क स्थापित हो गया है जिस कारण बिचौलियों का प्रभुत्व समाप्त हो गया है। इस कारण उपभोक्ताओं को सेवा या उत्पाद, अपेक्षाकृत कम कीमत पर उपलब्ध हो रहे हैं।

सवाल है कि ई-कामर्स कहते किसे हैं। किसी भी व्यवसाय या उद्योग के प्रमुख क्रियाकलापों को जब सूचना-तकनीक या इंटरनेट के माध्यम से संपादित किया जाता है तो उसे ई-कामर्स कहते हैं। ई-कामर्स में वाणिज्य की लगभग सभी क्रियाएं, इलैक्ट्रॉनिक तरीके से पूरी की जाती हैं। इसका सबसे बड़ा लाभ यह है कि इसके द्वारा आप सप्ताह के सातों दिन और चौबीसों घण्टे खरीदारी कर सकते हैं। ई-कामर्स के कारण समय और दूरी की सीमाएं समाप्त हो चुकी हैं। ई-कामर्स के अंतर्गत सूचना प्रौद्योगिकी के विभिन्न साधनों जैसे इंटरनेट, ई-मेल, वर्ल्ड वाइड वेब, इलैक्ट्रॉनिक डाटा इंटरचेंज आदि का इस्तेमाल किया जाता है। ई-कामर्स, व्यापार का एक नया माध्यम है। इसका प्रादुर्भाव अभी हाल ही में सन् 1970 में हुआ था। प्रारंभ में कंप्यूटर का इस्तेमाल केवल सूचनाओं के आदान-प्रदान के लिए ही होता था लेकिन फिर व्यापारिक डाटा

का स्थानांतरण भी कंप्यूटर के द्वारा होने लगा और आजकल तो सभी महत्त्वपूर्ण व्यापारिक गतिविधियां, कंप्यूटर या इंटरनेट के माध्यम से ही चलाई जा रही हैं।

ई-कामर्स के अंतर्गत आजकल न केवल वस्तुओं को खरीदा और बेचा जाता है अपितु विज्ञापन और प्रचार-प्रसार के लिए भी इंटरनेट का इस्तेमाल किया जाता है। इसके अलावा व्यापारी और ग्राहक के बीच सीधा संपर्क बनाने के लिए भी इंटरनेट का इस्तेमाल किया जाता है। आजकल कई ऐसे व्यापारिक घराने हैं जो केवल इंटरनेट के माध्यम से ही अपनी व्यापारिक गतिविधियां चलाते हैं। ई-कामर्स के अंतर्गत, व्यापार कई स्तरों पर होता है जैसे—बिजनेस टू बिजनेस (B2B), बिजनेस टू कन्ज्यूमर (B2C), कन्ज्यूमर टू कन्ज्यूमर (C2C), बिजनेस टू गवर्नमेंट, गवर्नमेंट टू कन्ज्यूमर और आंतरिक प्रॉक्यूरमेंट आदि।

बिजनेस टू बिजनेस : यह ई-कामर्स का एक उच्च स्तर है। इसमें दो व्यापारी ही परस्पर लेन-देन करते हैं। उदाहरण के लिए, मारुति उद्योग अपने आपूर्तिकर्ताओं (टायर, टयूब, शीशा आदि आपूर्ति करने वाले) से संपर्क स्थापित करती है। यहां मारुति उद्योग और उसे स्पेयर पार्ट्स की आपूर्ति करने वाले आपूर्तिकर्ता, दोनों ही व्यापारिक समूह हैं। 'बिजनेस टू बिजनेस' ई-कामर्स के कारण व्यापारिक घरानों की लागत में काफी कमी आयी है और उसके समय की भी भारी बचत हो रही है। आजकल बहुत सी कंपनियां इस माध्यम का लाभ उठा रही हैं।

बिजनेस टू कन्ज्यूमर : यह भी ई-कामर्स का एक बेहद लोकप्रिय माध्यम है। इसके अंतर्गत सीधे ग्राहक से संपर्क स्थापित करके व्यापार किया जाता है। वास्तव में देखा जाए तो यह टेलीशॉपिंग और मेल-ऑर्डर आदि का ही आधुनिक संस्करण है। परंपरागत रूप से उत्पादक, डीलर नेटवर्क के जरिए अपने ग्राहकों से संपर्क स्थापित करता है लेकिन अत्याधुनिक युग में उत्पादक, इंटरनेट या ई-मेल के जरिए सीधे ही अपने ग्राहकों से संपर्क स्थापित कर लेता है और इसी को 'बिजनेस टू कन्ज्यूमर' ई-कामर्स कहते हैं। आजकल अधिकतर बड़ी-बड़ी कंपनियां, अपने उत्पाद या सेवाओं की जानकारी अपने ग्राहकों या उपभोक्ताओं को इंटरनेट के जरिए ही देते हैं।

ई-कामर्स का लाभ केवल उत्पादकों को ही नहीं होता है अपितु ग्राहक भी इससे लाभ उठाते हैं। ग्राहक को जिस चीज की जरूरत होती है, वह उस चीज को इंटरनेट पर सर्फ (सर्च) करता है और फिर उसे इंटरनेट पर ही खरीद लेता है। ई-कामर्स के लाभ इतने अधिक विस्तृत हैं कि उसे किसी एक परिभाषा में बांधना भी संभव नहीं है। ई-कामर्स को व्यवसाय की एक ऐसी यथाक्रम पद्धति के समतुल्य माना जाता है जिसमें कि प्रयोगकर्ता, संगठन की जरूरतों के मुताबिक विभिन्न तकनीकों एवं मूल्यवर्द्धक सेवाओं का समावेश किया जा सकता हो।

विभिन्न कार्पोरेट घरानों ने भी ई-कामर्स को परिभाषित करने का प्रयास किया

है। 'आई.बी.एम. कार्पोरेशन' के मुताबिक ''क्रेताओं और विक्रेताओं के मध्य, व्यवसाय-क्रिया के स्वचालन को ही ई-कामर्स कहते हैं।'' इसके कारण सूचनाओं व जानकारियों का त्वरित प्रेषण संभव हो पाता है जिसका लाभ, क्रेता और विक्रेता दोनों को होता है। कहा जा सकता है कि ई-कामर्स किसी एक तकनीक का नाम नहीं है, अपितु यह विभिन्न तकनीकों का एक सम्मिश्रण है। इसमें विभिन्न व्यावसायिक सेवाओं को एकीकृत करके एक नये प्रारूप में प्रस्तुत किया जाता है।

बिजनेस टू गवर्नमेंट (बी टू जी) : विभिन्न कारणों और उद्देश्यों के लिए कार्पोरेट हाउसों को सरकारी विभागों से व्यवहार करना पड़ता है। जब कोई कार्पोरेट हाउस या निजी कंपनी, सरकारी विभाग से व्यवहार में इंटरनेट का प्रयोग करती है तो उसे 'बिजनेस टू गवर्नमेंट' कहते हैं। इसके अंतर्गत टैक्स रिटर्न भरना और लायसेंस आदि का नवीनीकरण आदि आता है।

गवर्नमेंट टू कन्ज्यूमर : आजकल सरकारी विभाग भी जनता से संपर्क कायम करने के लिए इंटरनेट की विभिन्न सेवाओं का खूब प्रयोग कर रहे हैं। यह सब 'गवर्नमेंट टू कन्ज्यूमर' के अंतर्गत आता है। इसके अंतर्गत निम्नलिखित क्रियाकलाप आदि आते हैं :

- ☆ भू-राजस्व का रिकार्ड
- ☆ भूमि आदि का रिकार्ड
- ☆ भूमि खरीद-फरोख्त के कागजात
- ☆ ड्राइविंग लायसेंसों का निर्माण
- ☆ पासपोर्ट बनाना
- ☆ विभिन्न लायसेंसों, पासपोर्टों आदि का नवीनीकरण
- ☆ संपत्ति कर, आयकर आदि का निर्धारण
- ☆ विभिन्न प्रकार के करों को जमा करवाना।

इंटरनल प्रोक्योरमेंट : आज ऐसी कंपनियों की कोई कमी नहीं है जो अपने 'इंटरप्राइज रिसोर्स प्लानिंग' को वेबसाइट के जरिए जोड़कर व्यापार कर रही हैं। इस प्रकार की गतिविधि को 'इंटरनल प्रोक्योरमेंट' कहते हैं। इसके लिए कंपनी एक ई-कामर्स वेबसर्वर की स्थापना करती है। सन सिस्टम, आरेकल, माइक्रोसॉफ्ट, सिक्योर मंत्रा और सत्यम जैसी कंपनियों ने अपने ई-कामर्स वेब सर्वरों की स्थापना की है।

ई-कामर्स में भुगतान : किसी भी नये व्यक्ति के लिए यह एक कौतुहल का विषय होता है कि ई-कामर्स के जरिये व्यापार करने में भुगतान किय प्रकार और किस रीति से किया जाता है। इंटरनेट पर किसी भी प्रकार के भुगतान के लिए 'पेमेंट गेटवे' का इस्तेमाल किया जाता है। 'पेमेंट गेटवे' ही वह माध्यम है जो ग्राहक और ई-कामर्स की सुविधा देने वाले वेब पोर्टल (कंपनी या बैंक आदि) के बीच एक सुरक्षित

व विश्वसनीय मध्यस्थ का कार्य करता है। 'पेमेंट गेटवे' के जरिए वेब पोर्टल, कंपनी या बैंक को निम्नलिखित सुविधाएं प्राप्त होती हैं :

- ☆ ग्राहकों के प्लास्टिक कार्ड के पासवर्ड की गोपनीयता बनाए रखना
- ☆ प्लास्टिक कार्ड संबंधी विभिन्न जानकारियों की गोपनीयता की गारंटी
- ☆ क्रेडिट कार्ड की विश्वसनीयता का पता लगाना
- ☆ यह पता लगाना कि ग्राहक के खाते में अपेक्षित राशि है या नहीं
- ☆ ग्राहक के खाते से रकम को कंपनी के खाते में पूरी जिम्मेदारी के साथ जमा करवाना
- ☆ ग्राहक की गोपनीयता को हर स्थिति में बनाए रखना।

ई-कामर्स के क्षेत्र में 'पेमेंट गेटवे' का कार्य बेहद जिम्मेदारी भरा होता है। जरा सी असावधानी से जहां कंपनी की साख को बट्टा लग सकता है वहीं ग्राहक को भी आर्थिक नुकसान हो सकता है। यही कारण है कि लगभग सभी 'पेमेंट-गेटवे' अपना काम बेहद सुरक्षित व गोपनीय तरीकों से करते हैं। इस प्रकार कार्य करने की तकनीक को 'सिक्योर्ड इलैक्ट्रॉनिक टेक्नोलॉजी' कहा जाता है। इस तकनीक का प्रयोग करने पर ग्राहक की कार्ड संख्या, उसकी व्यक्तिगत सूचनाओं और पासवर्ड आदि का पता किसी अवांछनीय व्यक्ति को नहीं लग पाता है। ग्राहक तथा उसके प्लास्टिक कार्ड से संबंधित सूचनाओं को 'पेमेंट गेटवे', इंटरनेट के जरिये एक स्थान से दूसरे स्थान पर कभी नहीं भेजता है बल्कि इसके लिए वह अपठनीय भाषा के संकेतों (एनक्रिप्टिड) के द्वारा संचार करता है। ऐसा करने पर ग्राहक संबंधी विभिन्न सूचनाओं की गोपनीयता सदैव बनी रहती है।

पेमेंट गेटवे के जरिये भुगतान करना एक जटिल प्रक्रिया होती है, जिसे समझना भी कठिन होता है। इस भुगतान-प्रणाली में प्रत्यक्ष या परोक्ष रूप से अग्रलिखित पक्ष संबद्ध होते हैं :

1. विक्रेता (सेवा या उत्पाद प्रस्तुत करने वाली कंपनी)
2. क्रेता (ग्राहक या उपभोक्ता)
3. क्रेडिट या डेबिट कार्ड जारी करने वाली संस्था या बैंक
4. पेमेंट-गेटवे सेवा प्रदाता कंपनी
5. इस भुगतान प्रणाली पर नजर रखने वाला सरकारी विभाग।

भारतीय रिजर्व बैंक, भारत में ई-कामर्स पर नियंत्रण रखने वाली प्रमुख नियामक संस्था है। ई-कामर्स की गतिविधियां प्रारंभ करने वाली संस्था को सबसे पहले भारतीय रिजर्व बैंक से इसकी अनुमति लेनी पड़ती है। ई-कामर्स प्रारंभ करने वाली कंपनी को इतना सक्षम भी होना चाहिये कि वह विश्व के किसी भी कोने से क्रेडिट कार्ड के जरिए भुगतान प्राप्त कर सके और बदले में उत्पाद या सेवा की आपूर्ति कर सके। जब कोई

ग्राहक या उपभोक्ताकिसी उत्पाद या सेवा को खरीदने के लिए कंपनी की वेबसाइट पर जाता है तो वेबसाइट उसे एक विशेष पेज पर ले जाती है जहां ग्राहक/उपभोक्ता को प्लास्टिक कार्ड से संबंधित विभिन्न जानकारियां दर्ज करनी होती हैं। यह विशेष पेज, 'पेमेंट गेटवे' सेवा प्रदाता कंपनी द्वारा ही उपलब्ध कराया जाता है। यहां पर पेमेंट-गेटवे, प्लास्टिक-कार्ड की सभी जानकारियों को एनक्रिप्ट कर देता है ताकि ग्राहक की जानकारियों की गोपनीयता बनायी रखी जा सके। यह सारा काम वेबसाइट ही करती है। इसके बाद वह इस विशेष पेज को पेमेंट गेटवे को भेज देती है। इस विशेष पेज के साथ वेबसाइट अपना मर्चेन्ट आई.डी.' भी भेजती है ताकि इस विशेष पेज का कोई दुरुपयोग न हो सके। जब पेमेंट-गेटवे को सारी जानकारी प्राप्त हो जाती है तो वह इसे अपने निजी तंत्र के द्वारा 'क्रेडिट कार्ड प्रोसेसर्स' को भेज देता है। यहां यह जानकारी उस बैंक को भेजी जाती हैं जहां से वह क्रेडिट कार्ड जारी हुआ होता है। बैंक क्रेडिट कार्ड धारक के खाते में अपेक्षित राशि की जानकारी प्राप्त करता है और यदि धारक के खाते में अपेक्षित राशि उपलब्ध होती है तो यह सूचना तुरंत वेबसाइट तक पहुंचा दी जाती है जहां ग्राहक के आर्डर को स्वीकृत कके भुगतान प्राप्त कर लिया जाता है।

भारत में ई-कामर्स : हालांकि भारत में ई-कामर्स को प्रारंभ हुए अधिक समय नहीं बीता है लेकिन इसकी विकास-दर हमारे यहां काफी अधिक है। अब अधिक से अधिक व्यापारिक घराने, ई-कामर्स के क्षेत्र में उतर आए हैं क्योंकि ई-कामर्स के कारण व्यापार को तुलनात्मक रूप से काफी तेजी से विकास के पथ पर ले जाया जा सकता है। भारत में ई-कामर्स के बढ़ते उपयोग का एक प्रमुख कारण कंप्यूटरों की घटती कीमतें और इंटरनेट का बढ़ता प्रयोग भी है। यदि हमारे यहां प्लास्टिक कार्ड धारकों की संख्या कुछ और बढ़ जाए तथा विभिन्न क्रेडिट एजेंसियां समान भुगतान नियम बना लें तो कोई कारण नहीं कि ई-कामर्स की गति को और भी पंख लग जाएंगे।

चूंकि भारतीय बाजार बेहद विशाल है इसलिए अधिक से अधिक कंपनियां, हमारे यहां रुचि दिखा रही हैं। माइक्रोसॉफ्ट, आई.बी.एम. और याहू जैसी बड़ी कंपनियां, भारत में ई-कामर्स को बढ़ावा देने को लगातार प्रयास कर रही हैं। भारत की सबसे पहली ई-कामर्स साइट, रेडिफ डॉट कॉम थी। वैसे माना जाता है कि ई-कामर्स के मामले में भारत अभी शैशवावस्था में ही है। जिस प्रकार एक जमाने में भारतीय कंपनियां, पर्सनल कंप्यूटर खरीदने के लिए सोचती थीं, ठीक वैसे ही आज कंपनियां, ई-कामर्स के क्षेत्र में उतरने से पहले सोचती हैं। लेकिन इसमें कोई संदेह नहीं कि भविष्य में सभी कंपनियां, अपने उत्पादों के विपणन व वितरण के लिएई-कामर्स को एक अस्त्र के रूप में प्रयोग करने लगेंगी क्योंकि इसकी मारक क्षमता बेहद प्रभावशाली है।

यदि आज ई-कामर्स का बाजार बेहद तेजी से बढ़ रहा है तो इसके अपने कारण

हैं। ई-कामर्स के कारण ग्राहकों के पास अपनी पसंद का उत्पाद खरीदने के लिए एक बड़ी रेंज उपलब्ध होती है। इसके अलावा ई-कामर्स के द्वारा खरीदारी करना ग्राहकों को अपेक्षाकृत सस्ता भी पड़ता है। माना जा रहा है कि कुछ वर्षों बाद ही भारत का ई-कामर्स, विकसित देशों की बराबरी कर लेगा। भारत में 'बी 2 बी' (बिजनेस टू बिजनेस), ई-कामर्स का प्रमुख चालक होगा। इसके अलावा 'बी 2 सी' (बिजनेस टू कन्ज्यूमर) भी भारत में इसके विकास में मुख्य भूमिका निभायेगा। हालांकि भारत में ई-कामर्स अभी नया ही है लेकिन हमारे उद्यमियों को इसकी क्षमता और इसके बेशुमार लाभों का भली-भांति ज्ञान हो चुका है इसलिए वे इसका प्रयोग प्रारंभ करने को लालायित हैं। ई-कामर्स की बेहद तेजी से प्रगति का आधार, इसके चमत्कारिक लाभ हैं। ई-कामर्स के कुछ प्रमुख लाभ अग्रलिखित हैं :

1. बाजार की भौगोलिक सीमा का विस्तार (विश्व स्तर पर)
2. बाजार की समय सीमा का विस्तार (24 घण्टे)
3. चयन हेतु एक विस्तृत रेंज उपलब्ध
4. उत्पादों का तुलनात्मक अध्ययन करना सरल
5. समय की बचत
6. बाजार आने-जाने के झंझट से मुक्ति
7. प्रतिस्पर्धात्मक व्यापार के कारण ग्राहकों को लाभ
8. नये-नये उत्पादों की ग्राहकों को घर बैठे जानकारी
9. विभिन्न उत्पादों पर मिलने वाली छूट की ग्राहकों को तुरंत जानकारी
10. व्यापारिक प्रतिविधियों में तेजी के कारण व्यापारियों को लाभ
11. आधारभूत संरचना की आवश्यकता नहीं इसलिए व्यापारियों के खर्चों में भारी कमी
12. व्यापार की असीम संभावनाएं
13. विभिन्न व्यापारियों के मध्य परस्पर सहयोग में वृद्धि
14. व्यापारिक सूचनाओं का तीव्र आदान-प्रदान
15. नये बाजारों तक व्यापारियों की पहुंच
16. व्यापारी-ग्राहक संबंध व संपर्क में बढ़ोत्तरी

इस प्रकार स्पष्ट है कि ई-कामर्स का लाभ न केवल व्यापारियों को मिलता है बल्कि ग्राहकों को भी इससे काफी लाभ प्राप्त होते हैं। हालांकि ई-कामर्स का भविष्य काफी सुनहरा है लेकिन इसकी राह में कुछ समस्याएं भी हैं। इस सबके बावजूद ई-कामर्स काफी तेजी से विकसित हो रहा है क्योंकि इसके जरिए ग्राहक जहां एक ओर विभिन्न उत्पादों का तुलनात्मक अध्ययन कर सकते हैं वहीं उन्हें उत्पाद घर बैठे ही मिल जाता है तथा उन्हें बाजार आदि जाने की जरूरत नहीं पड़ती है।

और अब एम-कॉमर्स : ई-कामर्स के साथ ही अब एम-कामर्स भी भारतीय बाजार में बहुत तेजी से पैर पसारता जा रहा है। एम-कामर्स में सारा व्यापारिक लेन-देन मोबाइल फोन के जरिए होता है। इस प्रकार एम-कामर्स का अर्थ हुआ मोबाइल फोन के जरिए व्यापार। यह ई-कामर्स से भी ज्यादा सुविधाजनक होता है क्योंकि मोबाइल फोन के जरिए आप कहीं से भी व्यापारिक लेन-देन कर सकते हैं, अपने इच्छित उत्पाद का आर्डर दे सकते हैं और अपने ग्राहकों से सीधी बात कर सकते हैं। ई-कामर्स के मुकाबले एम-कामर्स कहीं अधिक सुविधाजनक है क्योंकिः

1. यह अपेक्षाकृत सस्ता पड़ता है,
2. इंटरनेट के मुकाबले मोबाइल फोन की पहुंच अधिक है,
3. आज मोबाइल फोन गांव-गांव तक पहुंच चुका है,
4. हर हाथ में आज मोबाइल फोन है।

भारतीय मोबाइल बाजार आज बहुत तेजी से विकसित हो रहा है इसलिए एम-कामर्स के क्षेत्र में विकास की असीम संभावनाएं हैं। गार्टर इंक नामक शोध एजेंसी का कहना है कि सन् 2012 तक भारत में मोबाइल प्रयोगकर्ताओं की संख्या 74 करोड़ को भी पार कर जायेगी। अभी हमारे यहां लगभग 27 करोड़ मोबाइल फोन हैं और इस क्षेत्र में 21 फीसदी सालाना की दर से वृद्धि हो रही है। आज हमारे यहां प्रत्येक 10 व्यक्तियों में से 5 के पास मोबाइल फोन है जबकि सन् 2012 में प्रत्येक 10 व्यक्तियों में से 6 के पास मोबाइल फोन उपलब्ध होगा। भारत में मोबाइल फोन के प्रयोग के संदर्भ में निम्नलिखित तय उल्लेखनीय हैं :

गांव की आवाज

- ☆ भारत में 25 करोड़ मोबाइल यूजर्स ग्रामीण इलाकों से होंगे।
- ☆ 1,000 रु. से कम मूल्य वाले फोनसेट ग्रामीण क्षेत्रों में मोबाइल ग्रोथ को बढ़ाएंगे।
- ☆ मौजूदा समय में भारत के 6 लाख गांवों में से आधे से ज्यादा मोबाइल नेटवर्क द्वारा कवर हैं।
- ☆ करीब 10 लाख आउटलेट्स से मोबाइल सर्विस प्राप्त की जा सकेगी।

प्री-पैड और सरकारी मदद

- ☆ वर्ष 2007 में कुल मोबाइल कनेक्शनों में से 89 फीसदी से भी ज्यादा प्री-पेड थे और 2012 तक इनकी संख्या बढ़कर 92 फीसदी तक हो जाने की उम्मीद है।
- ☆ सरकारी संस्था यूनिवर्सल सर्विस ऑब्लिगेशन (यूएसओ) फंड में अप्रयुक्त

निधि की मदद से नई योजनाओं की शृंखला को सपोर्ट किया जाएगा।

रेवेन्यू-डाटा

- ए वॉयस एंड डाटा मैगजीन सर्वे के अनुसार 2007-08 में इंडस्ट्री का रेवेन्यू 21.3 प्रतिशत बढ़कर 1.3 लाख करोड़ पर पहुंच गया। कुल रेवेन्यू का 59 प्रतिशत सेलफोन इंडस्ट्री के खाते में आया।
- गार्टनर का कहना है कि सेल्युलर, सर्विस का राजस्व प्रतिवर्ष 18 प्रतिशत की वृद्धि के साथ 2012 तक 1.58 लाख करोड़ हो जाएगा।

आज हमारे देश में मोबाइल फोन की तकनीक में भी तेजी से सकारात्मक परिवर्तन आ रहे हैं। मोबाइल की तकनीक बहुत तेजी से बदल रही है। देश के मोबाइल उपभोक्ताओं की जिंदगी बदलने जा रही है। सरकार ने थर्ड जेनरेशन यानी 3-जी मोबाइल सेवा को शुरू करने का रास्ता साफ कर दिया।

महत्त्वपूर्ण है कि 3-जी सेवा लेने वाले कस्टमर अपने मोबाइल पर ही टीवी देख सकेंगे। ई-मेल और फैक्स संदेश भेज और मंगवा सकेंगे। वीडियोकांफ्रेंसिंग कर सकेंगे तथा वीडियो गेम्स का भी आनंद ले पाएंगे। फिल्में डाउनलोड भी हो सकेगी।

सरकार 3-जी सेवा के लिए कंपनियों को स्पेक्ट्रम नीलामी के बाद देगी। विदेशी कंपनियां भी यह सेवा दे सकेंगी। इस मसले पर संचार मंत्रालय और ट्राई के बीच मतभेद थे। अमेरिका की एटीएंडटी और अन्य दिग्गज विदेशी कंपनियां भी नीलामी में भाग लेंगी। भारती एयरटेल, वोडाफोन, रिलायंस कम्युनिकेशंस, आइडिया जैसी भारतीय कंपनियां भी इसमें भाग लेंगी। बीएसएनएल तथा एमटीएनएल को 3-जी स्पेक्ट्रम के लिए बोली लगाने की प्रक्रिया में भाग नहीं लेना पड़ेगा। उन्हें स्पेक्ट्रम का आवंटन फौरन दिया जा रहा है।

टेलीकॉम सेक्टर के जानकार मानते हैं कि 3-जी सेवा महंगी रहेगी और इसके लिए मोबाइल सेट भी अलग से लेना होगा। उसका स्क्रीन मौजूदा मोबाइल के स्क्रीन से बड़ा होगा। शुरुआती दौर में धनी ग्राहकों में ही यह लोकप्रिय होगी। सरकार शीघ्र ही टेलीकॉम सेक्टर विशेषज्ञों की कमेटी भी बनाने जा रही है, जो 3-जी सेवा को लागू करने की सारी प्रक्रिया देखेगी। सरकार ने मुंबई तथा दिल्ली के लिए स्पेक्ट्रम का बेस प्राइस 160 करोड़ रुपये रखा है। कोलकाता शहर और श्रेणी बी के शहरों के लिए स्पेक्ट्रम का बेस प्राइस 80 करोड़ रुपये और श्रेणी सी शहरों के लिए बेस प्राइस 30 करोड़ रखा है। ये सभी बेस प्राइस ट्राई की तरफ से सुझाये गये बेस प्राइस से दो गुना हैं।

मोबाइल फोन टिकटिंग : अब अगर मोबाइल फोन से विभिन्न प्रकार की व्यापारिक गतिविधियां चल रही हैं तो भला टिकटिंग इसमें पीछे कैसे रह सकती है।

एम-कामर्स के इस युग में अब मोबाइल फोन के जरिए टिकटिंग (टिकटों की बुकिंग) भी शुरू हो गयी है। इसके तहत पैसेंजर अब ट्रेन के टिकट की खरीदारी मोबाइल रीचार्ज शॉप से कर सकते हैं। पूरे देश में करीब 1 लाख मोबाइल रिचार्ज शॉप्स और मोबाइल फोन सर्विस उपलब्ध कराने वाले शोरूमों को इस योजना के साथ जोड़ा जाएगा। इस योजना के तहत जब कोई ग्राहक मोबाइल रीचार्ज शॉप में जाएगा तो रेलवे टिकट के लिए अलग से पेमेंट लेने की बात कहेगा। उसके द्वारा टिकट के लिए की गई पेमेंट कुछ तकनीक की मदद से मोबाइल के ही द्वारा सर्विस प्रोवाइडर के पास एक खास एकाउंट में ट्रांसफर हो जाएगी। इसके बाद रेलवे की ओर से एक आइडेंटिटी नंबर मोबाइल फोन पर ही दिया जाएगा। इस नंबर का इस्तेमाल रेलवे स्टेशन पर लगे कियोस्क से टिकट का प्रिंट लेने के लिए किया जा सकेगा।

रेलवे इस संबंध में विभिन्न कंपनियों से भी बातचीत कर रहा है, जो टिकटिंग में कैश ट्रांसफर की सुविधा मुहैया कराएंगी। रेलवे मंत्री ने फरवरी माह में रेलवे बजट के दौरान ही मोबाइल के माध्यम से टिकट की खरीदारी की बात कही थी, जिसे अमलीजामा पहनाने के लिए अब पूरी तैयारी कर ली गई है।

इस योजना के द्वारा मोबाइल वेंडरों की कमाई भी निश्चय ही बढ़ेगी। वैसे इस तकनीक का सबसे बड़ा फायदा यह होगा कि अब टिकट के लिए ग्राहकों की लंबी-लंबी लाइनें नजर नहीं आएंगी। फिलहाल मुंबई मेंन इका ट्रायल सबसे पहले किया जाएगा।

और अब ई-इंश्योरेंस : तकनीक के इस युग में अब घर बैठे ही अपना और अपने कीमती सामान का बीमा भी करा सकते हैं। घर या कार का बीमा कराना हो या मेडिक्लेम पॉलिसी लेनी हो, अब एजेंट के पास जाने या उसे ढूंढने की जरूरत नहीं पड़ेगी। घर बैठे ही एक क्लिक करके आप कोई भी पॉलिसी खरीद सकते हैं। आईसीआईसीआई लोम्बार्ड ने ट्रैवेल इंश्योरेंस सेगमेंट में इस अनोखी योजना की शुरुआत की है।

विदेशों में पढ़ने जाने से पहले छात्रों का बीमा होना अनिवार्य है। विदेशों में स्थित विश्वविद्यालय अपने यहां आने वाले छात्रों को एडमिशन के वक्त ही बीमा पॉलिसी भी देते हैं। लेकिन यह पॉलिसी काफी महंगी होती है। साथ ही छज्ञत्रों को एडमिशन के बाद ही इस पॉलिसी का फायदा मिलता है। अब आईसीआईसीआई लोम्बार्ड ने इन छात्रों के लिए भारत में ही पॉलिसी लेने की व्यवस्था कर दी है। यह पॉलिसी विदेशों में मिलनेन वाली पॉलिसी की तुलना में तीन गुनी सस्ती है। इसके साथ ही पॉलिसी की सुविधा भारत से टेक आफ करने के साथ ही शुरू हो जाती है। आईसीआईसीआई लोम्बार्ड ने यूएस, यूके और आस्ट्रेलिया के लगभग पांच सौ विश्वविद्यालयों से इसके लिए करार भी किया है।

कंपनी के पोर्टल www.icicilombard.com पर किसी भी वक्त बीमा पॉलिसी

खरीद सकते हैं। इसके अलावा कोई दिक्कत आने पर कंपनी से चैट भी किया जा सकता है।

भारतीयों को पहले चाहिए होता था सॉलिड मनी यानी सोना, लेकिन अब चस्का लग गया है प्लास्टिक मनी यानी क्रेडिट कार्ड का। इसका एक प्रूफ है नया सर्वे, जो बताता है कि क्रेडिट कार्ड के जरिए ऑन लाइन शॉपिंग में इंडियन दुनिया में तीसरे नंबर पर पहुंच गए हैं। यानी कंप्यूटर पर बैठकर कार्ड और क्लिक के जरिए शॉपिंग निपटाने के मामले में भी हम किसी से कम नहीं।

रिसर्च फर्म नीलसन ने दुनिया भर में अपने ऑनलाइव सर्वे के जरिए ये नतीजे निकाले हैं। सर्वे के मुताबिक 85 फीसदी नेट यूजर्स सर्विस या सामान खरीदने के मामले में नेट पर निर्भर हैं और भुगतान का सबसे पॉपुलर जरिया बना है, क्रेडिट कार्ड। इंडिया के 84 फीसदी नेट यूजर्स ने कहा है कि हम अपनी खरीदारी क्रेडिट कार्ड के जरिए करते हैं। इस मामले में इंडिया से ऊपर टर्की (91%) और आयरलैंड (86%) जैसे अपेक्षाकृत बहुत कम जनसंख्या वाले देश हैं। इंडिया के साथ तीसरे पायदान पर खड़ा है यूएई। सर्वे के मुताबिक ऑन लाइन शॉपिंग के जरिए सबसे ज्यादा लोग (41%) बुक्स खरीदते हैं, जबकि ड्रेस और पर्सनल यूज से जुड़ी चीजें नेट शॉपिंग के मामले में दूसरे नंबर (36%) पर हैं। लेकिन गौर करने लायक है, एयर लाइन टिकटिंग के डेटा। सर्वे बताता है कि 70 फभ्सदी इंडियन हवाई यात्रा के टिकट इंटरनेट के जरिए बुक कराते हैं, जबकि आयरलैंड और यूएई के लगभग 60 फीसदी यूजर्स ऐसा करते हैं। यानी टॉप थ्री में शामिल इन तीन देशों के कारण ही ट्रैवल इंडस्ट्री से जुड़ी शॉपिंग (टिकटिंग) को पहले चार स्थानों में जगह मिल पाई है। इंटरनेशनल नीलस्न ऑनलाइन के प्रेजिडेंट जोनाथन कार्सन के मुताबिक बेहर सेवाओं और वाइड रेंज के कारण इंटरनेट पर एयर टिकट बुकिंग का ट्रेंड बहुत जोर पकड़ रहा है। सर्वे के मुताबिक ऑनलाइन शॉपिंग का ट्रेंड बहुत तेजी से जोर पकड़ रहा है और इसमें भी भुगतान के लिए क्रेडिट कार्ड को पहला प्रायरिटी दी जा रही है।

पिछले दो साल में पूरी दुनिया में 'क्लिक शॉपिंग' करने वालों की तादाद में 40 फीसदी का इजाफा हुआ है। इस समय 87.5 करोड़ लोग इस तरह से शॉपिंग करते हैं। वैसे ओवरऑल ऑनलाइन शॉपिंग ट्राई करने के मामले में कोरिया का कोई जवाब नहीं। इसके 99 फीसदी यूजर्स कम से कम एक बार ये ऑप्शन ट्राई कर चुके हैं।

कहा जा सकता है कि भारत में ई-कामर्स के साथ-साथ अब ई-शॉपिग का क्रेज भी बहुत तेजी से बढ़ रहा है। एक अनुमान के मुताबिक दुनिया के सबसे बड़े ऑनलाइन बाजार, 'ई-बे' की भारतीय वेबसाइट पर प्रति मिनट लगभग एक उत्पाद की खरीद-बिक्री की जा रही है। हमारे यहां अन्य उत्पादों के साथ-साथ ज्वैलरी की

ऑन-लाइन शॉपिंग भी बहुत अधिक होती है। औसतन प्रति सात मिनट पर एक ज्वैलरी भारत में ऑन लाइन बेची जाती है। ज्वैलरी के अलावा मोबाइल फोन, किताबें, घड़ियां और म्युजिक प्लेयर भी हमारे यहां ऑनलाइन खूब खरीदे और बेचे जाते हैं।

भारतीय उपभोक्ता बाजार अब काफी बड़ा हो चुका है। प्रतिस्पर्धा में उतरने वाली कंपनियां आजकल अपने प्रोडक्ट के प्रति ग्राहकों को लुभाने के लिए तरह-तरह के हथकंडे अपना रही हैं।

टीवी, समाचार-पत्रों और रेडियो आदि पर प्रचार करने के तरीकों के साथ-साथ कंपनियां ऐसे नुस्खे खोज लाई हैं जिसके तहत वे अपने उपभोक्ताओं से चौबीसों घण्टे जुड़ी रहकर अपने प्रोडक्ट को आसानी से बेच सकती हैं।

ऐसे में वेबसाइट से अच्छा विकल्प और कहां? जी हां, माइक्रोसाइट नाम की ऑनलाइन वेबसाइट के जरिये कंपनियां हर पल अपने ग्राहकों के साथ जुड़ी हुई हैं।

इस साइट पर ग्राहकों के समक्ष कंपनी और उसके प्रोडक्ट से जुड़ी तमाम जानकारियां उपलब्ध हैं। यानी, टीवी के माध्यम से आने वाले कुछ पल के प्रचार से आकर्षित होने के बाद उसके बारे में ग्राहकों द्वारा और जानने की अभिलाषा को पूरा करने का जरिया अब वेबसाइट बन गया है। इस माइक्रोसाइट में उपभोक्ता प्रोडक्ट की जानकारियों के साथ-साथ उसके बारे में अपनी खुली राय भी लिख सकते हैं।

इसी क्रम में पेप्सी को इंडिया होल्डिंग प्राइवेट लिमिटेड द्वारा उतारे गए लेज आलू चिप्स के दो नये फ्लेवर के संबंध में ग्राहकों की राय जानने के लिए कंपनी की ऑनलाइन वेबसाइट है। गौरतलब है कि इन नये फ्लेवर के विज्ञापन में कंपनी ने अभिनेता सैफ अली खान और कप्तान महेंद्र सिंह धोनी जैसे नामी चेहरों को उतारा है। इसके अलावा कई और ब्रांडेड कंपनियां भी ऑनलाइन वेबसाइट की इस फेहरिश्त में शामिल हैं। इससे यह साफ तौर पर कहा जा सकता है कि ब्रांडेड कंपनियों ने अब ऑनलाइन माइक्रोसाइट की राह पकड़ ली है। जिसके द्वारा कंपनियां ग्राहकों से चौबीसों घण्टे जुड़ी रहकर, अपने प्रोडक्ट के बारे में उनकी अच्छी-बुरी राय जानकर उन्हें उनके अनुरूप बनाने की कवायद में जुटी हुई हैं।

इस प्रकार स्पष्ट है कि भारत में ई-कामर्स बहुत तेजी से अपने पैर पसार रहा है। इसके तीव्र गति से आगे बढ़ने का प्रमुख कारण यही है कि ई-कामर्स का लाभ ग्राहक और व्यापारी दोनों को है। जैसे-जैसे भारत में इंटरनेट का प्रयोग बढ़ेगा, वैसे-वैसे ई-कामर्स भी हमारे यहां विकसित होता जायेगा।

●

8

इंटरनेट और सामाजिक साइट्स

मानव एक सामाजिक प्राणी है और वह समाज के साथ जुड़कर रहना चाहता है। इंटरनेट के इस युग में मानव के सामाजिक दायरे का स्वरूप भी बदल गया है। अब वह विभिन्न सामाजिक साइट्स (सोशल साइट्स) से जुड़कर अपना एक अलग सामाजिक दायरा बना लेता है और फिर उसी में मस्त रहता है। किशोर और युवाओं के बीच तो इन सोशल साइट्स का क्रेज अत्याधिक है। महानगर के अधिकतर किशोर व युवा किसी न किसी सोशल साइट्स से जुड़े होते हैं। इन सोशल साइट्स के द्वारा प्रयोगकर्ता अपने मनोभावों को व्यक्त करते हैं। सारतः कहा जा सकता है कि सोशल साइट्स आज परस्पर संचार का एक बेहतरीन तथा लोकप्रिय माध्यम हैं।

किसी भी सोशल साइट का सदस्य बनने के लिए आवश्यक है कि आपकी उम्र 18 वर्ष से ऊपर हो लेकिन फिर भी आजकल बच्चे भी सोशल साइट्स के सदस्य बन रहे हैं। किसी सोशल साइट से जुड़ने के लिए पहले उस साइट पर अपनी एक प्रोफाइल बनानी पड़ती है। इस प्रोफाइल में आमतौर पर निम्नलिखित जानकारियां होती हैं :

1. यूजर नेम (नाम)
2. उम्र
3. लिंग (सेक्स)
4. स्थान/ नगर
5. देश/ राष्ट्रीयता
6. प्रयोग के बारे में
7. प्रयोगकर्ता की रुचियां
8. प्रयोगकर्ता की अरुचियां
9. प्रयोगकर्ता का चित्र

10. सोशल साइट का सदस्य बनने का कारण (मित्रता आदि)।

किसी सोशल साइट पर प्रोफाइल बनाते समय उस सोशल साइट के नियम-कायदों को मानने की स्वीकृति देनी पड़ती है। इन नियमों में स्पष्ट रूप से लिखा होता है कि सदस्य की आयु 18 वर्ष से ऊपर होनी चाहिये। इसके अलावा इस बात का भी जिक्र होता है कि प्रयोगकर्ता (सदस्य) किसी भी दशा में अश्लील सामग्री का आदान-प्रदान नहीं करेगा और न ही किसी दूसरे सदस्य को अश्लील बातें कहेगा। किसी भी सोशल साइट से जुड़ते समय बेहद सावधानी का परिचय देना चाहिये। किसी सोशल साइट का प्रयोग करते समय निम्नलिखित बातों का ध्यान रखें :

1. अजनबियों से एकदम मित्रता न करें
2. अजनबियों को अपनी व्यक्तिगत जानकारियां न दें
3. अपने चित्र या पर्सनल वीडियो को साइट पर अपलोड न करें
4. अपने वास्तविक नाम के प्रयोग से बचें
5. अपना पता व टेलीफोन नंबर, साइट पर कदापि न दें।

सोशल नेटवर्किंग साइट्स में तुम्हारे स्क्रैप में कुछ अनजाने लोग भी मैसेज करते रहते हैं और कभी-कभी एक लिंक पर क्लिक करने को कहा जाता है। आईबीएम की सॉफ्टवेयर इंजीनियर कविता ममगाई का कहना है कि 'ऐसे लिंक से अक्सर पासवर्ड हैक होने का खतरा मंडराता है। हैकिंग यानी कि आपके पासवर्ड पर किसी और का कब्जा। साइबर कैफे में खासतौर से ध्यान रखें कि कहीं उस पीसी में हैकिंग सॉफ्टवेयर तो डाउनलोड नहीं है। एड-रिमूव प्रोग्र में कोई ऐसा प्रोग्राम दिखे, जिस पर शक हो तो वहां से किसी भी पासवर्ड को हैक किए जाने की संभावना अधिक है।' कविता पासवर्ड को चोरी होने से बचाने पर बताती हैं कि माना आपका पासवर्ड xyz@123 है। सबसे पहले xyz@ टाइप करो और @ को बैकस्केप से मिटा दो। यही प्रक्रिया अपनाते हुए किसी भी पासवर्ड कैरेक्टर को एक दो बार बैकस्पेस का इस्तेमाल करते हुए दोबारा टाइप करें। जब कोई प्रोग्राम पासवर्ड को हैक करेगा तो xyz@@123 दिखेगा।

'तुमने कितनी बार बैकस्पेस का इस्तेमाल किया हैकिंग प्रोग्राम यह नहीं लेगा, बल्कि कितनी बार तुमने टाइप किया वही दिखाई देगा।'

कभी भी किसी की फ्रैंड रिक्वेस्ट को आंख मूंद कर स्वीकार नहीं करना चाहिए। जिस किसी ने तुम्हें फ्रैंड रिक्वेस्ट भेजी है, उसके प्रोफाइल पर एक बार नजर जरूर दौड़ाओ। और खुद से एक बार जरूर पूछो कि तुम क्यों इस अजनबी को अपनी फ्रैंड लिस्ट में जगह देना चाहते हो। उसके स्क्रैप पर एक सरसरी निगाह जरूर डालो और जहां भी संदेह नजर आए तो तुरंत उससे किनारा करने में ही भलाई है। इंटरनेट

की दुनिया में तुमको बहुत सावधान रहने की जरूरत है। बच्चों, बातों ही बातों में अपनी निजी जानकारियों को कभी सामने वाले को मत बताओ। आजकल फेक प्रोफाइल का चलन बहुत जोरों पर है। अपने बारे में दी गई जानकारी झूठी भी हो सकती है।

स्क्रैप के बाद उसने किन-किन कम्युनिटीज को ज्वाइन किया हुआ है, इसका भी जायजा तुम्हें लेना होगा। कई बार तुमने गौर किया होगा कि ऐसी फ्रेंड रिक्वेस्ट भी आती हैं, जिनकी फ्रेंड लिस्ट एकदम खाली होती है और केवल वीडियो और कुछ फोटो अपलोड की गई होती है। ऐसे प्रोफाइल्स को रिजेक्ट करने में ही तुम्हारी बेहतरी है। पासवर्ड कभी भी अपने जन्म की तारीख, अपने सरनेम या अपने पैट के नाम पर न बनाएं, क्योंकि यह सभी सूचनाएं तुमने प्रोफाइल में भी लिखी होती हैं। साइट्स की प्राइवेसी सैटिंग का इस्तेमाल कर तुम अनचाहे लोगों को अपने प्रोफाइल तक पहुंचने से रोक सकते हो।

आज ऑरकुट, फेसबुक, फ्रॉपर, हाय-5, बेबो, माईस्पेस और सैकड़ों ऐसी सोशल नेटवर्किंग साइट्स हैं, जहां लाखों की तादाद में लोग एक-दूसरे से ऑनलाइन मिलने की फिराक में घूमते हैं। इसलिए आप इन्हें डेटिंग साइट्स भी कह सकते हैं। ऐसी साइट्स पर अपनी जानकारी देने से लेकर दूसरों की जानकारी लेने जैसे कई ऑप्शंस इंटरनेट की साइट्स पर महज सिंगल क्लिक की दूरी पर मौजूद हैं। और ऐसे में फोन करने या उनसे पर्सनली जाकर मिलने की क्या जरूरत है? यह सोचकर अधिकतर लोग एसएनएस का खुलकर इस्तेमाल करते हैं और इसी दौरान वे दूसरे अनजान लोगों की ओर आकर्षित भी हो जाते हैं और फिर नतीजा वही, बुरे फंसे यार।

आज फेक प्रोफाइल बनाने वालों की संख्या रियल प्रोफाइल वालों से कई गुणा ज्यादा है, जिस वजह से पुलिस को साइबर क्रिमिनल्स का पता लगाने में भी काफी मुश्किलें पेश आती हैं। ऐसा नहीं है कि एसएनएस में मौजूदा सभी लोगों के प्रोफाइल फेक हैं और वे हमेशा अश्लील बातों को ही तवज्जो देते हैं। रोहन एक ट्रैवल एजेंसी में काम करते हैं और उनका कहना है कि हमारे ऑफिस में किसी भी तरह का इंटरनेट इस्तेमाल नहीं होता और अपने कलीग्स और फ्रेंड्स के साथ लगातार कॉन्टेक्ट में रहने पर ऐसी साइट्स हमारी मदद करती हैं। ई-मेल एक लंबा प्रोसेस है, जबकि स्क्रैप और मैसेज भेजना टाइप सेविंग और सस्ता तरीका है।

एसएनएस वाकई लोगों के फायदे और मनोरंजन के लिए शुरू की गई थी, जिसका इस्तेमाल आज धड़ल्ले से साइबर क्राइम और अपनी भड़ास निकालने के लिए हो रहा है। कुछ लोग अपने परिचित लोगों से बदला लेने के लिए एसएनएस की मदद से अश्लील प्रोफाइल, यहां तक कि मॉर्फिंग की गई अश्लील फोटोज साइट

पर अपलोड कर लेते हैं तो कुछ लोग सस्ते मनोरंजन के नाम पर सोशल नेटवर्किंग साइट्स का इस्तेमाल करते हैं। एसएनएस आज उनके लिए एक आसान हथियार के रूप में उपलब्ध है। अब फैसला आपका है कि आप इस साइट्स का इस्तेमाल अपने फायदे के लिए करना चाहते हैं या फिर क्राइम के लिए। हाल ही में आई एक रिपोर्ट का कहना है कि अगर आप नेटवर्किंग साइट्स पर एक्टिव हैं, तो बेहतर होगा अपने प्रोफाइल को संभलकर लिखें। एक नेटवर्किंग साइट द्वारा हाल में कराई गई स्टडी का नतीजा यह है कि पांच में से एक एम्प्लॉयर्स नौकरी देने से पहले कैंडिडेट के बारे में इंटरनेट पर मौजूद तमाम जानकारियां खंगालते हैं। ऐसे में नेटवर्किंग साइट्स पर मौजूद आपकी प्रोफाइल आपके एम्प्लॉयर्स को आपका कच्चा चिट्ठा दिखा सकती है। जरूरत इस बात की है कि सोशल साइट्स का प्रयोग, दोस्तों के साथ संपर्क में रहने के लिए ही किया जाए। किसी भी अजनबी और संदिग्ध व्यक्ति को अपनी फ्रेंड-लिस्ट में स्थान न दें। इसके अलावा आपको अपनी ऑनलाइन छवि पर ध्यान देना चाहिये। अपनी व्यक्तिगत बातें सोशल साइट पर किसी से भी डिस्कस न करें। सोशल या नेटवर्किंग साइट्स, संचार का एक उत्तम साधन हो सकती हैं, बशर्ते उनका उपयोग सोच-समझकर और सावधानीपूर्वक किया जाए।

●

9

ऐसे बढ़ाएं इंटरनेट की गति

इसमें कोई संदेह नहीं कि आज इंटरनेट, सूचना प्राप्त करने का सबसे सस्ता, सरल व लोकप्रिय माध्यम है। सूचनाएं प्राप्त करने के अलावा मनोरंजन, व्यापार और शिक्षा के क्षेत्र में भी इंटरनेट का आज खूब प्रयोग किया जा रहा है। चाहे घर हो या दफ्तर या फिर साइबर कैफे, हर ओर, हर जगह लोग इंटरनेट का प्रयोग करते देखे जा सकते हैं। इंटरनेट का प्रयोग करते समय आपने अक्सर देखा होगा कि इंटरनेट की गति कभी-कभी काफी कम हो जाती है। इंटरनेट की धीमी गति के कारण प्रयोगकर्ताओं को काफी दिक्कतों का सामना करना पड़ता है।

इंटरनेट की धीमी गति के बहुत से कारण हो सकते हैं। किसी इंटरनेट कनेक्शन के लिए किस तकनीक का इस्तेमाल किया जा रहा है, इस पर भी इंटरनेट की गति निर्भर करती है। बहरहाल इंटरनेट की धीमी गति के कारण चाहे जो भी हों, लेकिन थोड़ी सी सावधानी बरत कर हम अपने इंटरनेट की गति को कुछ तेज कर सकते हैं। वास्तव में इंटरनेट का प्रयोग करना एक कला है और यदि हम इस कला का प्रयोग करें तो अपेक्षाकृत काफी कम समय में इंटरनेट से अपनी वांछित सूचनाएं प्राप्त कर सकते हैं। यदि हम निम्नलिखित बिंदुओं पर सावधानी बरतें तो हमें काफी कम समय में इंटरनेट से वांछित सूचनाएं प्राप्त कर सकते हैं अर्थात् अपने इंटरनेट कनेक्शन की गति तेज कर सकते हैं :

1. प्रत्येक इंटरनेट सर्विस प्रोवाइडर के कई-कई एक्सेस नंबर होते हैं। जरूरत इस बात की है कि हम अपने सर्विस प्रोवाइडर के सभी एक्सेस नंबरों को हमेशा अपने पास रखें। यदि किसी एक एक्सेस नंबर द्वारा इंटरनेट से जुड़ने में दिक्कत हो तो किसी दूसरे नंबर की सहायता लें और उसके सहारे इंटरनेट से जुड़ने का प्रयास करें।
2. किसी भी इंटरनेट सर्विस प्रोवाइडर की सेवाएं लेने से पहले आश्वस्त हो

जाएं कि उस प्रोवाइडर को एकाधिक एक्सेस नंबर हो।

3. प्रयुक्त किया जाने वाला मोडम तेज गति वाला होना चाहिए।
4. मोडम की गति 33.6 rbps या 56 rbps अवश्य होनी चाहिए।
5. जिस कंप्यूटर पर इंटरनेट का प्रयोग किया जाना हो उस कम्प्यूटर की रैम (RAM) भी अधिक होनी चाहिए।
6. जहां तक संभव हो पीक-आवर्स में इंटरनेट का प्रयोग न करें। रात के समय इंटरनेट की गति अपेक्षाकृत तीव्र होती है क्योंकि रात के समय टेलीफोन लाइनें व्यस्त नहीं होती हैं।
7. इंटरनेट का प्रयोग करते समय अपने फोन पर 'काल वेटिंग' की सुविधा को बंद कर दें। 'कॉल वेटिंग' के कारण इंटरनेट सेवा में रुकावट पैदा हो सकती है।
8. इंटरनेट पर सर्च करते समय अपने की-वर्ड्स के दोनों ओर कोटेशन का चिह्न (") लगा दे। ऐसा करने पर आप अनेकों असंबद्ध साइटों को खोलने से बच जायेंगे। कोटेशन चिह्नों का प्रयोग निम्नलिखित प्रकार से किया जा सकता है :

   "Star News in India"
9. सर्च करते समय '+' और '–' चिह्नों का प्रयोग करना भी काफी लाभदायक रहता है। यदि आप मेडिकल कालेजों के बारे में जानना चाहते हैं लेकिन आप दिल्ली के मेडिकल कॉलेजों को सर्च नहीं करना चाहते हैं तो सर्च-इंजन पर निम्नलिखित प्रकार से टाइप करें :

   "Medical + colleges–Delhi"
10. वेब का पता (URL) ठीक प्रकार से टाइप करें ताकि उसकी वर्तनी में किसी प्रकार की कोई गलती न हो।
11. ज्यादा प्रयोग की जाने वाली साइटों को कैष (Cache) में स्टोर करके रखें ताकि इंटरनेट तुरंत उस साइट को खोल दे।
12. समय-समय पर कैष को डिलीट करते रहें।
13. इंटरनेट पर एक समय में कई कार्य एक साथ करें। ऐसा करने पर आपके कार्य की गति बढ़ जायेगी।
14. इंटरनेट का प्रयोग करते समय मल्टीमीडिया विशेषताओं को बंद कर दें।
15. समय-समय पर अपने ब्राउजर को अपडेट करते रहें।
16. नए ब्राउजरों की गति तीव्र होती है इसलिए इनका ही प्रयोग करें।
17. इंटरनेट पर सर्च करते समय 'रीफ्रेश' और 'रीलोड' बटनों का प्रयोग करते रहें।

18. सर्च करते समय सामान्य शब्दों के प्रयोग से बचें।
19. इंटरनेट पर सर्च करते समय बूलियन आपरेटर्स का भी प्रयोग करें।
20. कुकी का प्रयोग करना भी इंटरनेट की गति बढ़ाने का एक आसान सा तरीका है।
21. एड्रेस-बार में URL के स्थान पर IP एड्रेस टाइप करें।
22. ऐसे सॉफ्टवेयरों का प्रयोग करें जो आपके कम्प्यूटरों पर विज्ञापनों को खुलने से रोकते हैं।

यदि आप उपरोक्त सावधानियां बरतते हैं तो निश्चित रूप से आप अपेक्षाकृत काफी तेज गति से इंटरनेट का प्रयोग कर सकते हैं। थोड़ा सा ध्यान रखकर आप इन सावधानियों को अपनी आदत बना सकते हैं।

●

10

इंटरनेट हैकिंग

आज इंटरनेट का प्रयोग बहुत तेजी से बढ़ रहा है तो इंटरनेट सेजुड़े अपराध भी अब काफी तेजी से पनपने लगे हैं। हालांकि इंटरनेट से जुड़े बहुत से अपराध होते हैं लेकिन हैकिंग एक बेहद गंभीर अपराध है। इंटरनेट हैकिंग के जरिए कोई व्यक्ति आपके नेटवर्क और डाटा तक अपनी पहुंच बना लेता है। हैकिंग करने वालेन को हैकर्स कहा जाता है। ये हैकर्स किसी भी वेबसाइट तक पहुंच कर उसके डाटा को चुरा लेते हैं।

हैकिंग से निपटने के लिए अमेरिका सहित कई दूसरे देशों में नैशनल साइबर स्ट्रैटिजी है। इसके तहत साइबर अटैक होने पर क्या किया जाए, इस बारे में पूरा रिस्पॉन्स मैकेनिज्म तैयार किया गया है। लेकिन हमारे देश में ऐसी कोई भी नैशनल स्ट्रैटिजी नहीं है। सिर्फ कम्प्यूटर इमरजेंसी रिस्पॉन्स टीम बनाई गई है, जो बस ऐसे अटैक की जानकारी जुटाती है। यह टीम लोगों को जागरूक तक नहीं कर रही है। इस विषय पर मिनिस्ट्री ऑफ इन्फर्मेशन टेक्नॉलॉजी ने ड्राफ्ट तो तैयार किया है, मगर उस पर आगे की कार्रवाई लंबित पड़ी है। भारत में आईटी कानून भी सख्त नहीं हैं। हैकिंग के लिए महज तीन साल की सजा है, इसे भी हटाने की कोशिश की जा रही थी। हैकिंग की समस्याओं से निपटने के लिए सबसे पहले एक राष्ट्रीय नीति बनानी होगी ताकि ऐसी स्थिति में क्या किया जाए यह तय हो सके। केंद्र सरकार को अधिकार है कि वह किसी भी महत्त्वपूर्ण साइट को प्रोटेक्टेड सिस्टम घोषित कर सकती है। ऐसा होने पर इन साइटों में घुसने की कोशिश करने वाले के लिए आईटी एक्ट की धारा 70 के तहत 10 साल की सजा का प्रावधान है। लेकिन केंद्र सरकार ने किसी भी साइट को प्रोटेक्टेड सिस्टम नहीं घोषित किया है। लचर कानून और ठोस नीति के अभाव में ही भारतीय वेबसाइटें हैकर्स के निशाने पर रहती हैं। भारत के साथ-साथ दुनिया के विकसित देश भी हैकिंग से परेशान

हैं। लंदन में ई-क्राइम कांग्रेस में नाटो के साइबर डिफेंस चीफ सुलेमान अनिल ने भी दुनिया को साइबर टेररिज्म से आगाह किया है। साइबर एक्सपर्ट के मुताबिक साइबर अटैक को पूरी तरह से रोकना मुमकिन नहीं है, मगर आईटी में एडवांस देश हैकिंग के बाद नुकसान को कम करने के लिए अपने सिस्टम को सुधारकर दोबारा ऑनलाइन करने की अपनी क्षमता बढ़ा सकते हैं।

सरकारी वेबसाइटों की हैकिंग के बढ़ते खतरों के मद्देनजर सरकार की नींद उड़ी हुई है। इसमें कई देश भी सक्रिय हैं। विदेश मंत्रालय, रक्षा मंत्रालय, दूरसंचार क्षेत्र के नियामक ट्राई की साइटें भी हैक हो चुकी हैं।

संचार मंत्रालय के अंतर्गत सीआरटी इन नाम के विभाग के विशेषज्ञों की गुरुवार को भारत के खिलाफ साइबर हमलों को निरस्त करने की रणनीति पर आईटी, साइबर और सुरक्षा क्षेत्रों के विशेषज्ञों के साथ बैठ हुई। यह विभाग प्रमुखतः सरकार को साइबर हमले से बचाव के सुझाव देता है।

सूत्रों का कहना है कि सरकार हैकिंग की बढ़ती घटनाओं को लेकर इसलिए भी चिंतित है कि हैकरों के निशाने पर बैंक भी है। खबरें मिल रही हैं कि ऐसा करने की निरंतर कोशिशें चल रही हैं। बैंक साइटों को हैक करने के पीछे मंशा यह है कि बैंकिंग व्यवस्था को चौपट कर दिया जाए। कोई हैकर अगर बैंक साइट को हैक करने में कामयाब हो जाता है तो डेबिट तथा क्रेडिट की सूचनाओं में तोड़-फोड़ की जा सकती है। इनसे गलत दिशा-निर्देश जारी होने का भी खतरा पैदा हो सकता है।

जिस तरह भारतीय अर्थव्यवस्था में इंटरनेट बैंकिंग की भूमिका बढ़ती जा रही है, उसे देखते हुए साइबर हैकिंग का खतरा जाली नोटों के फैलाव से भी ज्यादा गंभीर है।

थोड़ी सी सावधानी बरत कर हम अपने कम्प्यूटर और इंटरनेट कनेक्शन को हैक होने से बचा सकते हैं। अपने कम्प्यूटर/इंटरनेट का प्रयोग करते समय निम्नलिखित सावधानियां आवश्यक रूप से बरतें :

1. अपने पासवर्ड की पूर्ण सुरक्षा करें और अपना पासवर्ड किसी को भी न बताएं।
2. अपने कम्प्यूटर में एंटी-वायरस सॉफ्टवेयर का प्रयोग करें।
3. अनजान अटैचमेंट को कदापि न खोलें। वह हैकर्स का वायरस भी हो सकता है।
4. अविश्वसनीय स्रोतों से फाइलों या सॉफ्टवेयरों को अपने कम्प्यूटरमें लोड न करें।
5. कम्प्यूटर में फाइल-शेयरिंग आप्शन को बंद रखें और उसे तभी खोलें जब उसकी आवश्यकता हो।

6. यदि शेयरिंग ऑप्शन का प्रयोग करना आवश्यक हो तो उसे सावधानीपूर्वक प्रयोग करें।

ए.टी.एम. हैकिंग : तकनीक के इस युग में अब वित्तीय लेन-देन के लिए ए.टी.एम. का काफी प्रयोग होने लगा है। ज्यों-ज्यों ए.टी.एम. का प्रयोग बढ़ता जा रहा है, वैसे-वैसे ए.टी.एम. से जुड़े अपराध भी बढ़ते जा रहे हैं। ए.टी.एम. को हैक करके भी हैकर्स अब अपराधों को अंजाम देने लगे हैं इसलिए ए.टी.एम. को हैकर्स से बचाना भी आज वक्त की जरूरत बन गया है। एटीएम का इस्तेमाल करना भी अब सिक्योर नहीं रह गया। शायद आपको अंदाजा न हो, लेकिन जब आप एटीएम का इस्तेमाल कर रहे होते हैं, तो वहीं दूसरी तरफ हैकर आपके एटीएम को हैक करके चपत लगाने की फिराक में होते हैं। पिछले कुछ दिनों में एटीएम हैकिंग की घटनाओं में ईजाफा हुआ है। एक तरफ हैकिंग की कई घटनाएं जहां लोगों की लापरवाही के कारण होती है, तो वहीं कई घटनाएं नेट के इन शातिर चोरों के द्वारा प्लान करके की जाती है। अगर थोड़ी सी सावधानी बरत ली जाए, तो ऐसी घटनाओं को अंजाम होने से रोका जा सकता है।

एटीएम मशीन हैक करना

इस तरह की घटनाएं सुनने में आती हैं कि चोरों द्वारा एटीएम मशीन तोड़कर कैश चुरा लिया गया। एक तरह से देखा जाए तो बैंक का नुकसान है, बिल्कुल उसी तरह जैसे बैंक में डकैती डालकर पैसा लूट लिया जाए।

मशीन के साथ छेड़छाड़

जब कोई व्यक्ति अपने डेबिट कार्ड का इस्तेमाल कर रहा होता है, तो हैकर द्वारा एटीएम धारक की जरूरी सूचनाएं चुरा ली जाती हैं। ऐसी घटनाएं अक्सर सुनने में मिलती हैं। आपके इन जरूरी सूचनाओं का बाद में हैकर द्वारा दुरुपयोग किया जाता है। सामान्यतः ऐसी घटनाएं एटीएम काउंटर में पर्याप्त सुरक्षा न होने के कारण होती है।

हिडन कैमरा

वहीं डेबिट कार्ड की डुप्लीकेट कॉपी बनाकर भी हैकिंग की वारदात को अंजाम दिया जाता है। इसके लिए हैकर स्किमिंग डिवाइस का इस्तेमाल करते हैं। स्किमिंग डिवाइस को कैमरे के साथ लगाकर बैंक की मशीन में रख दिया जाता है, जो आपके क्रेडिट कार्ड की इन्फॉरमेशन को चुरा लेता है। जिसकी मदद से आपके एटीएम को सेंध लगाई जाती है।

कैसे बचें

- ☆ एटीएम कार्ड डालने वाले स्लॉट को चेक कर लें। कहीं उसमें कोई स्किमिंग डिवाइस न रखी हो।
- ☆ पिन को सावधानीपूर्वक टाइप करें और कोशिश करें कि पिन डालते समय एटीएम मशीन के कीबोर्ड को हाथ से ढक लें ताकि हिडन कैमरा के माध्यम से इसे कॉपी न किया जा सकें। वहीं इन शातिरों की निगाहें इतनी तेज होती हैं कि यह आपके हाथ के इंप्रेशन के आधार पर आपका नंबर पहचान कर आपको नुकसान पहुंचा सकते हैं।
- ☆ होटल, रेस्तरां, डिपार्टमेंटल स्टोर में एटीएम कार्ड के प्रयोग में सावधानी बरतें क्योंकि कार्ड स्वेपिंग के दौरान उसकी डुप्लीकेट कॉपी बनाई जा सकती है।
- ☆ एटीएम के अंदर अपने साथ किसी को न ले जाएं।

●

11

इंटरनेट अपराध

इंटरनेट अपराध को ही हम साइबर-अपराध के रूप में जानते हैं। चूंकि साइबर-अपराध अधिक प्रचलित शब्द है इसलिए यहां हम साइबर अपराध शब्द का प्रयोग ही करेंगे।

साइबर का संबंध कम्प्यूटर से जोड़ा जाता है लेकिन अपराध के संदर्भ में साइबर का संबंध सूचना प्रौद्योगिकी से है। इस प्रकार सूचना प्रौद्योगिकी से संबंधित सभी प्रकार के अपराध, साइबर-अपराध की श्रेणी में आते हैं। आज कम्प्यूटर और सूचना प्रौद्योगिकी ने हमारे जीवन के प्रत्येक क्षेत्र में अपनी जगह बना ली है। कम्प्यूटर, मोबाइल फोन, इंटरनेट, कम्प्यूटरीकृत बैंकिंग, क्रेडिट व डेबिट कार्ड आदि का प्रयोग आज काफी बढ़ गया है। इन सूचना प्रौद्योगिकी संबंधित चीजों का प्रचलन बढ़ा है तो इनसे संबंधित अपराध भी अब प्रकाश में आने लगे हैं। सूचना प्रौद्योगिकी के अधिकाधिक प्रयोग के कारण यदि आज साइबर-अपराध के मामले बढ़े हैं तो सूचना प्रौद्योगिकी ने ही हमें वे उपकरण व तकनीक भी उपलब्ध करायी हैं, जिनकी सहायता से साइबर अपराधों की रोकथाम की जा सकती है।

भारत में साइबर अपराध से संबंधित मामले सूचना प्रौद्योगिकी अधिनियम, 2000 के अंतर्गत दर्ज किए जाते हैं। इसके अतिरिक्त भारतीय दण्ड संहिता की विभिन्न धाराओं के अंतर्गत भी साइबर-अपराध के मामले दर्ज किए जाते हैं। साइबर अपराध वर्ग के अंतर्गत अग्रलिखित प्रकार के अपराध आते हैं :

1. कम्प्यूटर स्रोत से छेड़छाड़
2. कम्प्यूटर तंत्र की हैकिंग
3. इलैक्ट्रॉनिक माध्यमों पर अश्लील प्रसारण/प्रकाशन
4. किसी कम्प्यूटर तंत्र के डाटाबेस तक अनाधिकृत रूप से पहुंचना
5. संरक्षित कम्प्यूटर तंत्र तक पहुंचने का प्रयास
6. गलत इलैक्ट्रॉनिक-हस्ताक्षरों का प्रकाशन

7. इलैक्ट्रॉनिक गोपनीयता भंग करना
8. इलैक्ट्रॉनिक निजता (प्राइवेसी) भंग करना
9. वेबसाइट हैकिंग
10. ई-मेल हैकिंग
11. सामाजिक-वेबसाइटों पर किसी अन्य के विवरण से छेड़छाड़
12. इंटरनेट के जरिए किसी को धमकी देना
13. इंटरनेट के जरिए किसी की मानहानि करना
14. किसी अन्य के ई-मेल खाते का अनाधिकृत रूप से प्रयोग

'क्राइम इन इंडिया' (राष्ट्रीय अपराध रिकार्ड ब्यूरो, गृह मंत्रालय) के आंकड़ों के मुताबिक सन् 2005 के दौरान सूचना प्रौद्योगिकी अधिनियम के अंतर्गत कुल 176 मामले दर्ज किए गए थे। सन् 2006 के दौरान साइबर अपराध से संबंधित इस अधिनियम के अंतर्गत कुल 142 मुकदमे, देशभर के थानों में दर्ज किए गए थे। सन् 2006 के दौरान दर्ज कुल 142 मामलों में से 35 मामले (कुल के 24.6 फीसदी) अकेले महाराष्ट्र राज्य में दर्ज किए गए थे। 27 मामलों के साथ कर्नाटक द्वितीय स्थान पर और 14 मामलों के साथ आंध्र प्रदेश, तीसरे स्थान पर रहा। केरल और पंजाब में सूचना प्रौद्योगिकी अधिनियम के अंतर्गत कुल 12-12 मामले दर्ज किए गए।

सूचना प्रौद्योगिकी अधिनियम के अतिरिक्त भारतीय दण्ड संहिता के अंतर्गत भी साइबर अपराध दर्ज किए जाते हैं। सन् 2005 के दौरान भारतीय दण्ड संहिता की विभिन्न धाराओं के अंतर्गत कुल 302 मामले दर्ज किए गए जबकि सन् 2006 के दौरान इस प्रकार के 311 मामले प्रकाश में आए। इस प्रकार सन् 2005 के मुकाबले सन् 2006 में भारतीय दण्ड संहिता के अंतर्गत दर्ज साइबर अपराधों में लगभग 3 प्रतिशत बढ़ोत्तरी दर्ज की गयी। भारतीय दण्ड संहिता के अंतर्गत साइबर फर्जीवाड़े के कुल 160 मामले दर्ज किए गए। साइबर अपराधों के लिए भारतीय दण्ड संहिता की विभिन्न धाराओं के अंतर्गत सन् 2006 में कुल 411 व्यक्तियों को गिरफ्तार किया गया। हमारे देश में कुल 35 महानगर हैं और इन 35 महानगरों में से 19 महानगरों में साइबर अपराध का एक भी मामला प्रकाश में नहीं आया था। महानगरों में सबसे अधिक साइबर अपराध के मामले बंगलुरु (27), राजकोट (10) और मुम्बई (9) में दर्ज किए गए।

इंटरनेट का बढ़ता प्रयोग : आज अगर साइबर अपराध के मामलों में बढ़ोत्तरी दर्ज की जा रही है तो इसका बड़ा कारण इंटरनेट का लगातार बढ़ता इस्तेमाल भी है। अधिकतर साइबर अपराध इंटरनेट के जरिए ही होते हैं। इंटरनेट ने आज आम आदमी के जीवन में भी अपनी एक जगह बना ली है। इंटरनेट आज किसी वरदान से कम नहीं है। *'जस्ट कंसल्ट'* नामक एक शोध एजेंसी के मुताबिक भारत में कुल

आबादी का लगभग 4.5 फीसदी भाग आज इंटरनेट का इस्तेमाल करता है। इस एजेंसी की एक रिपोर्ट के मुताबिक भारत में लगभग 25 मिलियन लोग ऐसे हैं जो प्रतिदिन इंटरनेट का इस्तेमाल करते हैं जबकि महीने में न्यूनतम एक बार इंटरनेट का इस्तेमाल करने वाले लोगों की संख्या लगभग 35 मिलियन है।

इंटरनेट के बढ़ते इस्तेमाल के कारण धोखाधड़ी के भी बहुत से मामले अब सामने आने लगे हैं। युवाओं में 'चैटिंग' की भी काफी लोकप्रियता है लेकिन अक्सर ऐसे मामले सामने आते रहते हैं जब 'चैटिंग' के जरिए किसी युवती से मित्रता की गयी और फिर उसका शारीरिक शोषण किया गया। इसी प्रकार की धोखाधड़ी, वैवाहिक वेबसाइटों के जरिए विवाह करने के कुछ मामलों में भी देखी गयी है। आने वाले समय में इंटरनेट का इस्तेमाल गांव-गांव तक फैल जाएगा क्योंकि भारतीय प्रौद्योगिकी संस्थान, खड़गपुर के दो छात्रों ने 'क्रांति' *(कियोस्क इन रूरल एरियाज नेटवर्क एण्ड टेलीकम्यूनिकेशन्स इंफ्रास्ट्रक्चर)* नामक एक परियोजना प्रारंभ की है जिसके जरिए सुदूर हिस्सों तक को बेहद कम लागत में प्रभावशाली तरीके से आपस में जोड़ा जा सकेगा। इंटरनेट का इस्तेमाल बढ़ेगा तो निश्चित रूप से साइबर-अपराध के मामले भी बढ़ेंगे।

तकनीक एवं प्रौद्योगिकी तथा हैकिंग से बचाव : हैकिंग को एक सबसे खतरनाक साइबर अपराध माना जाता है क्योंकि इसके जरिए किसी भी वेबसाइट से महत्त्वपूर्ण सूचनाएं व डाटा चुरा कर उनका इस्तेमाल विभिन्न प्रकार की आतंकवादी गतिविधियों और आपराधिक कृत्यों के लिए किया जा सकता है। हैकिंग का अर्थ है अनाधिकृत रूप से किसी भी वेबसाइट या ई-मेल खाते तक पहुंच कर उससे डाटा आदि चुरा लेना। हाल ही में राष्ट्रीय रक्षा अकादमी और रक्षा अनुसंधान एवं विकास संगठन के अनेकों उच्चाधिकारियों के ई-मेल के पते विभिन्न देशों को पोस्ट कर दिए गए थे।

दरअसल इन अधिकारियों के ई-मेल खातों को हैक करके ही इस प्रकार का कृत्य किया गया था। दरअसल हैकर ने पी.ओ.पी. *(पोस्ट ऑफिस प्रोटोकाल)* के मेल-सर्वर की कुछ कमियों का लाभ उठाकर ऐसा किया था। यह एक बेहद संवेदनशील मामला है क्योंकि हैकिंग के जरिए किन्हीं दो अधिकारियों द्वारा ई-मेल द्वारा की जाने वाली बातचीत को भी जाना या सुना जा सकता है। सोचिए कि राष्ट्रपति और प्रधानमंत्री किसी महत्त्वपूर्ण मसले पर ई-मेल के जरिए सूचनाओं और आंकड़ों का आदान-प्रदान कर रहे हों और कोई हैकर इस सूचना को प्राप्त कर ले तो कितना बड़ा अनर्थ हो सकता है। इसी प्रकार राष्ट्रीय सुरक्षा से संबंधित दस्तावेजों को भी हैक किया जा सकता है।

वास्तव में हैकिंग आज के साइबर-युग की सबसे बड़ी समस्या है। हैकिंग

के कारण पूरे सूचना-तंत्र को ध्वस्त किया जा सकता है, किसी कम्प्यूटर तंत्र में उपस्थित डाटा को नष्ट किया जा सकता है अथवा इस डाटा को चुराया जा सकता है। हैकिंग के कारण किसी देश की सुरक्षा व्यवस्था भी खतरे में पड़ सकती है। किसी सॉफ्टवेयर में सेंध लगाने को भी हम हैकिंग का नाम दे सकते हैं। इस प्रकार मात्र हैकिंग द्वारा ही किसी बड़ी से बड़ी आतंकी घटना को अंजाम दिया जा सकता है। उदाहरण के लिए, दिल्ली मेट्रो रेल कार्पोरेशन, मेट्रो रेल का परिचालन पूरी तरह से कम्प्यूटरों के द्वारा ही करता है। यदि कोई दिल्ली मेट्रो रेल कार्पोरेशन से कम्प्यूटर तंत्र को हैक कर ले तो पूरी व्यवस्था को ध्वस्त किया जा सकता है, दो मेट्रो रेलों को आपस में टकराया जा सकता है। इस प्रकार हैकर किसी भी अनहोनी को अंजाम दे सकते हैं।

हैकिंग एक बड़ी समस्या है तो तकनीक व प्रौद्योगिकी ने हमें इससे बचने के साधन भी उपलब्ध कराए हैं। कम्प्यूटर तंत्र के सॉफ्टवेयर को फुलप्रूफ बनाकर उसे हैक होने से बचाया जा सकता है। हैकिंग से सुरक्षा प्राप्त करने के लिए आजकल काफी शोध व अनुसंधान कार्य चल रहे हैं। भारत की एक प्रमुख सूचना-प्रौद्योगिकी प्रमाणन कम्पनी, *'अप्पीन'* ने हैकिंग की रोकथाम करने के लिए एक बहुराष्ट्रीय कम्पनी *'इंटरटेक'* से समझौता किया है। समझौते के मुताबिक *'अप्पीन'* और *'इंटरटेक'* परस्पर मिलकर एक सॉफ्टवेयर बनाएंगे जो हैकिंग से कम्प्यूटर-तंत्र की सुरक्षा करेगा। इस सुरक्षा-सॉफ्टवेयर को *'एपीपीएसईसी'* नाम दिया गया है। यह वास्तव में *'सॉफ्टवेयर एप्लीकेशन सिक्युरिटी सर्टिफिकेट'* होगा। यह सुरक्षा प्रमाण-पत्र प्रदान करने से पहले *'अप्पीन'* और *'इंटरटेक'* मिलकर सॉफ्टवेयर का 20 मानदण्डों पर परीक्षण करेंगी। *'एपीपीएसईसी'* नामक इस सॉफ्टवेयर को संयुक्त राज्य अमेरिका, इंग्लैंड सहित लगभग सभी यूरोपियन देशों में मान्यता प्राप्त हैं।

सामाजिक साइट्स के अपराध और उनकी रोकथाम : सामाजिक साइट्स अर्थात् 'सोशल साइट्स' आज के युवाओं का सबसे प्रिय शगल है। इन्हें डेटिंग-साइट्स और मित्रता-साइट्स भी कहते हैं। दरअसल ये ऐसी वेबसाइट्स होती हैं जहां पर आप अपना व्यक्तिगत विवरण (नाम, पता, दूरभाष संख्या, शौक आदि) डाल कर लोगों से मित्रता कर सकते हैं, उनसे मेलजोल कर सकते हैं। ऐसी कुछ प्रमुख साइट्स निम्नलिखित हैं :

- ☆ ऑरकुट
- ☆ फेस बुक
- ☆ फ्रॉयर
- ☆ हाय 5
- ☆ बेबो

☆ माई स्पेस

☆ भारत स्टूडेंट

उपरोक्त सामाजिक साइटों के अलावा और भी सैकड़ों सामाजिक साइट्स आज इंटरनेट पर मौजूद हैं। इन साइटों पर मात्र एक विकल्प क्लिक करते ही आप जानकारियों और विचारों का आदान-प्रदान कर सकते हैं। इन साइटों पर किसी व्यक्ति विशेष के विवरण को *'प्रोफाइल'* कहा जाता है। सामाजिक साइटों के संदर्भ में आज की सबसे बड़ी दिक्कत यह है कि यहां वास्तविक प्रोफाइलों के मुकाबले फर्जी प्रोफाइलों की अधिकता है। विभिन्न सामाजिक साइटों का इस्तेमाल आज साइबर अपराधों के लिए भी हो रहा है। कुछ लोग अपने किसी परिचित या परिचिता से तथाकथित बदला लेने के लिए उसका अश्लील प्रोफाइल या उसका व्यक्तिगत विवरण इन साइटों पर डाल देते हैं जिस कारण उन लोगों का जीवन बुरी तरह से असामान्य हो जाता है जिनके बारे में अश्लील बातें, सामाजिक साइटों पर डाली जाती हैं।

हाल ही में आयी एक रिपोर्ट के मुताबिक यदि आप किसी सामाजिक नेटवर्किंग साइट पर सक्रिय हैं तो अपने प्रोफाइल को जरा संभालकर रखें। जरूरत इस बात की है कि अपनी व्यक्तिगत और गोपनीय बातों को इस प्रकार की साइटों पर कदापि नहीं डालें। युवतियों को तो अपने संपर्क पते और दूरभाष संख्य इन साइटों पर बिल्कुल नहीं डालने चाहिएं। अपने प्रोफाइल का दुरुपयोग होने से बचाने के लिए आवश्यक है कि :

1. किसी अजनबी को अपने संपर्क का विवरण न दें।
2. अपना चित्र, प्रोफाइल में न डालें।
3. यदि आवश्यक हो तो समूह-चित्र ही डाउनलोड करें।
4. अपना पूरा नाम लिखने के स्थान पर संक्षिप्त अक्षरों का प्रयोग करें।
5. यदि स्क्रैप में कोई किसी लिंक पर क्लिक करने को कहे तो ऐसा न करें क्योंकि इससे आपका पासवर्ड हैक हो सकता है।
6. यदि किसी साइबर कैफे का इस्तेमाल कर रहे हैं तो ध्यान रखें कि कहीं उस कम्प्यूटर पर *'हैकिंग सॉफ्टवेयर'* तो डाउनलोड नहीं है।

सामाजिक साइट्स की दुनिया में बेहद सावधान रहने की आवश्यकता है। थोड़ी सी तकनीक का इस्तेमाल करते हुए आप अपने पासवर्ड को हैक होने से बचा सकते हैं। यदि आपका पासवर्ड 'Swapn@123' है तो पासवर्ड टाइप करते समय पहले 'Swapn@' टाइप करें और फिर @ को मिटा दें। ऐसा दो-तीन बार करें। किसी केरेक्टेर को दो-तीन बार मिटाने के बाद पूरा पासवर्ड टाइप करें। अब यदि कोई आपका पासवर्ड हैक करेगा तो उसे 'Swapn@@123' या 'Swapn@@@123'

दिखायी देगा। इसके अलवा अपनी जन्मतिथि वाहन संख्या आदि के आधार पर कभी भी अपना पासवर्ड न बनाएं।

ऑनलाइन खरीदारी और अपराध की रोकथाम : भागदौड़ वाली इस जिंदगी में आज लोगों के पास समय की भारी कमी है और शायद इसीलिए ऑनलाइन खरीदारी का प्रचलन लगातार बढ़ता जा रहा है। ऑनलाइन खरीदारी का अर्थ है इंटरनेट के जरिए होने वाली खरीदारी। इसमें हम इंटरनेट पर किसी उत्पाद या वस्तु को देखते हैं और फिर इंटरनेट पर ही उसे खरीदने के निर्देश जारी कर देते हैं। ऑनलाइन खरीददारी में उत्पाद का मूल्य, प्लास्टिक कार्ड (डेबिट या क्रेडिट कार्ड) के जरिए चुकाया जाता है। वैसे आजकल चेक के जरिए भी भुगतान होने लगा है लेकिन इस मामले में उत्पाद की आपूर्ति तभी होती है जब चेक द्वारा कम्पनी को भुगतान प्राप्त हो जाता है।

ऑनलाइन खरीदारी को आजकल कई उपभोक्ता काफी लाभदायक व सुविधाजनक मानते हैं तो इसके कई कारण हैं। सबसे बड़ा कारण तो यह है कि ऑनलाइन खरीदारी करने से मध्यस्थ या दलाल की भूमिका समाप्त हो जाती है और उपभोक्ता को वस्तु अपेक्षाकृत सस्ते दामों पर मिल जाती है। दूसरा कारण यह है कि इंटरनेट पर उपभोक्ताओं को किसी उत्पाद के कई विकल्प मिल जाते हैं फलस्वरूप वह उत्पाद का तुलनात्मक अध्ययन कर सकता है। ऑनलाइन खरीदारी के बढ़ते प्रचलन का एक प्रमुख कारण यह भी है कि यह उधारी के जरिए (क्रेडिट कार्ड के द्वारा) भी हो सकती है। इसके अलावा इंटरनेट पर चौबीस घण्टे खरीदारी संभव है जो किसी बाजार में संभव नहीं है। ऑनलाइन खरीदारी के लिए निम्नलिखित साइटें काफी लोकप्रिय हैं :

- ☆ अमेजन डॉट कॉम
- ☆ रेडिफ डॉट कॉम
- ☆ इंडियाटाइम्स डॉट कॉम
- ☆ फेमार्ट डॉट कॉम
- ☆ सिफी डॉट कॉम

ऑनलाइन खरीदारी करना सुविधाजनक तो है लेकिन इससे कुछ खतरे भी जुड़े हैं। किसी उत्पाद को खरीदते समय उपभोक्ता से कुछ जानकारियां मांगी जाती हैं जैसे—नाम, पता, ई-मेल का पता, क्रेडिट कार्ड की वैधता तिथि और उसकी संख्या आदि। उपभोक्ता द्वारा दी गयी इन जानकारियों का दुरुपयोग भी हो सकता है इसलिए कुछ सावधानियां बरतने की जरूरत है। सबसे पहले इस बात की पुष्टि कर लें कि जिस साइट पर आप अपनी क्रेडिट कार्ड या डेबिट कार्ड संख्या दे रहे हैं, वह पूरी तरह से सुरक्षित हो। इसके लिए आपकी स्क्रीन के निचले हिस्से में 'पेडलॉक'

अर्थात् ताले के आकार का चिह्न बना होगा, जिसे देखकर आप साइट की सुरक्षा की जांच कर सकते हैं। उपभोक्ताओं को किसी भी धोखाधड़ी से बचाने के लिए कुछ बैंकिंग संस्थानों ने काफी तकनीकी इंतजाम किए हैं। सिटी बैंक, एच.डी.एफ.सी. और आईसीआईसीआई भुगतान गेटवे का प्रयोग करके आप भविष्य में होने वाली किसी भी धोखाधड़ी से बच सकते हैं।

ऑनलाइन खरीददारी के साथ-साथ आजकल ऑनलाइन टिकटिंग या ई-टिकटिंग भी काफी लोकप्रिय हो रही है। इसमें इंटरनेट के द्वारा रेलवे, हवाई सेवा आदि के टिकट आरक्षित किए जाते हैं। यह भी काफी सुविधाजनक है लेकिन साइबर अपराधी, ई-टिकटिंग के जरिए भी लोगों को चूना लगाने से बाज नहीं आते हैं। अधिकतर अपराधी किसी और के क्रेडिट कार्ड से टिकट बुक करा देते हैं और फिर उन टिकटों को बेच देते हैं। हाल ही में दिल्ली पुलिस ने एक ऐसे गिरोह को पकड़ा जो थाइलैंड, सिंगापुर आदि देशों के निवासियों के क्रेडिट कार्ड का डाटा चुराकर उससे स्पाइसजेट, गो इयर, इंडिगो एयरलाइंस, किंग फिशर और एयर इंडिया एक्सप्रेस आदि के टिकट आरक्षित करा लेते थे और फिर सस्ते दामों में लोगों को बेच देते थे। इस तरह यह गिरोह, उपरोक्त एयरलाइंसों को करोड़ों का चूना लगा चुका था। इस तरह की धोखाधड़ी से उपभोक्ताओं को बचाने के लिए क्रेडिट कार्ड कम्पनियों ने कई तकनीकी प्रबंध किए हैं। प्रत्येक कार्ड के पीछे एक तीन अंकों की *'सीवीवी'* संख्या होती है जिसका पता केवल कार्ड धारक को ही होता है। अब ई-टिकटिंग के समय सीवीवी संख्या भी पूछी जाती है। इस प्रकार किसी के क्रेडिट कार्ड का डाटा चुरा कर उसका दुरुपयोग करना काफी कठिन हो गया है।

डिजिटल हस्ताक्षर और अपराधों की रोकथाम : आम जनजीवन में हस्ताक्षरों का अत्याधिक महत्त्व है। किसी अधिकृत व्यक्ति के हस्ताक्षर होने मात्र से किसी कागजात को प्रमाणिक मान लिया जाता है। साइबर विश्व में इस प्रकार की कोई सुविधा नहीं थी लेकिन तकनीक एवं प्रौद्योगिकी ने इतना विकास कर लिया है कि इंटरनेट द्वारा भेजे गए कागजातों पर भी हस्ताक्षर किए जाने संभव हो गए हैं। इन्हें डिजिटल हस्ताक्षर कहा जाता है।

डिजिटल हस्ताक्षरों की विशेषता यह होती है कि इनमें हस्तलिखित हस्ताक्षरों की भांति कोई परिवर्तन नहीं किया जा सकता है। डिजिटल हस्ताक्षरों के दुरुपयोग की आशंका लगभग नगण्य है क्योंकि इसमें एक नियंत्रक की कड़ी निगरानी में ही प्रमाणन एजेंसियों को लायसेंस दिए जाते हैं। डिजिटल हस्ताक्षर के अंतर्गत सब्सक्राइबर के पास दो कोड होते हैं–पहला निजी कोड और दूसरा सार्वजनिक कोड। निजी कोड केवल सब्सक्राइबर को अथवा उसके द्वारा अधिकृत किसी व्यक्ति को ही पता होता है। इस निजी कोड के जरिए ही किसी दस्तावेज पर डिजिटल

हस्ताक्षर हो सकते हैं। सार्वजनिक कोड के जरिए इन दस्तावेजों को कोई भी व्यक्ति देख सकता है। डिजिटल हस्ताक्षरों की उपस्थिति के कारण कोई दूसरा व्यक्ति इन दस्तावेजों को देख तो सकता है लेकिन वह इनका दुरुपयोग नहीं कर सकता है। सूचना प्रौद्योगिकी अधिनियम की धारा-5 के अंतर्गत डिजिटल हस्ताक्षरों को विधिक मान्यता दी गयी है।

डिजिटल-हस्ताक्षरों के कारण साइबर धोखाधड़ी के मामलों में काफी कमी आयी है। डिजिटल-हस्ताक्षर एक ऐसी तकनीक है जो संदेश या दस्तावेज भेजने वाले स्रोत को प्रमाणित करते हैं। उदाहरण के लिए, यदि किसी बैंक की एक शाखा अपने मुख्यालय से किसी बैंक खाते में किसी परिवर्तन का अनुरोध करती है, तो ऐसे में अनुरोध की प्रमाणिकता को डिजिटल हस्ताक्षर के जरिए जांचा जा सकता है। अक्सर संदेश भेजते समय, संदेश भेजने वाले और संदेश प्राप्त करने वाले के मन में आशंका बनी रहती है कि कहीं संदेश में रास्ते में कोई परिवर्तन न कर दे। डिजिटल हस्ताक्षर युक्त संदेश या दस्तावेज में बीच में कोई परिवर्तन करने पर कम्प्यूटर-तंत्र, संदेश (दस्तावेज) को अवैध घोषित कर देता है। किसी दस्तावेज पर डिजिटल हस्ताक्षर करते समय ध्यान रखें कि ऐसा अपने कम्प्यूटर पर ही किया जाए। इसके अलावा डिजिटल हस्ताक्षरों का इस्तेमाल ऐसे एप्लीकेशंस में ही करें, जिसमें हैकिंग की आशंका न्यूनतम हो।

कम्प्यूटर वायरस की रोकथाम में प्रौद्योगिकी : कम्प्यूटर इस्तेमाल करने वालों के लिए वायरस एक बड़ी समस्या है। इन वायरसों के कारण कम्प्यूटर का समूचा डाटा नष्ट हो सकता है इसलिए कुछ कम्पनियां या देश अक्सर दुश्मन कम्पनियों या देशों के कम्प्यूटर डाटा को नष्ट करने के लिए वायरस-हमला करते रहते हैं। कम्प्यूटर वायरस से किस प्रकार किसी साइबर अपराध को कारित किया जाता है और प्रौद्योगिकी के इस्तेमाल से किस प्रकार वायरसों से बचा जा सकता है, यह जानने से पहले यह समझना प्रासंगिक रहेगा कि कम्प्यूटर वायरस होते क्या हैं, और ये किस प्रकार कार्य करते हैं?

जैसे-जैसे कम्प्यूटर तकनीक का विकास हो रहा है, वैसे-वैसे कम्प्यूटर से संबंधित कई समस्याएं भी सिर उठाती जा रही हैं। ऐसी ही एक समस्या है, कम्प्यूटर वायरस। इंटरनेट के कारण तो यह समस्या और अधिक विकराल होती जा रही है। सबसे पहला कम्प्यूटर वायरस, ब्रेन (BRAIN) था जिसकी खोज डेलवेयर यूनिवर्सिटी के वैज्ञानिकों ने की थी। विशेषज्ञों का मानना है कि वर्तमान में लगभग 10 हजार वायरस सक्रिय हैं जिस कारण हमारे कम्प्यूटर डेटा पर खतरे की तलवार लटकी हुई है।

शुरुआत में किसी वायरस को फैलने में महीनों लग जाते थे लेकिन जब से इंटरनेट को लोकप्रियता मिली है, तब से वायरस, रातों रात दुनियाभर के कम्प्यूटरों

पर हमला कर देते हैं। ये कम्प्यूटर वायरस वास्तव में मानवनिर्मित डिजिटल परजीवी हैं जो किसी दूसरे कम्प्यूटर के डेटा को संक्रमित कर देते हैं। यदि कोई जाना-पहचाना वायरस किसी प्रोग्राम में छिपा हो तो उसे मात्र 10 मिनट में खोज कर नष्ट किया जा सकता है लेकिन किसी अपरिचित व नए वायरस को ढूंढना कभी-कभी काफी कठिन हो जाता है।

जैसे-जैसे कम्प्यूटर वायरसों का खतरा बढ़ाता जा रहा है, वैसे-वैसे वायरस विरोधी उद्योग (एंटी वायरस इंडस्ट्री) भी फैलता जा रहा है। इस व्यवसाय में तेजी का आलम यह है कि जैसे ही हम कोई एंटी वायरस फ्लॉपी या सीडी खरीदते हैं, वैसे ही वह पुरानी हो जाती है और हमें नए एंटी-वायरस की जरूरत महसूस होने लगती है।

जितनी तेजी से कम्प्यूटर तकनीक बदल रही है उतनी ही तेजी से कम्प्यूटर वायरसों में तकनीकों का प्रयोग बढ़ रहा है और वायरस लगातार अधिक आक्रामक व अधिक घातक होते जा रहे हैं। सबसे पहला कम्प्यूटर-वायरस सी-ब्रेन (C Brain) को माना जाता है जो 1980 के दशक में प्रकाश में आया था। 1992-93 के आसपास कम्प्यूटर वायरसों ने मीडिया का ध्यान आकर्षित किया तो लोग इसके बारे में सचेत हुए।

जैसे-जैसे वायरसों का खतरा बढ़ रहा है, वैसे-वैसे ही वायरस विरोधी उद्योग भी विकसित हो रहा है। यह उद्योग कुछ विशेष प्रोग्रामों पर आधारित होता है। कुछ प्रमुख वायरस विनाशक उत्पाद निम्नलिखित हैं :

CERTUS
NOVI
Untouchable Network
Central Point
WAN
HEURISTIC SCANNING
NLMS
VXDS
SELF Containd Disk

जैसे-जैसे इंटरनेट का प्रयोग बढ़ा, वैसे-वैसे वायरसों का खतरा भी बढ़ता जा रहा है। इंटरनेट के कारण सबसे ज्यादा 'मेकर' वायरस फैला जो डेटा फाइलों को अपना निशाना बनाता है। HEURISTIC SCANNING नामक वायरस विरोधी उत्पादन, नए वायरसों को खोजने के काम में बेहद उपयोगी है।

वायरसों की संख्या

वर्तमान में दुनियाभर के कम्प्यूटरों में 20 हजार से 40 हजार तक वायरस हैं और रोजाना 15 से भी अधिक नए वायरसों का जन्म हो जाता है। यहां यह उल्लेखनीय है कि पुराने वायरस धीरे-धीरे चलन से बाहर हो जाते हैं और रिसर्च लैब में केवल नए वायरस ही रह जाते हैं। विशेषज्ञ मानते हैं कि एक माह में लगभग 200 से 300 वायरस ही सक्रिय रहते हैं।

समय के साथ-साथ वायरसों के प्रकार में तो बदलाव आता ही है साथ ही उनकी तीव्रता भी बढ़ जाती है। पहले जिस प्रोग्राम को हम कम्प्यूटर वायरस कहते थे उसे अब *'कम्प्यूटर इंफेक्शन'* कहा जाता है।

कैसे काम करता है वायरस

हम पढ़ चुके हैं कि वायरस एक छोटा सा प्रोग्राम होता है जिसमें कॉपी करने की क्षमता होती है। पहले यह हार्ड ड्राइव, फ्लॉपी की प्रोग्राम फाइलों और बूट सेक्टर में स्वयं प्रवेश कर जाता है। बूट सेक्टर वायरस आमतौर पर ऑपरेटिंग सिस्टम और हार्ड ड्राइव की फाइलों को संक्रमित (प्रभावित) करता है।

फाइल और प्रोग्राम वायरस .EXE और .COM फाइलों को प्रभावित करता है। एक संक्रमित (प्रभावित) प्रोग्राम द्वारा वायरस उत्प्रेरित होता है। संशोधित प्रोग्रामों की तुलना करके नए वायरसों की पहचान आसानी से की जा सकती है। ऐसा करके किसी बड़े नुकसान से बचा जा सकता है। मैक्रो वायरस की खोज अगस्त, 1995 में हुई थी। ये मैक्रो वायरस, टेक्सट वाले डाक्यूमेंटों और एक्सेल स्प्रेडशीटों को संक्रमित करते हैं।

आजकल कम्प्यूटरों पर वायरसों का हमला बहुत अधिक बढ़ गया है। 'कम्प्यूटर प्रोटेक्शन एसोशिएसन' के मुताबिक कम्प्यूटर इस्तेमाल करने वाला हर तीसवां व्यक्ति आज कम्प्यूटर वायरस से परेशान है। वायरसों के कारण हमारे कम्प्यूटर का डेटा नष्ट हो जाता है। कई बार तो यह डेटा पुनः प्राप्त किया जा सकता है तो अक्सर इसे दुबारा प्राप्त करना सभव ही नहीं रहता। यदि खराब हुए डेटा को पुनः प्राप्त कर भी लिया जाए तो भी इसमें समय और पैसे की भारी हानि होती है।

ऐसे बचें वायरसों से

वायरसों के कारण हमें काफी असुविधा होती है लेकिन थोड़ी सी सावधानी बरत कर हम वायरसों के हमले से अपने कम्प्यूटरों को आसानी से बचा सकते हैं। निम्नलिखित उपाय अपना कर वायरसों के संक्रमण से बचा जा सकता है :

1) वायरस विरोधी रणनीति बनाएं।

2) वायरस विरोधी प्रोग्रामों (एंटी वायरस प्रोग्राम) का प्रयोग करें।
3) नेटवर्क और वेब के माध्यम से सूचनाओं का आदान-प्रदान करते समय पर्याप्त सावधानी बरतें।
4) अनजाना ई-मेल न खोलें।
5) नेटवर्क पर कार्यक्रमों की साझेदारी कम से कम करें।

वायरस इंफेक्शन से बचने का सबसे सरल उपाय, एंटी वायरस सॉफ्टवेयर का उपयोग ही है। जब भी आप पर्सनल कम्प्यूटर पर काम करना शुरू करते हैं तो एंटी-वायरस सॉफ्टवेयर, क्षणभर में वायरस की खोज कर उसे नष्ट कर देता है। आजकल उपलब्ध माइक्रोसॉफ्ट वर्ड और एक्सेल के नवीनतम संस्करणों में तो मैक्रा वायरस सुरक्षा पहले से ही लगी आती है। वायरसों से बचने के लिए जरूरी है कि आप जब भी कोई अटैचमेंट फाइल प्राप्त करें तो सबसे पहले उसे स्कैन कर लें ताकि यदि कोई वायरस हो तो उसे नष्ट किया जा सके। यह भी जरूरी है कि सदैव ई-मेल प्रोग्राम के नवीनतम संस्करणों का ही प्रयोग किया जाए।

मैक्रो वायरस

शुरुआत में हम सामान्य वायरसों से ही परेशान थे लेकिन फिर धीरे-धीरे मैक्रो वायरसों ने हमारे कम्प्यूटरों पर हमला बोल दिया। हाल ही में भारत में निम्नलिखित मैक्रो-वायरस देखे गए थे :

एनपैड (N PAD)
एलाइन (Alien)
नेमेशिश (Nemesis)
कलर (Colour)
वाजू (Wazzu)
न्यूक्लियर (Nuclear)

हजारों की संख्या में आज कम्प्यूटर वायरस सक्रिय हैं। इनमें से कुछ तो इतने खतरनाक हैं कि कम्प्यूटर क्षेत्र से संबंधित प्रत्येक व्यक्ति इनके बारे में जानता है। यहां हम कुछ प्रचलित वायरसों के नाम के साथ-साथ उनके अन्य नामों, खोज के वर्ष व स्थान तथा लक्षणों का उल्लेख करेंगे।

कम्प्यूटर वाइरस : तथ्य और आंकड़े

★ मूलतः वाइरस प्रोग्रामर का निर्मित एक प्रोग्राम है। एक बार सक्रिय हो जाने के बाद यह स्वयं को स्वतः ही दुहराता रहता है और फैलता रहता है।
★ जिस डिस्क को सुरक्षित कर दिया जाता है उसमें न तो वाइरस संक्रमण फैला

सकता है न उसको हानि पहुंचा सकता है।

★ किसी फाइल का आकार बढ़ाए बिना ही वाइरस उस फाइल को दूषित कर सकता है।

★ फाइल की तारीख तथा समय का संशोधन किए बिना ही वाइरस फाइल को संक्रमित कर सकता है।

★ DOS फाइल के 1/0 functions का प्रयोग किए बगैर ही फाइल को संक्रमित कर सकता है।

★ डाटा फाइल में वाइरस संक्रमण नहीं फैलता है बल्कि उसको नष्ट कर देता है।

★ प्राथमिक रूप से बूट सेक्टर वाइरस (BSV) सिस्टम का नियंत्रण तभी कर पाता है जब सिस्टम को किसी बूट सेक्टर वाइरस से संक्रमित डिस्क से बूट किया जाता है।

★ बूट सेक्टर वाइरस फाइल को संक्रमित कर सकता है।

★ बूट सेक्टर वाइरस हर प्रकार की डिस्क को संक्रमित कर सकता है।

★ डिस्क के संक्रमित होने पर डिस्क स्पेस कम नहीं होता है।

★ स्मृति (मैमोरी) में वाइरस के घर बना लेने के बाद भी सिस्टम की स्मृति कम नहीं होती है।

★ अपने को फैलाने के लिए स्मृति में बसे हुए वाइरस को डिस्क 1/0 इंटरप्ट को पुनर्निर्देश देना आवश्यक नहीं है।

★ बिना डायरेक्टरी संरचना तथा फाइल एलोकेशन टेबुल (फैट) को बदले हुए फाइल स्वयं को बढ़ा सकते हैं। इसके लिए वाइरसों को डायरेक्टरी संरचना का क्रमवीक्षण (स्कैनिंग) करना पड़ सकता है।

★ सिस्टम को 'ऑफ' कर देने पर कोई भी वाइरस स्मृति में सक्रिय नहीं रह सकता है।

★ डिस्क पर संक्रमित कोई भी वाइरस सिस्टम को नियंत्रण में लेने के लिए स्वतः सक्रिय नहीं हो सकते हैं।

★ प्रोग्राम कोड होने के कारण वाइरस अधिक से अधिक उतना ही कर सकते हैं जो एप्लीकेशन प्रोग्राम कर सकते हैं। अंतर केवल यह है कि वाइरस उपयोक्ता की जानकारी के बगैर ही सक्रिय हो जाते हैं।

जैविक वायरस बनाम कम्प्यूटर वायरस

समानताएं

★ दोनों वाइरस के कार्य करने की प्रणाली एक-सी है।

★ दोनों वाइरस कूट निर्देशों के आधार पर कार्य करते हैं।

★ जिस प्रकार जैविक वाइरस शरीर की सूक्ष्मतम इकाई, कोशिकाओं में स्वतः प्रगुणित होते हैं और पर्याप्त संख्या तक पहुंच जाने पर कोशिकाओं को नष्ट कर देते हैं, उसी प्रकार कम्प्यूटर वाइरस ऑपरेटिंग सिस्टम के सूक्ष्मतम भाग, कमांड-कॉम पर आक्रमण कर उन्हें अपने और अनेक प्रतिरूप बनाने को बाध्य करते हैं। पर्याप्त संख्या में प्रतियां बन जाने पर ये वाइरस कमांड-कॉम को ही संक्रमित कर देते हैं।

★ संक्रमित करने के बाद जैविक वाइरस कोशिकाओं से बाहर निकल आते हैं और अन्य कोशिकाओं को संक्रमित करने लगते हैं। इसी प्रकार, कम्प्यूटर वाइरस स्क्रीन पर कुछ संदेश देने अथवा चित्र छापने लगते हैं और फिर कम्प्यूटर के प्रोग्राम को इस तरह से परिवर्तित कर देते हैं कि अन्य प्रोग्रामों को क्षति पहुंचती है।

★ जिस प्रकार जैविक वाइरसों का अपना एक कोड होता है वैसे ही कम्प्यूटर वाइरस का अपना एक सिगनेचर होता है।

★ दोनों प्रकार के वाइरसों को प्रगुणित होने के लिए अनुकूल परिस्थितियों की आवश्यकता होती है।

★ दोनों प्रकार के वाइरसों के शिकार संक्रमित होने के पश्चात् निश्चित लक्षण दिखलाने लगते हैं।

असमानताएं

★ जैविक वाइरस नैसर्गिक है जबकि कम्प्यूटर वाइरस कृत्रिम होता है।

★ जैविक वाइरस में प्रतिबाधक (प्रिवेंटिव) उपाय होते हैं इसलिए इनका उपयोग करके उस वाइरस द्वारा फैलाई बीमारी के टीके (वैक्सीन) बनाए जाते हैं जिनसे उस बीमारी का निदान होता है। कम्प्यूटर वाइरस में ऐसा कोई प्रतिबाधक उपाय नहीं होता है।

★ नैसर्गिक होने के कारण जैविक वाइरस का निदान तब तक स्थाई रहेगा जब तक वाइरस की कोड रचना में कोई परिवर्तन न आए।

किसी भी बीमारी से निजात पाने के लिए जरूरी है कि पहले उस बीमारी की पहचान की जाए। इसीलिए बीमार होने पर डॉक्टर पहले हमारी जांच करता है, रोग की पहचान करता है और फिर उस रोग का ईलाज करता है। कम्प्यूटर संक्रमण (वायरस) से बचने के लिए भी जरूरी है कि पहले वायरसों की पहचान की जाए। इसीलिए हमने यहां वायरसों की चर्चा की है ताकि वायरसों की जानकारी प्राप्त करके उनसे बचा जा सके।

कम्प्यूटर को खराब करने वाले वायरस, वर्म्स और ट्रोजन्स की संख्या आज दस लाख को भी पार कर गयी है। 'सिमेंटेक' द्वारा सन् 2008 में जारी अपनी द्विवार्षिक रिपोर्ट 'इंटरनेट सुरक्षा को खतरे' में कहा गया है कि अधिकतर वायरस (प्रोग्राम) पिछले 12 महीनों के भीतर ही तैयार किए गए हैं। रिपोर्ट के मुताबिक, साइबर अपराधी, एंटी-वायरस प्रोग्राम को निष्क्रिय करने और अपने आपराधिक इरादों को अंजाम देने के लिए लगातार प्रयास कर रहे हैं। अधिकांश वायरस, उन कम्प्यूटरों को निशाना बना रहे हैं जिनमें 'विन्डोज' सॉफ्टवेयर लगे हैं। ये वायरस, मौजूदा वायरसों के ही संशोधित रूप हैं और ये हाईटेक अपराधियों के लिए काफी लाभदायक सिद्ध हो रहे हैं। अब अपराधी किसी कम्प्यूटर-तंत्र तक पहुंचने के लिए 'ट्रोजन्स' का भी इस्तेमाल कर रहे हैं और ट्रोजन्स के माध्यम से ही वे कई प्रोग्राम डाउनलोड कर रहे हैं अथवा उन्हें इंस्टाल कर रहे हैं।

वायरसों के हमले से बचने के लिए 'एंटी-वायरस' काफी लाभदायक होते हैं। एंटी-वायरस, एक कम्प्यूटर प्रोग्राम होता है जो कम्प्यूटर को वायरस से ग्रसित होने से रोकता है। ये एंटी-वायरस न केवल वायरस अपितु वार्म्स, ट्रोजन होर्सेज और रूटकिट्स आदि से भी कम्प्यूटर का बचाव करते हैं। एंटी-वायरस सबसे पहले कम्प्यूटर फाइल्स को स्कैन करता है ताकि किसी वायरस की उपस्थिति का पता लगाया जा सके। याद रखें कि जब भी आप कोई मेजर सॉफ्टवेयर, इंस्टाल कर रहे हों तो वायरस-सुरक्षा को निष्क्रिय कर दें। ऐसा न करने पर हो सकता है कि आपके द्वारा इंस्टाल किया जाने वाला सॉफ्टवेयर ठीक से इंस्टाल ही न हो। तकनीक और प्रौद्योगिकी ने एंटी-वायरसों में कई उपयोगी विशेषताएं दे दी हैं जैसे मल्टीपल वायरस स्कैन, एडवांस स्कैन शैडयूलिंग स्पेसिफिक लोकेशन और रीयल-टाइम स्कैनिंग। एंटी वायरस में उपस्थित रीयल-टाइल स्कैनिंग, नामक विशेषता के कारण ये एंटी-वायरस, एक निश्चित समयान्तराल के बाद कम्प्यूटर को स्कैन करते रहते हैं ताकि किसी वायरस के कम्प्यूटर में प्रवेश करते ही उसका पता लगा कर उसे नष्ट किया जा सके। एंटी-वायरस के संदर्भ में निम्नलिखित सावधानियां बरतने की जरूरत होती है :

1. एंटी-वायरस को समय-समय पर अपडेट करते रहें।
2. स्वचालित अपडेट के विकल्प को सदैव सक्रिय रखें ताकि इंटरनेट के माध्यम से एंटी-वायरस हमेशा अपने आप ही अपडेट होता रहे।
3. स्वचालित रिपेयर के विकल्प को भी सदैव सक्रिय रखें।
4. समय-समय पर *'फुल सिस्टम स्कैन'* करते रहें। इसके लिए 'ऑटोमैटिक फुल सिस्टम स्कैन' के विकल्प को भी शैडयूल्ड किया जा सकता है।

अपने कम्प्यूटर तंत्र को सप्ताह में कम से कम एक बार अवश्य स्कैन करें। एंटी-वायरस सॉफ्टवेयर को 'गूगल-सर्च' ही सहायता से भी डाउनलोड किया जा सकता

है। कुछ प्रमुख एंटी-वायरस प्रोग्राम निम्नलिखित हैं :

–AVG एंटी वायरस

–Norton एंटी वायरस

–MCA Fee एंटी वायरस

–EAV एंटी वायरस

–avast एंटी वायरस

–PC tools एंटी वायरस

–PC clinn एंटी वायरस

वायरस के अलावा कम्प्यूटर प्रयोगकर्ता 'स्पैम मेल' से भी काफी परेशान रहते हैं। आपके कम्प्यूटर पर आने वाले हजारों की संख्या में अवांछनीय ई-मेल ही स्पैम कहलाते हैं। वेबसाइट्स पर पोस्ट किए गए ई-मेल के पते और 'न्यूज ग्रुप्स', स्पैम को आकर्षित करते हैं। इंटरनेट के लिए मुसीबत बन चुके स्पैम को फिल्टर करने के लिए कम्प्यूटर विशेषज्ञ लगातार शोध कर रहे हैं। स्पैम से बचने के लिए जरूरी है कि कभी भी किसी स्पैम-मेल का जवाब न दें अन्यथा आपके ई-मेल खाते में स्पैम-मेल की बमबारी प्रारंभ हो जाएगी। यही नहीं वे दूसरे स्पैमर्स को भी आपका ई-मेल पता बांट देंगे। स्पैम-मेल से बचने के लिए जरूरी है कि अपने ब्राउजर में सिक्योरिटी-सेटिंग ठीक प्रकार से करें। स्पैम-मेल के साथ वायरस भी हो सकते हैं इसलिए इन्हें हटा देना (डिलीट कर देना) ही सबसे अच्छा उपाय है।

प्रौद्योगिकी द्वारा चोरी से बचाव : चोरी एक ऐसा अपराध है जो सदियों से हर सभ्यता और हर समाज में पाया जाता है। प्रौद्योगिकी ने आज हमें ऐसे उपकरण उपलब्ध करा दिए हैं जिनकी सहायता से हम बहुतायत से होने वाली चोरियों को भी रोक सकते हैं। चोरी की वारदातों को रोकने के लिए जो अत्याधुनिक उपकरण उपलब्ध हैं वे कुल तीन प्रकार के हो सकते हैं : रीडर, नियंत्रक और ताले। रीडर, आपके विवरण को प्राप्त कर उसका मिलान उसमें पहले से दर्ज आपके विवरण से करता है। नियंत्रक से मिलने वाले आदेश/निर्देश के बाद स्वचालित ताले सक्रिय होते हैं। ऐसे बायोमैट्रिक उपकरण भी अब उपलब्ध हैं जो व्यक्ति के हाथ या उसकी आंखों को पढ़ कर उसकी पहचान स्थापित करते हैं।

घर, आवास, दुकान या कार्यालय आदि में होने वाली चोरियों को रोकने के लिए सबसे अधिक प्रयोग, सीसीटीवी कैमरों का किया जाता है। पहले के सीसीटीवी कैमरे आकार में बड़े होते थे जिन्हें चोरों द्वारा आसानी से देख लिया जाता था लेकिन अब ऐसे छोटे सीसीटीवी कैमरे भी अस्तित्व में आ चुके हैं, जिन्हें ढूंढ़ना आसान नहीं है। सीसीटीवी कैमरे से एक पतला तार निकला होता है जिसे आप अपने टेलीविजन या कम्प्यूटर से जोड़ सकते हैं और फिर आसानी से किसी स्थान विशेष की निगरानी

कर सकते हैं। इसके अलावा आजकल वायरलैस सीसीटीवी कैमरे भी बाजार में आ चुके हैं, जिन्हें टेलीविजन या कम्प्यूटर से जोड़ने के लिए तार की आवश्यकता भी नहीं पड़ती है। कुछ वायरलैस सीसीटीवी कैमरों के साथ एक छोटा सा एल.सी.डी. उपकरण भी आता है जिसकी सहायता से क्षेत्र विशेष पर पूरी नजर रखी जा सकती है। इस एल.सी.डी. उपकरण की सहायता से सी.सी.टी.वी. कैमरे के कोण को भी दूर से ही बदला जा सकता है।

चोरी की घटनाओं की रोकथाम में 'पाम रीडर' भी बेहद महत्त्वपूर्ण भूमिका अदा करते हैं। पाम रीडर में अधिकृत व्यक्ति की हथेली के चित्र को अंकित कर लिया जाता है और बाद में दरवाजे के भीतर प्रवेश देने से पूर्व यह पाम-रीडर, प्रवेश करने वाले व्यक्ति की हथेली के चित्र का मिलान, पहले से ही अभिलेखित किए गए हथेली के चित्र से करता है। यदि कोई अनाधिकृत व्यक्ति पाम-रीडर से छेड़छाड़ का प्रयास करता है तो यह उपकरण, अलार्म बजाकर आसपास के लोगों को सावधान कर देता है। आजकल इलैक्ट्रोमैग्नेटिक ताले भी अस्तित्व में आ चुके हैं, जिनकी नकली चाबियां बनवाना असंभव है। इस अत्याधुनिक ताले के भीतर एक रीडर होता है जो पहले अपनी चाबी की पहचान करता है और फिर ताले को खुलने का संकेत करता है। हाल ही में न्यूमैरिक ताले भी बाजार में उपलब्ध हो चुके हैं जिन्हें आमतौर पर घर के दरवाजों और अलमारियों में लगाया जाता है। इस प्रकार के ताले एक विशेष कोडवर्ड का प्रयोग करने पर ही खुलते हैं।

इलैक्ट्रॉनिक-प्रमाण की प्रमाणिकता : अभी तक किसी इलैक्ट्रॉनिक प्रमाण (एवीडेंस) को प्रमाणिक ही माना जाता था लेकिन तकनीक के प्रयोग से अब इन इलैक्ट्रॉनिक प्रमाणों से भी छेड़छाड़ संभव हो गयी है। भाजपा नेता श्री प्रमोद महाजन की हत्या के मामले की न्यायालय में सुनवाई के दौरान न्यायालय के सम्मुख एक अभियंता ने सिद्ध किया कि 'एसएमएस' भी जाली और बनावटी हो सकते हैं। इसके बाद 'एसएमएस' की गवाही के रूप में स्वीकार्यता पर प्रश्नचिह्न लग गया।

आजकल 'एसएमएस' और ई-मेल जैसे टेक्स्ट संदेश का उपयोग, न्यायालय में किसी मामले को कमजोर या मजबूत करने के लिए खूब किया जा रहा है लेकिन जबसे इनके भी फर्जी होने की आशंका बढ़ी है, तभी से यह विवाद का विषय हो गया है कि क्या इन्हें भी इलैक्ट्रॉनिक प्रमाण माना जाना चाहिए। हालांकि एस.एम.एस. या ई-मेल संदेश के आधार पर न तो किसी को दोषी ठहराया जा सकता है और न ही इनके आधार पर किसी को बरी किया जा सकता है लेकिन इनके आधार पर अभियोजन-पक्ष को घटना की कड़ी जोड़ने में तो सहायता मिलती ही है। कोलकाता के हाईप्रोफाइल रिजवानुर मामले में भी सिद्ध किया जा चुका है कि भेजे गए या प्राप्त किए गए इलैक्ट्रॉनिक संदेशों में परिवर्तन किया जा सकता है। आजकल कुछ मामलों

में न्यायालय के नोटिस तक एस.एम.एस. या ई-मेल के जरिए भेजे जाने लगे हैं और इनकी पूरी स्वीकार्यता होती है लेकिन इनके साथ छेड़खानी की आशंका के बाद अब सेवा-प्रदाता का उत्तरदायित्व कुछ और बढ़ गया है। तकनीक व प्रौद्योगिकी की सहायता से सेवा-प्रदाता को भेजे गए या प्राप्त किए गए एस.एम.एस. का रिकॉर्ड कुछ और लंबे समय तक रखना होगा ताकि इन इलैक्ट्रॉनिक संदेशों की वास्तविकता का पता आवश्यक पड़ने पर लगाया जा सके।

12

साइबर अपराध

साइबर सुरक्षा से जुड़े विशेषज्ञों के सामने एक ऐसी चुनौती आ गई है, जो इंटरनेट की सुरक्षा से जुड़ी अब तक की सबसे गंभीर चुनौती कही जा सकती है। कुछ दिनों पहले साइबर अपराधों पर नजर रखने वाली कई साइबर सुरक्षा फर्मों को अहसास हुआ कि प्रसिद्ध वेबसाईट गुगल डाट कॉम है। गूगकल और गूगल के अक्षरों में केवल के हिज्जे का अंतर था। अक्सर गुगल के हिज्जे टाईप्र करते वक्त कंप्यूटर के की बोर्ड पर के बात नहीं है। पर इसका परिणाम बड़ा भयानक था, जो लोग गुगल के बजाय गलती से गूगकल नामक वेबसाईट पर चले गए, उन्हें कंप्यूटर में इस वेबसाईट के माध्यम से कई किस्म के वायरस, निजी कंप्यूटरों की जासूसी करने वाले साफ्टवेयर, जिन्हें 'स्पाईवेयर' भी कहा जाता है के कोप का शिकार होना पड़ा।

'स्पाईवेयर' नामक ये साफ्टवेयर खुद-ब-खुद बिना आप को पता चले आपके निजी कंप्यूटर में प्रवेश कर जाएंगे। इसके बाद आपके कप्यूंटर में उपलब्ध सभी महत्त्वपूर्ण जानकारियों को किसी तीसरे व्यक्ति के पास बिना आपकी जानकारी के पहुंचा देते हैं।

आपके कंप्यूटर का पासवर्ड ई-मेल का पासवर्ड आपकी सारी कंप्यूटर फाइलों एक-एक अक्षर की नकल कर ये उसे हजारो मील दूर बैठे किसी ऐसे व्यक्ति के कंप्यूटर पर भेज देंगे, जो स्पाईवेयर नियंत्रित करता है। गूगकल नामक इस वेबसाईट के माध्यम से स्पाईवेयर का काम समाप्त होने के बाद कंप्यूटर वायरस आपके कंप्यूटर ही हार्डडिस्क को क्षतिग्रस्त कर उसमें उपलब्ध सारी जानकारी को मिनटों में गायब करने की क्षमता रखते थे। जाचकर्ताओं के दबाव डालते ही यह वेबसाईट रातो रात इंटरनेट पर से गायब हो गई।

यह अकेली ऐसी वेबसाईट नहीं है। इंटरनेट पर प्रसिद्ध वेबसाईटों मसलन सीएनयेन डाटकाम, एओएल डाटकाम, एमएसएन डाटकाम की नकल कर ऐसी

वेबसाईट बनाई गई है, जिनका नाम इन वेबसाईटों से मिलता-जुलता है। असली नाम में एक आध गलत अक्षर टाईप करने पर इन नकलची वेबसाईटों का आपके कंप्यूटर में खुलना लगभग तय हो जाता है। ऐसे में आपका कंप्यूटर पूरी तरह से असुरक्षित हो जाता है। इस नवीनतम किस्म के साइबर अपराध को इंटरनेट की दुनिया में फार्मिंग के नाम से जाना जाता है।

अभी तक के विश्लेषण से पता चला है कि फार्मिंग का प्रकोप सबसे ज्यादा बैकिंग सेक्टर पर है। नकली वेबसाईटों पर बैंकों के ग्राहकों को गच्चा देकर उनसे उनके बारे में नितांत निजी जानकारी निकलवाने का प्रयास किया जाता हैं। इसमें आपके आनलाइन खाते का पासवर्ड से लेकर आप का खाता नंबर तक कुछ भी हो सकता है।

साइबर अपराधों पर नजर रखने वालों का मानना है कि फार्मिंग इस साल की अब तक इंटरनेट को साफ सुथरा माध्यम बनाए रखने वालों के लिए सबसे बड़ी ही नहीं सबसे कठिन चुनौती भी है। इसका एक कारण यह भी है कि फार्मिंग को अजाम देने के लिए साइबर अपराधियों को बाकायदा सर्वर तक में घुसपैठ करनी पड़ती है। यानी कि वह कंप्यूटर जो किसी भी वेबसाईट के सारे आंकडे और उसे बनाने में इस्तेमाल किया गया प्रोग्राम अपने पास सहेज कर खाता है फार्मिंग का निशाना बनता है।

ताजा जानकारी पर भरोसा किया जाए, तो अब यह भी संभव है कि आप भले ही कोई वेबसाईट खोलने के लिए उसके नाम के अक्षर ठीक लिखे पर कुछ खास किस्म के वायरस आपके कप्यूटर को उन अक्षरों को अपने ढंग से पढ़ने पर मजबूर कर देंगे। इससे वेबसाईट का ठीक पता लिखे जाने के बाद भी आप गलत वेबसाईट पर पहुंच जाएंगे। कंप्यूटर के आंखों में धूल झोंकने वाले ये वायरस ई-मेल संक्रमित सीडी अथवा फ्लापी से कंप्यूटर में प्रवेश करते हैं। इनमें से कई-कई वायरस ऐसे जो कंप्यूटर का सुरक्षा कवच बने वायरस प्रतिरोधी प्रोग्रामों को धोखा देने में सफल रहते हैं। यह भी सकता है कि सर्वर में घुसकर फिर वेबसाईट के पते की ही हाईजैक कर लिया जाए। पिछले साल एक जर्मन किशोर ने दुनिया की प्रसिद्ध व्यापारिक वेबसाईट ई-बे के साथ ऐसा ही किया था। इस साल अप्रैल में सुरक्षित ई-मेल सेवाएं उपलब्ध करवाने वाले वेबसाईट हशमेल का भी यही हश्र हुआ।

साइबर सुरक्षा से जुड़ा अतराष्ट्रीय फर्मों के अनुसार हाल ही में दुनिया की तीन प्रमुख वेबसाईटों पर फार्मिंग आक्रमण हुआ। इस आक्रमण से निपट तो लिया गया पर विशेषज्ञों को यह अहसास भी हो गया है कि सुरक्षा के लिए उन्होंने अपने नये साफ्टवेयर के माध्यम से जो अभेद्य मानी गयी दीवारे फायरवाल्स के नाम से खड़ी की है उन्हें भेदना असंभव नहीं रहा है। बाद में यह रहस्योद्घाटन भी हुआ कि वास्तव

में यह साइबर आक्रमण तो एक अभ्यास युद्ध की तरह था जिसके माध्यम से साइबर अपराधी फार्मिंग का सहारा लेने से पूर्व अपने प्रतिद्वंद्वियों के सुरक्षा इंतजामों की मजबूती की जांच कर रहे थे।

साइबर अपराध से बचाव

जैसे-जैसे अपराधियों के पकड़ने के नये-नये तरीके ढूंढ़े जा रहे हैं, वैसे-वैसे अपराधी और भी अधिक स्मार्ट हो रहे हैं। अपराधी के हाईटेक और ज्यादा स्मार्ट होने में कम्प्यूटर की भूमिका बढ़ रही है। साइबर क्राइम से बचने के लिए सूचना प्रौद्योगिकी की नियमावली तैयार हुई है, जिसमें साइबर अपराध से बचने के लिए, सभी साइबर यूजर्स का आई कार्ड होगा।

इंटरनेट तो आज सभी का लाइफ-लाइन बन चुका है। चाहे कोई भी फील्ड क्यों न हो। कोई भी इन्फारमेशन लेनी हो, डेटा लेना हो या अपने किसी प्रिय की खबर लेनी हो, चैट करना हो, इंटरनेट ही इकलौती आप्शन है। साइबर अपराधी अब भी काफी होशियार और एक्टिव हो चुके हैं। कई वारदातें सामने आ चुकी हैं। जैसे ब्लैकमेल किया जाना किसी के डिटेल्स का गलत प्रयोग करना। नाम बदलकर किसी को तबाह करना, नई साजिश रचना अब अपराधियों का नित नये-नये तरीके अपना हाइटेक करके अपराध करना व उससे बचने के तरीकों को अपना समीकरण बना रहे हैं।

साइबर अपराध से निपटने के लिए जनता को भी होशियार होना अनिवार्य है। विशेषकर युवा वर्ग को जो इंटरनेट दुनिया में प्रयुक्त हो रहे हैं। क्योंकि उन्हें तनिक भी आभास नहीं हो पाता कि कब वे अपराधियों के चंगुल में फंस चुके हैं। विशेषकर 'नेट शॉपिंग' के दौरान बैंक अकाउण्ट में गड़बड़ी जैसे किस्से प्रमुख होते हैं। पुलिस व क्राइमब्रांच अपना काम तो बाद में करती है। पहले स्वयं जागरूक रहेंगे तो साइबर अपराध का मौका ही नहीं मिल पाएगा।

अपराधियों को मौका नहीं मिलेगा। गौरयुक्त बात यह है कि ज़रा-सी लापरवाही व्यक्तिगत ही नहीं देश हित के लिए भी खतरा बन सकती है। सबसे अच्छा उपाय है कि अपराधियों को मौका न देना यानी नेट की दुनिया में साइबर अपराध के लिए पहले अपने कम्प्यूटर पर जांच कर लेनी चाहिए। ताकि किसी प्रकार की आकस्मिक गलती के कारण साइबर गलती से अपराध में न फंस जायें या किसी हाइटेक में न चूक हो जाए। इसलिए साइबर क्राइम से थोड़ी सावधानी से बचा जा सकता है।

स्कीमर क्या है?

'की-ट्रेसर' से डाटा कम्प्यूटर में से चोरी व ताक-झांक के लिए बाजार में कई

डिवाइस उपलब्ध हो चुके हैं। इस की-ट्रेसर से डाटा और स्कीमर से जाना जा सकता है क्रेडिट या डेबिट कार्ड का पिन नम्बर। सावधान! आपकी कोई निगरानी कर रहा है, आपके सामने ही कोई आपके कम्प्यूटर से सीक्रेट उड़ा रहा है, मेल आई.डी. और बैंक एकाउण्ट के साथ ही क्रेडिट कार्ड के पासवर्ड और पिन तक उसकी उंगलियां अपराध के लिए पहुंच चुकी हैं। इतना ही नहीं इस तरह के अपराध क्षेत्र में यहां तक कि किसी होटल, हॉस्टल या किसी शो-रूम के 'चेंजरूम' या 'हेल्थ सेन्टर' सभी जगह इंटरनेट के माध्यम से आपके मूवमेंट रिकॉर्ड किए जा सकते हैं। ऐसी विशेष डिवाइस जो देखने में स्विच या शो-पीस लग रही होगी। परन्तु उसका काम किसी पर नजर रखते हुए रिकार्ड तक कर लेना होता है।

साइबर कैफे में मेल करते समय सावधानी रखना आवश्यक है। क्योंकि कभी भी आपका आई.डी. मेल 'हेक' हो सकता है। इस बात का ध्यान रखकर ही कि कम्प्यूटर या साइबर में इस तरह का साफ्टवेयर तो नहीं है, जो हैक कर सके। पूरी जांच करके कि हैकर्स हो जाने वाले को मदद करने वाला साफ्टवेयर लगा है कि नहीं? बाकायदा जांच करके ही साइबर कैफे या किसी कम्प्यूटर का प्रयोग करें।

ऐसा भी हो सकता है, सावधान रहें, इंटरनेट के जमाने में कि कभी आप अपना क्रेडिट कार्ड गलती से किसी दुकान पर भूल आते हैं, तो यह सोचकर किन पिन नम्बर तो किसी के पास नहीं है, निश्चित रह जाते हैं। सावधान! जब आप कार्ड लेने पहुंचेंगे। दुकान पर, तो आपको ज्ञात होता है कि आपके एकाउंट से दस या बीस हजार का सामान ज्यादा खरीदा जा चुका है।

यह सारा खेल हार्डवेयर डिवाइस का है।

आई. पी. कैमरा–इस कैमरे की खासियत यह है कि किसी केमरे या आवश्यक स्थान पर इंस्टाल करके कहीं से ऑपरेट कर देने पर किसी की निजी जिन्दगी में ताक-झांक या सूचना उसके सम्बन्ध में एकत्रित की जा सकता है और पोर्न साइट पर देखा भी जा सकता है।

कुछ खास प्रकार के डिवाइस द्वारा अभी तक केवल कम्प्यूटर से कीमती या आवश्यक डाटा चुराने के लिए हैकर्स साफ्टवेयर या ट्रोजन का प्रयोग किया जाता था। परन्तु अब हार्डवेयर डिवाइस प्रयोग हो रहा है इसे स्कीमर कहते हैं और यह बाजार में उपलब्ध हो गया है।

डाटा चोरी और बचाव

डाटा चोरी कैसे होती है? यह दिलचस्प तरीका कुछ इस प्रकार प्रयोग में लाया जाता है की-ट्रेसर कम्प्यूटर और की-बोर्ड कनेक्टर के बीच में लगने वाली ऐसी डिवाइस है, जिसके अन्दर एक प्रोग्राम्ड चिप लगा दिया जाता है और यूजर द्वारा की-बोर्ड के जरिए इनपुट की गई इन्फार्मेशन इस डिवाइस में स्टोर होने लगती है।

बाद में इसी डिवाइस में स्टोर इन्फार्मेशन को कम्प्यूटर पर ट्रांसफर कर यूज किया जाता है। आपके कम्प्यूटर पर कोई डिवाइस या चिप नहीं लगा है इस बात का सावधानी के साथ निरीक्षण करके ही किसी साइबर कैफे का प्रयोग करना चाहिए।

आई. पी. कैमरा—ब्ल्यू हैट हैंकर जो किसी बेवसाइट हैक होने से बचाता है। बाजार में तरह-तरह के उपलब्ध हैं। इसमें स्क्रू कैमरा, बटन कैमरा, पेन कैमरा, अम्ब्रैला कैमरा तथा कस्टमाइज्ड कैमरा ऐसे कैमरों को प्राप्त करने के लिए अपनी उपयोगिता बताकर प्राप्त की जा सकती है। ट्रेसर और स्किमर की तरह ही एक ऐसा डिवाइस नम्बर जनरेट कर देता है और यह डिवाइस ऐसा है कि प्रयोगकर्ता तक पहुंचना कठिन होता है।

बचाव के संसाधन व टिप्स इंटरनेट पर

- हमेशा अपने कम्प्यूटर का प्रयोग करें।
- सुरक्षित वेबसाइटों (जिन पर ताले का मार्क लगा हो) का प्रयोग करें।
- आई. पी. एड्रेस छुपा कर इंटरनेट का प्रयोग करें।
- इंटरनेट पासवर्ड में हमेशा शब्दों के साथ अंकों का प्रयोग करें।
- किसी भी वेबसाइट से प्रापली सही तरीके से साइन आऊट करें और कम्प्यूटर को शट डाऊन करें।

इंटरनेट प्रयोग करने वाले विश्व के प्रत्येक व्यक्ति पर कोई न कोई नजर गड़ाये रखता है। मैल, चैटिंग और सर्फिंग करने वालों की सूचना किसी न किसी सर्वर में हर पल स्टोर की जा रही होती है।

इंटरनेट सर्च इंजनों पर सूचनाएं और जानकारी लेने वालों का भी रिकार्ड तैयार होता रहता है।

साइबर सुरक्षा विशेषज्ञों की दिन-प्रतिदिन मांग इसीलिए बढ़ रही है। साइबर सुरक्षा और साइबर लॉ के लिए अब कई कोर्स भी प्रारम्भ करने के लिए प्रशासन जागरूक हो रही है। ताकि साइबर सम्बन्धी सावधानियां प्रयोग में लाने का चलन बढ़ सके।

वैव कैमरे और इंटरनेट टेलीफोनी का प्रयोग करने वाले बैडरूम तक झांकने की कोशिश करने के लिए क्रेडिट कार्ड फ्रॉड आइडेंटिटी थेफ्ट फिशिंग, ई-मेल के साथ ट्रोजन प्रयोग करके पोर्न (अश्लील) वेबसाइट पर दिखाया जा सकता है। क्या है ट्रोजन? ट्रोजन वह प्रयोग है जो आपके कम्प्यूटर में प्रवेश करके अपना अटैकिंग प्रयोग प्रारम्भ करता है। इसके द्वारा अटैकर कम्प्यूटर के डाटा को हैक कर लेता है। या फिर उसे ऑन लाइन कर ट्रोजन वायरस स्कैनिंग प्रोग्राम से पकड़ा जाता हे। इसके लिए कम्प्यूटर में ट्रोजन स्कैनर लगाना पड़ता है।

उपर्युक्त सावधानी इंटरनेट कनेक्शन प्रयोग करने वालों को अवश्य रखना चाहिए। जरा सी सावधानी हटी दुर्घटना घटी। सावधान हाइटेक का जमाना है। अपनी सुरक्षा स्वयं करें। अब मीडिया रूम टेकनोलॉजी द्वारा माइक्रोसॉफ्ट विकसित किया जा चुका है।

इंटरनेट से शरारत भरा एस एम एस

कोई भी इंटरनेट का प्रयोग करके आपके मोबाइल पर एस एम एस भेज कर संदेह व नींद खराब करने की योजना बना सकता है। सावधान!

आजकल इंटरनेट पर शरारत भरे एस एम एस इसलिए भेजा जा रहा है कि उसकी सावधानी रहित विचार का शरारत हो जाए आनन्द भेजने वाले को मिलता है या दुश्मनी निकालने के प्रयोजन से भेजा जाता है। विशेष यह है कि इसमें भेजने वाले की कोई आइडेंटिटी आसानी से नहीं मिल पाती।

कैसे भेजे जाते हैं एस एम एस तथा बचाव

इंटरनेट पर इस समय वेबसाइटों की भरमार हो गयी है। जिससे सीधे मोबाइल पर एस एम एस भेज कर शरारत कर सकते हैं। प्रत्येक से इंटरनेट माध्यम से 100 से अधिक एस एम एस भेज सकते हैं। चाहे रजिस्टर सबस्क्राइबर वेबसाइट हो अथ्ज्ञवा न हो। व्यक्ति का नाम न होकर केवल वेबसाइट का नाम होता है। जिसके कारण वेबसाइट भेजने वाले का नाम व शरारतकर्ता को पकड़ना बहुत कठिन होता है। इंटरनेट के जरिए टेन्शन बढ़ाना ही उद्देश्य होता है भेजने वालों का।

'शॉट टैम्पर' व्यक्ति या पारिवारिक विघटन या अपने बहन-पत्नी पर शक करते हैं। वे असुरक्षित भावना के, कमजोर सोच के होते हैं। एस एम एस आने पर विचलित हो उठते हैं परिवार के अन्दर किसी पर भड़ककर अपना हाथ उठा सकते हैं। परन्तु विवेकी व्यक्ति एस एम एस आने के कारण व स्थान का वेबसाइट का पता लगाना उचित समझकर कार्रवाई करेगा। कोई भी उनके या उनके परिवार के साथ शरारत कर रहा है या दुश्मनी निकालने के उद्देश्य से भेज रहा है। इसमें घबड़ाने की आवश्यकता नहीं है। क्योंकि प्रत्येक कम्प्यूटर पर आई पी एड्रेस होता है जिससे पता लगाया जा सकता है कि आखिर ये एस एम एस किस कम्प्यूटर से किस समय भेजा गया है। यदि पर्सनल कम्प्यूटर से भेजा जाता है एस एम एस तो शीघ्र पता चल जाएगा। परन्तु साइबर कैफे से भेजा गया एस एम एस व्यक्ति के साइबर कैफे में उसकी आइडेंटिटी दर्ज न हो तब व्यक्ति को पकड़ना कठिन होता है। परन्तु साइबर कैफे वाला सावधानी रखेगा, तो आसानी से व्यक्ति को पकड़ना सम्भव है।

डिजिटल लाइब्रेरी : एक नया स्वरूप

इन्टरनेट की डिस्कवरी के बाद जो एक सबसे बड़ी क्रांति हुई है वह है प्रिंटेड डाटा का डिजिटाइजेशन अर्थात् बुक्स तथा लाइब्रेरीज का डिजिटलीकरण या इलेक्ट्रानिफिकेशन। और इसके फलस्वरूप बनती है डिजिटल लाइब्रेरी। यह एक ऐसी लाइब्रेरी। यह एक ऐसी लाइब्रेरी होती है जिसमें उपलब्ध ज्यादातर रिसोर्सेज मशीन में पढ़ने वाले फार्मेट में होते हैं, न कि प्रिंट फार्मेट में। ये डिजिटल सामग्री या तो लोकली उपलब्ध हो सकती है या इसे रिमोटली नेटवर्क कम्प्यूटर के द्वारा access किया जा सकता है।

डिजिटल लाइब्रेरीज के प्रकार : इन्हें दो श्रेणियों में विभक्त किया जा सकता है, तो वे लाइब्रेरी जिनमें डिजिटल हेल्डिंग्स के साथ बुक्स की physical उपलब्धता भी हो तथा दूसरी वे लाइब्रेरीज जिनमें सारा का सारा कलेक्शन पूरी तरह से डिजिटल हो। प्रोजेक्ट गुटनबर्ग, इबिब्लियों तथा इन्टरनेट आरकाइब इस दूसरी श्रेणी के कुछ उदाहरण है।

डिजिटाइजेशन के फायदे– प्रिंटेड लाइब्रेरीज में जगह का अभाव हमेशा ही रहता था। जबकि डिजिटल लाइब्रेरीज में काफी ज्यादा इन्फार्मेशन स्टोर करने की क्षमता होती है। पारम्परिक लाइब्रेरीज में स्टाफ, बुक मेन्टेनेन्स, तथा नई बुक्स की खरीद में काफी पैसा व्यय करना पड़ता है। जबकि डिजिटल लाइब्रेरीज में इन सभी खर्चो में कटौती हो जाती है। इसके साथ ही डिजिटल लाइब्रेरीज टेक्नोलॉजी में आए किसी भी नये बदलावों को आसानी के नये forms को हमारे सामने रख भी सकती है। जैसे वाइकीज तथा ब्लॉग्स आदि।

डिजिटल लाइब्रेरी को access करने के लिए हमें लाइब्रेरी तक फिजिकली जाने की आवश्यकता नहीं है। कोई भी व्यक्ति इसे दुनिया में किसी भी भाग में access कर सकता है। इसके लिए केवल एक इन्टरनेट कनेक्शन की आवश्यकता है।

डिजिटल लाइब्रेरीज को हम दिन या रात किसी भी समय access करने के लिए स्वतंत्र है और एक ही रिसोर्स को कई लोग एक साथ प्रयोग कर सकते हैं।

स्ट्रक्वर्ड एप्रोच : डिजिटल लाइब्रेरी बहुत ही rich contents को ज्यादा structured manner में हमें प्रदान करती है। अर्थात् हम आसानी से किसी से किसी किताब तक और किसी किताब से किसी chapter तक पहुंच सकते है।

डिजिटल लाइब्रेरीज यूजर्स को यूजर फ्रेंडली इन्टरफेस प्रदान करती है। जिससे कि केवल एक क्लिक से ही हम किसी रिसोर्स को access कर सकते है।

प्रिजर्वेशन : ओरिजनल बुक की हम कई एक सामान कापी बना कर रख

सकते है और क्वालिटी में कोई कमी भी नहीं आएगी।

नेटवर्किंग—एक किसी डिजिटल लाइब्रेरी से किसी दूसरे रिसोर्स का किसी दूसरी लाइब्रेरी में लिंक आसानी से प्रदान किया जा सकता है और इस तरह से हम इन्ट्रीग्रेटेड रिसोर्स शेयरिंग प्राप्त कर सकते है।

कीमत—डिजिटल लाइब्रेरीज की कीमत पारम्परिक लाइब्रेरीज से काफी कम होती है, फिर भी प्रिंट मैटीरियल को डिजिटल फार्मेट में convert कर में काफी खर्च करना पड़ता है। ऑन लाइन access maintain करने जैसे सर्वर्स, बैंडविड्थ कीमत आदि में भी काफी व्यय आता है और साथ ही इन्हें ऑपरेट करने में हमें Technical staff पर भी काफी खर्च करना पड़ता है। अंत में हमें डिजिटल डाटा को Latest डिजिटल मीडिया जैसे फ्लापी-टेप-सीडी'डीवीडी-ब्लू रे आदि में प्रत्येक कुछ वर्षों में ट्रांसपोर्ट करना पड़ता है। इस प्रोसेस में हमें स्किल्ड कर्मचारियों तथा हार्डवेयर में काफी व्यय करना होता है।

डिसएडवान्टेजेज—डिजिटल लाइब्रेरीज में हमें पारम्परिक लाइब्रेरीज के जैसा माहौल नहीं मिलता है। कई लोग कम्प्यूटर स्क्रीन की बजाय प्रिंटेड मैटर को पढ़ना आसान समझते है। इन लाइब्रेरीज में कॉपीराइट तथा लाइसेंसिंग जैसी समस्याएं भी विद्यमान है। अंत में इन लाइब्रेरीज की access के लिए हमें इन्फ्रास्ट्रक्चर जैसे पावर, कम्प्यूटर्स इन्टरनेट लिंग या इन्टरनेट बैंडविड्थ आदि पर निभर्र रहना पड़ता है।

डिजिटल लाइब्रेरी के मुख्य वेबसाइट—

* www.guest.a.com.
* www.libraryspot.com.
* www.ipl.org
* www.lib.ed.dc.uk
* www.bl.uk
* www.literature.org.
* www.veabookonline.net
* www.classisbookshelf.com.
* www.readprint.com.
* www.magickeyscom/books
* onlinebooks.library.upcom.edu.

डिजिटल (ई) लाइब्रेरी की अवधारणा व इतिहास

डिजिटल ई लाइब्रेरी के मूल विचार को विश्व के समक्ष लाने का श्रेय इंग्लैंड

में एफ. डब्लू. लैनकास्टर को जाता है। लैनकास्टर का जन्म 1933 में इंग्लैंड में हुआ था। इन्होंने ही सबसे पहले पेपरलेस लाइब्रेरी की कल्पना की थी। जिसे आधार बनाकर बाद में डिजिटल लाइब्रेरी की कल्पना को साकार किया गया।

डिजिटल लाइब्रेरी शब्द का पहली बार प्रयोग 1988 के आसपास किया गया था। परन्तु इस शब्द को प्रसिद्धि तब मिली जब 1994 में अमेरिका में डिजिटल लाइब्रेरी इनिशियेटिव प्रोजेक्ट का प्रारमी हुआ।

क्या है ई-लाइब्रेरी ऑनलाइन

ई-लाइब्रेरी का तात्पर्य लाइब्रेरी के उस रूप से होता है, जो सम्बन्धित व्यक्ति को कम्प्यूटर के माध्यम से ऑनलाइन रूप में उपलब्ध होता है। कुछ लोग इंटरनेट को भी ई-लाइब्रेरी समझते हैं। परन्तु ऐसा नहीं है। इंटरनेट के माध्यम से हमें जो कुछ प्राप्त होता है, वो व्यवस्थित नहीं होता है। जबकि ई-लाइब्रेरी के माध्यम से हमें जो कुछ भी प्राप्त होता है, वह व्यवस्थित क्रम में और आवश्यकता के अनुसार मिल जाता है।

ई-लाइब्रेरी में किताबें या पढ़ने योग्य सामग्री इलेक्ट्रॉनिक या डिजिटल रूप में होती है। इसके लिए कम्प्यूटर के माध्यम से पहुंचा जा सकता है। ई-लाइब्रेरी के मूल विचार को दुनिया के सामने लाने वालों में प्रमुख श्रेययुक्त नाम इंग्लैंड के एफ. डब्ल्यू. लैनस्काटर को ही जाता है। डिजिटल लाइब्रेरी की कल्पना को साकार किया था। इसी क्रम में डिजिटल लाइब्रेरी 'शब्द' का पहली बार प्रयोग 1988 के आसपास हुआ। 1994 से डिजिटल इनिशियेटिव लाइब्रेरी एक प्रोजेक्ट के रूप में प्रारम्भ हुआ।

ई-लाइब्रेरी का प्रयोग–वर्तमान में दो प्रकार से हो रहा है। पहले वर्ग में वो ई-लाइब्रेरी आते हैं, जिनमें खुला प्रवेश होता है और दूसरे वर्ग में वो ई-लाइब्रेरी आते हैं, जिनमें प्रवेश के लिए सम्बन्धित ई-लाइब्रेरी की सदस्यता अनिवार्य होती है।

इतिहासकारों का मत है कि आज से लगभग दो हजार वर्ष पहले अलक्जेण्डिया में एक विशाल पुस्तकालय था। आज ई-लाइब्रेरी कहीं ज्यादा बेहतर और सुविधाजनक हो गया है। ई-लाइब्रेरी का लाभ एक साथ अनगिनत बच्चे उठा सकते हैं। ई-लाइब्रेरी को नष्ट किया जा सकता है। वर्तमान में ई-लाइब्रेरी के कई और नाम प्रसिद्ध हैं, जैसे–ऑनलाइन लाइब्रेरी, डिजिटल लाइब्रेरी, वर्चअल लाइब्रेरी आदि। ई-लाइब्रेरी का प्रयोग करने के लिए निम्न बातों का ध्यान रखना चाहिए–

1. आवश्यक होने पर सबसे पहले ई-लाइब्रेरी की सदस्यता ग्रहण करें।
2. कम्प्यूटर के माध्यम से ई-लाइब्रेरी में प्रवेश करें।
3. पढ़ने योग्य सामग्री, चित्र आदि का चयन करें।
4. चयन की गई सामग्री को अपने डेस्क पर सेव करें।

5. तत्पश्चात अध्ययन करें।
6. ई-लाइब्रेरी के साफ्टवेयर आज ज्यादा प्रयोग में आते हैं, जैसे—डीस्पेस, ईप्रिन्ट, फेडोरा, डिलूबा और ग्रीन स्टोन डिजिटल ई-लाइब्रेरी साफ्टवेयर।

ई-लाइब्रेरी के फायदे और नुकसान

1. पढ़ने योग्य सामग्री सुविधाजनक रूप में उपलब्ध हो जाती है।
2. इसके लिए कहीं जाना नहीं पड़ता है।
3. कम्प्यूटर के माध्यम से सामग्री को आसानी से अपने पास सुरक्षित रखा जा सकता है।
4. एक बार सामग्री प्राप्त हो जाने के बाद इसे बहुत ज्यादा सम्भालने की आवश्यकता नहीं पड़ती।

नुकसान

1. परम्परागत लाइब्रेरी के विकास में अवरोध।
2. तकनीकी सम्बन्धी समस्यायें, क्योंकि इससे जुड़ी तकनीक काफी जल्दी-जल्दी बदलती रहती है।
3. कुछ लेखक ई-लाइब्रेरी के विचार को पसन्द नहीं करते हैं। क्योंकि कई बार ऐसा होता है कि इनकी इजाजत के बिना ही उनके लेख या उनकी किताबों से सम्बन्धित लाइब्रेरी वाले अपने संस्करण में उपलब्ध करा देते हैं।
4. सिस्टम की मॉनीटरिंग करनी पड़ती है।

परिशिष्ट

सूचना प्रौद्योगिकी अधिनियम, 2000

16.1 पृष्ठभूमि तथा उद्देश्य

16.1.1 अध्याय-1 संक्षिप्त नाम, प्रारंभ एवं अनुप्रयोग

16.1.2 परिभाषाएं

16.2 वैद्युतिक प्रलेखों का प्रमाणीकरण

16.3 वैद्युतिक शासन

16.3.1 वैद्युतिक अभिलेखों को वैधानिक मान्यता

16.3.2 आंकिक हस्ताक्षरों को वैधानिक मान्यता

16.3.3 सरकार एवं उसके अभिकर्ताओं में वैद्युतिक अभिलेख एवं आंकिक हस्ताक्षरों का उपयोग

16.3.4 वैद्युतिक प्रलेखों का धारण

16.3.5 वैद्युतिक गजट में प्रकाशन

16.3.6 धारा 6, 7 एवं 8 द्वारा कोई अधिकार नहीं

16.3.7 केन्द्र सरकार को नियम बनाने की शक्ति

16.4 वैद्युतिक अभिलेखों की सम्बद्धता, स्वीकृति एवं प्रेषण

16.4.1 वैद्युतिक अभिलेखों की सम्बद्धता

16.4.2 प्राप्ति की स्वीकृति

16.4.3 वैद्युतिक अभिलेख के भेजने एवं इसकी प्राप्ति का समय एवं स्थान

16.5 सुरक्षित वैद्युतिक अभिलेख एवं सुरक्षित आंकिक हस्ताक्षर

16.5.1 सुरक्षित वैद्युतिक अभिलेख

16.5.2 सुरक्षित आंकिक हस्ताक्षर

16.5.3 सुरक्षा प्रक्रिया

16.6 प्रमाणीकरण प्राधिकारियों का नियम

16.6.1 सामान्य प्रावधान

16.6.2 अनुज्ञप्ति का निलंबन

16.6.3 प्रमाणीकरण प्राधिकारी के दायित्व

16.7 आंकिक हस्ताक्षर प्रमाणपत्र

16.7.1 आंकिक हस्ताक्षर प्रमाणपत्र जारी करना

16.7.2 आंकिक हस्ताक्षर प्रमाणपत्र का निलंबन

16.8 अंशदाताओं के कर्तव्य

16.8.1 कुंजियों के जोड़े का उत्पादन

16.8.2 आंकिक हस्ताक्षर प्रमाणपत्र की स्वीकृति

16.8.3 निजी कुंजी का नियंत्रण

16.9 दण्ड एवं न्यायिक निर्णय

16.9.1 कम्प्यूटर, कम्प्यूटर प्रणाली इत्यादि को नुकसान हेतु शास्ति

16.9.2 अन्य जुर्माने

16.9.3 न्यायिक जांच

1610 साईबर नियमन अपीलीय

16.10.1 साइबर नियमन अपीलीय न्यायाधिकरण की स्थापना

16.10.2 पीठासीन अधिकारी

16.10.3 साइबर अपीलीय न्यायाधिकरण को अपील

16.10.4 दीवानी न्यायालय के अधिकार क्षेत्र से बाहर

16.10.5 उच्च न्यायालय को अपील

16.10.6 उल्लंघन राजीनामा करना

16.11 अपराध

16.12 किन प्रकरणों में तंत्र, सेवा प्रदाता उत्तरदायी नहीं होंगे

16.1 पृष्ठभूमि तथा उद्देश्य

(1) नई संचार प्रणाली तथा आंकिक तकनीक ने हमारी जिन्दगी जीने के तरीके को नाटकीय रूप में परिवर्तित कर दिया है। लोगों के व्यापारिक व्यवहारों में एक क्रान्ति हो रही है। व्यापारी एवं उपभोक्ताओं में रूढ़िगत कागजी दस्तावेजों के स्थान पर सूचनाओं को बनाने, उन्हें प्रेषित करने एवं उनका संग्रहण करने हेतु कम्प्यूटरों का उपयोग बढ़ता जा रहा है। वैद्युतिक रूप में संग्रहीत की गई सूचना के काफी फायदे होते हैं। ये सस्ती होती है, संग्रहीत करने में आसान होती है एवं इसकी पुनः प्राप्ति एवं प्रेषण अधिक गतिशील होता है, यद्यपि लोगों को इन फायदों का पता था परंतु फिर भी वे उपयुक्त वैधानिक ढांचे की कमी के कारण वैद्युतिक रूप में व्यवहार करने अथवा व्यापार करने में हिचकिचाते थे। वैधानिक मान्यता हेतु

दस्तावेज का लेखन एवं हस्ताक्षर दो ऐसी आवश्यकताएं हैं जो कि वैद्युतिक वाणिज्य तथा वैद्युतिक शासन के रास्ते की सबसे बड़ी रुकावटें हैं। वर्तमान समय में प्रचलित विभिन्न वैधानिक प्रावधान कागजी प्रलेखों एवं दस्तावेजों तथा ऐसे प्रलेखों को मान्यता देते हैं जो कि हस्ताक्षरयुक्त होते हैं। साक्ष्य अधिनियम परम्परागत तौर पर कागजी प्रलेखों तथा मौखिक गवाही पर आधारित है। चूंकि वैद्युतिक वाणिज्य में कागजी सौदों की आवश्यकता को हटा दिया गया है इसलिए ई-कॉमर्स को सहायता देने हेतु समुचित वैधानिक परिवर्तन किया जाना अत्यंत आवश्यक हो गया है। अंतर्राष्ट्रीय व्यापार पिछले कुछ वर्षों में ई-कॉमर्स के माध्यम से तेजी से बढ़ रहा है एवं बहुत से देशों ने कागज आधारित वाणिज्य को ई-कॉमर्स में बदल दिया है।

(2) संयुक्त राष्ट्रों की सामान्य सभा ने अपने प्रस्ताव क्रमांक 51/162 दिनांक 30 जनवरी, 1997 के द्वारा अनुमोदन किया था कि सभी राज्य अपने यहां विधान बनाते समय या उन्हें परिवर्तित करते समय प्रादर्श विधान को ध्यान में रखें। वैद्युतिक वाणिज्य हेतु इस प्रादर्श विधान को सन् 1996 में संयुक्त राष्ट्र की अंतर्राष्ट्रीय व्यापार विधान कमीशन ने पारित किया था। इस आदर्श विधान में कागजी संचार तथा वैद्युतिक संचार उपभोक्ताओं के लिए समान वैद्युतिक व्यवहार हेतु प्रावधान निहित हैं। विश्व व्यापार संगठन के विभिन्न सदस्य देशों ने भी हाल ही में घोषणा की है कि वे भी वैद्युतिक वाणिज्य के माध्यम से विभिन्न व्यापारिक सौदों के परिचालन हेतु संभावनाओं को ढूंढने तथा एक रूप बनाने के लिए एक सम्मिलित कार्यक्रम बनाएंगे।

(3) हमारे देश में ई-कॉमर्स को सहायता देने हेतु वर्तमान कानूनों में समुचित परिवर्तनों की आवश्यकता है। इसलिए यह प्रस्तावित किया गया कि वैद्युतिक प्रलेखों तथा आंकिक हस्ताक्षरों को वैद्युतिक मान्यता देने हेतु प्रावधान बनाये जायें जिससे कि वैद्युतिक माध्यमों द्वारा किये गये अनुबंधों के अनुमोदन द्वारा अधिकारों तथा दायित्वों की रचना की जा सके। यह भी प्रस्तावित किया गया है कि आंकिक हस्ताक्षर प्रमाणपत्र जारी करने वाले प्रमाणीकरण प्राधिकारों को नियंत्रित करने हेतु नियमित शासन पद्धति हेतु प्रावधान बनाये जायें। वैद्युतिक माध्यमों द्वारा किये गये सौदों एवं व्यवहारों के द्वारा होने वाले सम्मिलित दुरुपयोगों को रोकने के लिए प्रस्तावित कानूनों के उल्लंघन हेतु दीवानी तथा फौजदारी दायित्व भी प्रस्तावित हैं।

(4) वैद्युतिक शासन को सहायता देने के उद्देश्य से यह भी प्रस्तावित किया गया है कि शासकीय एवं इनके अभिकर्ताओं के कार्यालयों में वैद्युतिक प्रलेखों तथा आंकिक हस्ताक्षरों के उपयोग को मान्यता प्रदान करने हेतु प्रावधान बनाये जायें। इससे नागरिकों तथा शासकीय कार्यालयों के मध्य स्वतंत्र व्यवहार होंगे।

(5) भारतीय दण्ड संहिता तथा भारतीय साक्ष्य अधिनियम, 1872 में समुचित

परिवर्तन भी प्रस्तावित हैं जिनके द्वारा दस्तावेजों तथा कागज रहित सौदों संबंधी अपराधी हेतु प्रावधानों में आवश्यक परिवर्तन लाने के लिए प्रस्तावित हैं। वित्तीय संस्थानों तथा बैंक के मध्य वैद्युतिक कोष स्थानांतरण को सहायता देने हेतु रिजर्व बैंक ऑफ इण्डिया अधिनियम 1934 में भी परिवर्तन प्रस्तावित किए गए हैं। बैंकों द्वारा वैद्युतिक प्रारूप में लेखा पुस्तकों के पालन को वैधानिक मान्यता देने हेतु ''बैंकर्स ब्रुक्स'' साक्ष्य अधिनियम, 1891 में भी आवश्यक परिवर्तन प्रस्तावित हैं।

(6) प्रस्तावों को राज्य सरकारों के मध्य भी संचारित किया गया था, उन्होंने प्रस्तावित कानूनों का अनुमोदन किया है एवं इस कानून को अत्यधिक आवश्यक भी माना है।

16.1.1 अध्याय-1 संक्षिप्त नाम, प्रारंभ एवं अनुप्रयोग—यह अधिनियम ''सूचना तकनीक अधिनियम 2000'' के नाम से पुकारा जाएगा। यह पूरे भारतवर्ष में प्रभावी होगा तथा इस अधिनियम के विपरीत प्रावधानों को सुरक्षित रखते हुए यह किसी व्यक्ति द्वारा भारत के बाहर भी किए गए किसी अपराध अथवा उल्लंघन पर भी लागू होगा। इसमें यह प्रावधानित किया गया है कि केन्द्र सरकार इस अधिनियम के प्रावधानों को प्रभावशाली करने हेतु दिनांक अथवा कई अलग-अलग विधियों को अधिसूचित करेगी एवं जिस तिथि से यह विभिन्न प्रावधान अधिसूचित होंगे उसी तिथि से इस अधिनियम के तहत यह प्रभावशाली हो जाएंगे।

निम्नलिखित दस्तावेजों इत्यादि पर यह अधिनियम लागू नहीं होगा—

(a) एक ''विनिमय विपत्र'' जिसे विनिमय विपत्र अधिनियम 1881 की धारा 13 के अंतर्गत परिभाषित किया गया हो।

(b) एक ''अभिकर्ता पत्र'' जिसे कि पावर ऑफ अटॉर्नी एक्ट 1882 की धारा 1 (ए) के तहत परिभाषित किया गया हो।

(c) एक ''ट्रस्ट'' जिसे कि भारतीय ट्रस्ट अधिनियम 1882 की धारा 3 के तहत परिभाषित किया गया हो।

(d) एक ''इच्छापत्र'' जिसे कि भारतीय उत्तराधिकार अधिनियम 1925 की धारा 2 (h) के तहत परिभाषित किया हो।

(e) किसी अचल संपत्ति या उसमें निहित किसी अधिकार को विक्रय अथवा अंतरण करने हेतु किए गए अनुबंध।

(f) दस्तावेजों अथवा सौदों की कोई ऐसी श्रेणी जिसे कि केन्द्र सरकार शासकीय गजट में अधिसूचित करें।

16.1.2 परिभाषाएं—इस अधिनियम की धारा 2 के तहत विभिन्न तकनीकी शब्दों को निम्नलिखित रूप में परिभाषित किया गया है—

(a) पहुंच—इसे शाब्दिक तथा प्रासंगिक रूप में इस तरह परिभाषित किया गया

है कि एक कम्प्यूटर, कम्प्यूटर प्रणाली अथवा कम्प्यूटर तंत्र के तार्किक, गणितीय अथवा स्मृति कार्य स्रोतों में प्रवेश करना, निर्देश देना अथवा इनसे वार्तालाप करना।

(b) **संबोधित**–से तात्पर्य एक ऐसे व्यक्ति से होता है जिसे कि मूल प्रेषक कोई वैद्युतिक प्रलेख भेजना चाहता है परंतु इसमें मध्यस्थों को शामिल नहीं किया जाता है।

(c) **न्यायिक अधिकारी**–से आशय उस न्यायिक अधिकारी से होता है जिसे कि धारा 46 की उपधारा (1) के अधीन नियुक्त किया जाता है।

(d) **आंकिक हस्ताक्षर नत्थी करने**– से आशय एक व्यक्ति द्वारा उस प्रणाली अथवा प्रक्रिया को बनाना होता है जिसके द्वारा एक वैद्युतिक प्रलेख को आंकिक हस्ताक्षरों के माध्यम से प्रमाणीकृत किया जाता है।

(e) **उपयुक्त सरकार**–किसी मामले में उपयुक्त सरकार से आशय–

(i) जिसका वर्णन संविधान की सातवीं अनुसूची की दूसरी तालिका में किया गया हो।

(ii) संविधान की सातवीं अनुसूची की तृतीय तालिका के अंतर्गत किसी राज्य कानून को पारित करने संबंधित राज्य सरकार एवं अन्य प्रकरणों में केन्द्र सरकार।

(f) **असमान गुप्त लेखन प्रणाली**– से आशय एक ऐसी प्रणाली से होता है जिसमें कि एक सुरक्षित कुंजी के जोड़े का प्रयोग किया जाता है। इसमें एक निजी कुंजी आंकिक हस्ताक्षरों की रचना हेतु प्रयोग की जाती है तथा दूसरी व्यावसायिक कुंजी आंकिक हस्ताक्षरों को प्रमाणित करती है।

(g) **प्रमाणीकरण प्राधिकारी**–से आशय एक ऐसे व्यक्ति से होता है जिसे कि धारा 24 के अंतर्गत आंकिक हस्ताक्षर प्रमाणपत्र जारी करने हेतु अनुज्ञापत्र जारी किया गया हो।

(h) **प्रमाणीकरण नियम कथन**– एक विवरणी को कहते हैं जिसे कि एक प्रमाणीकरण प्राधिकारी द्वारा जारी किया जाता है जिसमें कि उन नियमों का उल्लेख होता है जिसे प्रमाणीकरण प्राधिकरण आंकिक हस्ताक्षर प्रमाणपत्र जारी करने हेतु लागू करते हैं।

(i) **कम्प्यूटर**–से आशय वैद्युतिक, चुम्बकीय, प्रकाश अथवा तीव्र समंक प्रक्रिया-करण उपकरण अथवा प्रणाली से होता है जो कि वैद्युतिक, चुम्बकीय अथवा प्रकाश तरंगों के कुशलतापूर्वक प्रबंधन द्वारा तार्किक, गणितीय एवं स्मृति क्रियाओं को सम्पन्न करते हैं एवं इसमें सभी आगम, निर्गम, प्रक्रियाकरण, भंडारण कम्प्यूटर सॉफ्टवेयर तथा संचार सुविधाओं को शामिल किया जाता है जो कि एक कम्प्यूटर प्रणाली अथवा कम्प्यूटर तंत्र में संगणक यंत्रों से जुड़े होते हैं अथवा संबंधित होते हैं।

(j) **कम्प्यूटर तंत्र**–से आशय एक या अधिक संगणक यंत्रों के अंतर संबंध

से होता है जो कि निम्नलिखित माध्यमों द्वारा हो सकता हैः–

(i) उपग्रह, सूक्ष्म तरंग अथवा भूमिगत लाइनों अथवा अन्य संचार माध्यमों के उपयोग द्वारा, अथवा

(ii) दो या अधिक अंतर्संबंधित संगणक यंत्रों का एक सामूहिक मिश्रण अथवा शीर्ष जहां चाहे अंतर्संबंध लगातार चालू रखा जाता हो अथवा नहीं।

(k) कम्प्यूटर स्रोत–का आशय संगणक यंत्र प्रणाली, कम्प्यूटर तंत्र, समंक, कम्प्यूटर समंक आधार अथवा सॉफ्टवेयर से होता है।

(l) कम्प्यूटर प्रणाली–से आशय एक उपकरण अथवा उपकरणों के समूह से होता है जिसमें कि कार्यक्रम के अयोग्य गणक यंत्रों को छोड़कर, उन आगम एवं निर्गम तथा सहायक यंत्रों को शामिल किया जाता है जो कि बाहरी फाइलों जिसमें कि कम्प्यूटर कार्यक्रम, वैद्युतिक निर्देश, आगम समंक तथा निर्गम समंक निहित होते हैं, के साथ उपयोग करने योग्य होते हैं एवं जो कि तार्किक, अंकगणितीय, समंक भण्डारण एवं पुनर्प्राप्ति, संचार नियंत्रण तथा अन्य कार्यों को संपन्न करते हें।

(m) नियंत्रक–से आशय धारा 17 की उपधारा (1) के अधीन नियुक्त किए गए प्रमाणीकरण प्राधिकारियों के नियंत्रक से होता है।

(n) साइबर अपीलीय न्यायाधिकरण– से आशय धारा 48 की उपधारा (1) के तहत स्थापित साइबर नियमन अपीलीय न्यायाधिकरण से होता है।

(o) समंक–से आशय सूचना, ज्ञान, तथ्य, धारणा अथवा निर्देशों के एक प्रतिनिधित्व से होता है जिसे एक औपचारिक रीति से निर्मित किया गया है, अथवा निर्मित किया जा सकता हो जोकि एक कम्प्यूटर प्रणाली अथवा कम्प्यूटर तंत्र में प्रक्रियागत किए जा रहे हों, अथवा जिसका उद्देश्य प्रक्रियागत किया जाना हो एवं जो किसी भी प्रारूप में हो सकते हैं, (जिसमें कम्प्यूटर मुद्रित पत्र, चुम्बकीय अथवा प्रकाश भण्डारण माध्यम, छिद्रित पत्रक, छिद्रित फीते सम्मिलित हैं) अथवा कम्प्यूटर की स्मृति में आंतरिक रूप भण्डारित हों।

(p) आंकिक हस्ताक्षर–से आशय एक अंशदाता द्वारा किसी वैद्युतिक अभिलेख के सत्यापन करने से होता है। जो कि धारा 3 के प्रावधानों के अनुसार एक वैद्युतिक रीति अथवा प्रणाली द्वारा किया जाता है।

(q) आंकिक हस्ताक्षर प्रमाण पत्र–से आशय धारा 35 की उपधारा (4) के तहत जारी किए गए एक आंकिक हस्ताक्षर प्रमाणपत्र से होता है।

(r) वैद्युतिक प्रारूप–सूचना के संबंध में वैद्युतिक प्रारूप से आशय किसी ऐसी सूचना से होता है जिसका उत्पादन, प्रेषण, प्राप्ति अथवा भण्डारण चुम्बकीय, प्रकाश, कम्प्यूटर स्मृति, माइक्रोफिल्म, कम्प्यूटर उत्पादित माइक्रोफिश अथवा समान उपकरणों के माध्यम से किया जाता हो।

(s) वैद्युतिक गजट–से आशय ऐसे अधिकारिक गजट से होता है जिसे कि वैद्युतिक प्रारूप में प्रकाशित किया जाता है।

(t) वैद्युतिक अभिलेख–से आशय समंकों, अभिलेखों, दृश्य अथवा ध्वनि से होता है जिसे कि एक वैद्युतिक प्रारूप अथवा माइक्रोफिल्म अथवा कम्प्यूटर उत्पादित माइक्रोफिश में भण्डारित किया, प्राप्त किया अथवा भेजा जाता हो।

(u) क्रियाएं–एक कम्प्यूटर के संबंध में क्रियाओं के अंतर्गत तार्किक, नियंत्रण, गणितीय प्रक्रिया, मिटाना, भण्डारण एवं पुनः प्राप्ति एवं एक कम्प्यूटर से अथवा उसके अंतर्गत संचार अथवा दूरसंचार क्रियाओं को सम्मिलित किया जाता है।

(v) सूचना–में समंक लेख, दृश्य, ध्वनि, आवाज, कूट संकेत, कम्प्यूटर कार्यक्रम, सॉफ्टवेयर एवं समंक आधारों अथवा माइक्रोफिल्म अथवा कम्प्यूटर उत्पादित माइक्रोफिश को सम्मिलित किया जाता है।

(w) मध्यस्थ–से आशय एक ऐसे व्यक्ति से होता है जो कि किसी अन्य व्यक्ति की ओर से किसी संदेश को प्राप्त करता है, भण्डारित अथवा प्रेषण करता है अथवा उस संदेश के संबंध में अन्य सेवाएं प्रदान करता है।

(x) कुंजी युग्म–एक असमान गुप्त प्रणाली में कुंजी युग्म से आशय एक निजी कुंजी तथा इससे गणितीय रूप से जुड़ी सार्वजनिक कुंजी से होता है जो कि परस्पर एक दूसरे से इस प्रकार संबंधित होती है कि निजी कुंजी द्वारा बनाए गए एक आंकिक हस्ताक्षरों को सार्वजनिक कुंजी प्रमाणित कर सकती है।

(y) विधि–में लोकसभा अथवा किसी राज्य कानून व अधिनियम, राष्ट्रपति अथवा राज्यपाल द्वारा जारी अध्यादेश, अनुच्छेद 240 के, अधीन राष्ट्रपति द्वारा बनाए गए अधिनियम, संविधान के अनुच्छेद 357 के वाक्य-1 के उपवाक्य (ए) के अधीन राष्ट्रपति के अधिनियम के समान पारित किए गए बिलों को शामिल किया जाता है तथा इनके अधीन जारी किए गए नियमों, अधिनियमों, उप नियमों एवं आदेशों को भी सम्मिलित किया जाता है।

(z) अनुज्ञप्ति–से आशय धारा 24 के अंतर्गत एक प्रमाणीकरण प्राधिकारी को प्रदान की गई अनुज्ञप्ति से होता है।

(za) मूल व्यक्ति–से आशय एक ऐसे व्यक्ति से होता है जो कि वैद्युतिक संदेश प्रेषित, उत्पादित, भण्डारित अथवा भेजता है अथवा किसी अन्य व्यक्ति को कोई वैद्युतिक संदेश भेजे जाने, उत्पादित करने, भण्डारित करने अथवा प्रेषित करने की व्यवस्था करता है परंतु इसमें एक मध्यस्थ को शामिल नहीं किया जाता है।

(zb) निर्धारित–से आशय इस अधिनियम के तहत बनाए गए विभिन्न नियमों से होता है।

(zc) निजी कुंजी–से आशय एक कुंजियों की जोड़े की उस कुंजी से होता है जो एक आंकिक हस्ताक्षरों की रचना हेतु प्रयोग की जाती है।

(zd) सार्वजनिक कुंजी–से आशय एक कुंजियों के जोड़े की उस कुंजी से होता है जो कि आंकिक हस्ताक्षर को सत्यापित करने हेतु प्रयोग की जाती है एवं जो कि आंकिक हस्ताक्षर प्रमाणपत्र में सूचीबद्ध होती है।

(ze) सुरक्षित प्रणाली–से आशय उन कम्प्यूटर हार्डवेयर, सॉफ्टवेयर एवं प्रक्रियाओं से होता है जो कि–

(i) अनाधिकृत पहुंच एवं दुरुपयोग से समुचित तौर पर सुरक्षित होते हैं।

(ii) जो एक समुचित विश्वसनीयता का स्तर एवं सही क्रियाविधि प्रदान करते हैं।

(iii) जो कि दी गई क्रियाओं को संपन्न करने हेतु उचित रूप से उपयुक्त हों एवं

(iv) जो कि सामान्य रूप से स्वीकार्य सुरक्षा प्रक्रियाओं का पालन करते हों।

(zf) सुरक्षा कार्य प्रणाली–से आशय उन सुरक्षा क्रिया सुविधाओं से है जिन्हें कि धारा 16 के तहत केन्द्र सरकार ने प्रस्तावित किया हो।

(zg) अंशदाता–से आशय एक ऐसे व्यक्ति से होता है जिसके नाम में आंकिक हस्ताक्षर प्रमाणपत्र जारी किया गया हो।

(zh) प्रमाणीकरण–से आशय एक आंकिक हस्ताक्षर, आंकिक प्रलेख अथवा सार्वजनिक कुंजी के संबंध में इसके सभी व्याकरण अर्थ एवं समान अर्थों के साथ यह जांच करना होता है कि–

(i) ग्राहक के प्रारंभिक वैद्युतिक प्रलेख को सार्वजनिक कुंजी से संबंधित निजी कुंजी का प्रयोग करते हुए आंकिक हस्ताक्षरों से मुहरबंद किया गया था। एवं

(ii) कि प्रारंभिक वैद्युतिक प्रलेख आंकिक हस्ताक्षरों से मुहरबंद करने से लेकर अभी तक ज्यों का त्यों रखा गया है अथवा परिवर्तित किया गया है।

अध्याय-II
आंकिक हस्ताक्षर

16.2 वैद्युतिक प्रलेखों का प्रमाणीकरण

1. इस धारा के प्रावधानों के अनुसार कोई अंशदाता अपने आंकिक हस्ताक्षरों से युक्त करके एक वैद्युतिक अभिलेख को प्रमाणीकृत कर सकता है।

2. वैद्युतिक अभिलेखों का प्रमाणीकरण असमान गुप्त लेखन प्रणाली एवं हैश

क्रिया द्वारा किया जाएगा जो कि प्रारंभिक वैद्युतिक अभिलेख को दूसरे वैद्युतिक अभिलेख में परिवर्तित करते हुए मुहर बंद कर देती है।

स्पष्टीकरण—इस उपधारा के अंतर्गत हैश क्रियाओं से तात्पर्य बिटों की एक श्रेणी को सामान्यतः छोटी दूसरी अन्य श्रेणी में जिसे कि हैश परिणाम के नाम से जानते हैं, में अनुवाद करने अथवा खाके की रचना हेतु उपयोगी प्रतीक गणित से होता है। यह हैश परिणाम किसी वैद्युतिक अभिलेख में जब उस प्रतीक गणित को उपयोग किया जाता है तो प्रत्येक बार एक समान प्राप्त होते हैं। एवं इन्हें इस प्रकार से तैयार किया जाता है कि जब इन्हें गणना में प्रयोग किया जाए तो मूल वैद्युतिक प्रलेख के हैश परिणाम तथा इससे पुनः बनाए गए अभिलेख के हैश परिणाम समान नहीं हों तथा दो अलग-अलग वैद्युतिक प्रलेख उस प्रतीक गणित के उपयोग द्वारा एक समान परिणाम उत्पन्न नहीं कर सकें।

3. कोई भी व्यक्ति अंशदाता द्वारा उपयोग की गई एक सार्वजनिक कुंजी का प्रयोग करके वैद्युतिक अभिलेख की जांच कर सकता है।

4. निजी कुंजी एवं सार्वजनिक कुंजी प्रत्येक अंशदाता हेतु अनूठी होती है एवं ये कार्यकारी कुंजी जोड़े निर्मित करती हैं।

अध्याय-III
वैद्युतिक शासन

16.3.1 वैद्युतिक अभिलेखों को वैधानिक मान्यता

धारा 4 के अनुसार जहां किसी विधि में यह प्रावधान है कि सूचना या अन्य कोई सामग्री लिखित रूप में अथवा टंकित रूप में अथवा मुद्रित प्रारूप में रखी जाती है। वहां यह आवश्यकता संतुष्ट मानी जाएगी यदि वह सूचना अथवा सामग्री—

(a) एक वैद्युतिक प्रारूप में प्रदान की जाए अथवा उपलब्ध करा दी जाए एवं

(b) जो कि भविष्य की आवश्यकताओं हेतु पुनः प्राप्त की जा सके एवं उपयोगी हो सके।

16.3.2 आंकिक हस्ताक्षरों को वैधानिक मान्यता—धारा 5 के अनुसार जहां किसी कानून में यह प्रावधानित है कि कोई सूचना व अन्य सामग्री हस्ताक्षर करके प्रमाणित की जाएगी अथवा किसी दस्तावेज को किसी व्यक्ति द्वारा हस्ताक्षर किया जाएगा तो यदि इस सूचना या सामग्री अथवा दस्तावेज को केन्द्र सरकार द्वारा अनुमोदित तरीकों से आंकिक हस्ताक्षर द्वारा प्रमाणीकृत कर दिया जाता है तो यह आवश्यकता संतुष्ट मानी जाएगी।

16.3.3 सरकार एवं उसके अभिकर्ताओं में वैद्युतिक अभिलेख एवं

आंकिक हस्ताक्षरों का उपयोग–धारा-6 जहां किसी कानून में प्रावधान है कि–

(अ) कोई प्रारूप, आवेदन अथवा कोई अन्य दस्तावेज किसी दफ्तर, प्राधिकारी, अंग अथवा अभिकर्ता जो कि किसी उपयुक्त सरकार के अधीन हों अथवा नियंत्रण में हों के पास दाखिल किए जाने हों;

(ब) कोई अनुज्ञप्ति, परमिट, अनुशंसा, अथवा अनुमोदन किसी भी नाम से पुकारा जाए एक विशिष्ट तरीके या प्रकार से जारी अथवा प्रदान किए जाने हों।

(स) एक विशिष्ट प्रकार या तरीके से धन की प्राप्ति अथवा भुगतान किया जाना हो।

तब किसी अन्य विधि में जो कि उस समय प्रभावशाली हों, में निहित किसी अन्य प्रावधान के अलावा उपरोक्त आवश्यकताएं संतुष्ट हुई मानी जाएंगी यदि यह जमा कराना, जारी करना, प्राप्त करना अथवा भुगतान करना जैसा भी कार्य हो किसी उपयुक्त सरकार द्वारा अनुमोदित वैद्युतिक प्रारूप के जरिए संपन्न किए जाएं।

उपयुक्त सरकार उपरोक्त हेतु आवश्यक नियम बनाती हुई अनुमोदित कर सकती है कि–

(अ) किस प्रारूप अथवा तरीके से इन वैद्युतिक प्रलेखों की रचना की जाएगी, जारी किए जाएंगे अथवा जमा किए जाएंगे।

(ब) वाक्य (अ) में वर्णित किसी वैद्युतिक अभिलेख के जमा कराने, रचना करने अथवा जारी करने हेतु किसी शुल्क अथवा प्रभार के भुगतान की विधि अथवा तरीका।

16.3.4 वैद्युतिक प्रलेखों का धारण–धारा 7 में प्रावधान है कि किसी कानून के प्रावधान के अनुसार कोई दस्तावेज, अभिलेख अथवा सूचना, को किसी विशिष्ट अवधि हेतु संभाल कर रखना हो तब यह आवश्यकता पूरी की हुई समझी जाएगी यदि ये दस्तावेज अभिलेख अथवा सूचना वैद्युतिक प्रारूप में सुरक्षित रखी जाएं तथा–

(अ) इनमें निहित सूचना एंआगामी संबोधन हेतु पहुंचने योग्य तथा उपयोगी रहे!

(ब) वैद्युतिक अभिलेख उस प्रारूप में रखे जाएं जिनमें कि ये मूल रूप से उत्पादित, प्रेषित अथवा प्राप्त किए गए थे अथवा एक ऐसे प्रारूप में हों जो कि मूल उत्पादित, प्रेषित अथवा प्राप्त सूचना को यथार्थ रूप में प्रदर्शित करता हो।

(स) ऐसे विवरण जो कि उस वैद्युतिक अभिलेख के उद्गम तथा गंतव्य स्थान, भेजे जाने अथवा प्राप्त करने का समय तथा स्थान इत्यादि सूचनाओं की पहचान उपलब्ध कराने में सहायक हों, संबंधित वैद्युतिक अभिलेख में उपलब्ध रहे।

इस धारा के प्रावधान कोई ऐसी सूचना पर लागू नहीं होते जो कि एक वैद्युतिक अभिलेख के भेजने अथवा प्राप्त करने के दौरान स्वतः स्वचालित रूप से

उत्पादित होती है। इस धारा के प्रावधान वहां भी लागू नहीं होते जहां कि किसी कानून में वैद्युतिक अभिलेखों के प्रारूप में दस्तावेजों, अभिलेखों अथवा सूचनाओं को रखा जाना स्पष्ट रूप से प्रावधानित किया गया हो।

16.3.5 वैद्युतिक गजट में प्रकाशन—धारा 8 के प्रावधानों के अनुसार जहां कि किसी विधि में प्रावधान है कि कोई नियम, विनियम, आदेश, उप नियम, अधिसूचना अथवा अन्य सामग्री अधिकारिक गजट में प्रकाशित की जाएगी तब यह आवश्यकता संतुष्ट मानी जाती है यदि ये नियम, विनियम इत्यादि अधिकारिक गजट या वैद्युतिक गजट में प्रकाशित कर दिए जाते हैं। उपरोक्त प्रकाशन हेतु प्रभावशाली दिनांक वह माना जाता है जिस तिथि पर उपरोक्त नियम इत्यादि का प्रकाशन प्रथम बार किसी भी प्रारूप में प्रकाशित किया गया हो।

16.3.6 धारा 6, 7 एवं 8 द्वारा कोई अधिकार नहीं—धारा 9 के अनुसार धारा 6, 7, 8 में वर्णित प्रावधान किसी व्यक्ति को यह अधिकार प्रदान नहीं करते कि वह केन्द्र सरकार अथवा राज्य सरकार के किसी मंत्रालय अथवा विभाग अथवा किसी विधि के अंतर्गत स्थापित कोई व्यक्ति अथवा केन्द्र अथवा राज्य शासन द्वारा पोषित अथवा नियंत्रित संस्था को कोई दस्तावेज वैद्युतिक अभिलेख के प्रारूप में स्वीकार, जारी, निर्मित करने, रखने अथवा सुरक्षित रखने के लिए आग्रह करें अथवा कोई मौद्रिक व्यवहार वैद्युतिक प्रारूप में करने हेतु आग्रह करें।

16.3.7 केन्द्र सरकार को नियम बनाने की शक्ति—इस अध्याय की धारा 10 के अनुसार केन्द्र सरकार को यह शक्ति प्रदान की गई है कि वह इस अधिनियम के उद्देश्यों को प्राप्त करने हेतु नियम बनाकर प्रस्तावित कर सकती है—

(अ) आंकिक हस्ताक्षरों के प्रकार।

(ब) आंकिक हस्ताक्षर किस तरीके एवं प्रारूप में मुहरबंद किए जाएंगे।

(स) वह प्रक्रिया तथा विधि जोकि आंकिक हस्ताक्षर को करने वाले व्यक्ति की पहचान करने में सहायक हो।

(द) वैद्युतिक अभिलेखों तथा भुगतानों की समुचित सत्य निष्ठा, सुरक्षा एवं विश्वसनीयता को निश्चित करने वाली नियंत्रण प्रक्रियाएं एवं विधियां तथा।

(इ) आंकिक हस्ताक्षरों को वैधानिक प्रभाव देने हेतु अन्य आवश्यक विषय वस्तुएं।

अध्याय-IV

वैद्युतिक अभिलेखों की सम्बद्धता, स्वीकृति एवं प्रेषण

16.4.1 वैद्युतिक अभिलेखों की सम्बद्धता—एक वैद्युतिक अभिलेख इसके मूल लेखक से सम्बद्ध माना जाएगा यदि—

(अ) यह स्वयं मूल लेखक द्वारा भेजा गया हो।

(ब) यदि यह मूल लेखक की ओर से उस वैद्युतिक अभिलेख के संबंध में अधिकृत व्यक्ति द्वारा भेजा गया हो अथवा

(स) यदि यह सूचना एक सूचना प्रणाली द्वारा भेजी गई हो जिसे कि मूल लेखक अथवा उसकी ओर स्वचालित रूप से कार्य करने हेतु कार्यक्रमित किया गया हो (धारा 11)

16.4.2 प्राप्ति की स्वीकृति

1. धारा 12 के प्रावधानों के अनुसार यदि मूल लेखक एवं संबोधित व्यक्ति के मध्य एक विशिष्ट प्रारूप अथवा विशिष्ट विधि से वैद्युतिक अभिलेखों की प्राप्ति की स्वीकृति प्रदान किए जाने के संबंध में सहमति नहीं है तो एक प्राप्ति सूचना निम्नलिखित तरीके से दी जा सकती है–

(अ) संबोधनकर्ता द्वारा स्वचालित अथवा अन्य तरीके से किया गया कोई संवाद, अथवा

(ब) संबोधित व्यक्ति द्वारा किया गया कोई व्यवहार जो कि मूल लेखक को यह इंगित करने हेतु पर्याप्त हो कि वैद्युतिक अभिलेख प्राप्त हो चुका है।

2. यदि मूल लेखक ने यह निर्देशित किया है कि वैद्युतिक प्रलेख उस पर तभी बध्य होंगे जबकि उसे उन वैद्युतिक प्रलेखों की प्राप्ति की स्वीकृति मिल जाएगी। तो जब तक कि प्राप्ति स्वीकृति प्राप्त न हो जाए यह माना जाएगा कि मूल लेखक ने वह वैद्युतिक अभिलेख कभी भेजा ही नहीं था।

3. जहां पर कि मूल लेखक ने यह निर्देशित नहीं किया है कि वह वैद्युतिक अभिलेख केवल प्राप्ति की स्वीकृति प्राप्त हो जाने के बाद ही उस पर बाध्य होंगे एवं मूल लेखक को दी गई अथवा सहमति समय सीमा में प्राप्ति सूचना नहीं मिलती है अथवा यदि कोई सीमा निर्धारित नहीं है तो उचित समय में यह प्राप्त नहीं होती है तो मूल लेखक संबोधित व्यक्ति को सूचित कर सकता है कि उसे सूचना प्राप्ति की स्वीकृति अब तक नहीं प्राप्त हुई है एवं वह एक उचित समय इसमें निर्धारित कर सकता है जिसमें कि प्राप्ति सूचना उसे अवश्य प्राप्त हो सके चाहे यदि सूचना देने के उपरांत ऊपर उल्लेखित समय सीमा में उसे प्राप्ति स्वीकृति संबोधित व्यक्ति द्वारा प्राप्त नहीं होती है तो वह उस वैद्युतिक अभिलेख को कभी भी नहीं भेजा गया यह मान लेगा।

16.4.3 वैद्युतिक अभिलेख के भेजने एवं इसकी प्राप्ति का समय एवं स्थान (धारा 13)

1. मूल लेखक तथा संबोधित व्यक्ति के बीच कोई विपरीत सहमति होने के अतिरिक्त, एक वैद्युतिक प्रलेख का प्रेषण तब माना जाता है जबकि यह मूल लेखक के नियंत्रण से बाहर एक कम्प्यूटर स्रोत में प्रवेश करता है।

2. मूल लेखक एवं संबोधित व्यक्ति के मध्य हुई पारस्परिक सहमति के अतिरिक्त, एक वैद्युतिक अभिलेख की प्राप्ति निम्नलिखित रूप में तय की जाएगी–

(अ) यदि संबोधित व्यक्ति द्वारा वैद्युतिक अभिलेखों की प्राप्ति हेतु एक कम्प्यूटर स्रोत तय किया हुआ है तो प्राप्ति उस समय मानी जाती है जबकि यह वैद्युतिक अभिलेख तय कम्प्यूटर स्रोत में प्रवेश करता है अथवा यदि वै?तिक अभिलेख संबोधित व्यक्ति के ऐसे कम्प्यूटर स्रोत को भेजा गया है जो कि तय कम्प्यूटर साधन नहीं है तो इसका प्राप्ति समय वह माना जाता है जबकि संबोधित व्यक्ति उस वैद्युतिक अभिलेख को प्राप्त करता है।

(ब) यदि संबोधित व्यक्ति ने कोई कम्प्यूटर साधन, किसी समय अवधि के साथ निर्धारित नहीं किया हुआ है तो प्राप्ति तब मानी जाएगी जबकि वैद्युतिक प्रलेख संबोधित व्यक्ति के कम्प्यूटर साधन में प्रवेश करता है।

3. मूल लेखक एवं संबोधित के मध्य परस्पर सहमति के अतिरिक्त एक वैद्युतिक अभिलेख का प्रेषण स्थान वह माना जाता है जहां कि मूल लेखक अपना व्यवसाय करता है एवं प्राप्ति स्थान वह माना जाता है जहां कि संबोधित व्यक्ति अपना व्यवसाय करता है।

4. उपधारा 2 के तहत वर्णित समय सीमा संबंधी प्रावधानों के लागू होने पर कोई प्रभाव नहीं पड़ेगा चाहे उपधारा 2 में तय किया गया कम्प्यूटर साधन का स्थान जहां कि वैद्युतिक अभिलेखों की प्राप्ति होनी है, उपधारा 3 में वर्णित प्राप्ति स्थान से भिन्न है।

5. इस धारा के प्रावधानों हेतु–

(अ) यदि मूल लेखक एवं संबोधित व्यक्ति के एक से अधिक व्यवसाय स्थान हैं तो इस स्थिति में उनके व्यवसाय का मुख्य स्थान, व्यवसाय का स्थान होगा।

(ब) यदि मूल लेखक अथवा संबोधित व्यक्ति के पास कोई व्यवसाय का स्थान नहीं है तो उनके सामान्य निवास का स्थान उनका व्यवसाय का स्थान माना जाएगा।

(स) एक निगमित व्यक्ति के संबंध में सामान्य निवास स्थान से आशय उस स्थान से होता है जहां कि ये पंजीकृत हैं।

अध्याय-V

सुरक्षित वैद्युतिक अभिलेख एवं सुरक्षित आंकिक हस्ताक्षर

16.5.1 सुरक्षित वैद्युतिक अभिलेख–जब एक वैद्युतिक अभिलेख पर कोई सुरक्षा प्रक्रिया प्रयुक्त की जाती है तब उस समय से लेकर सत्यापित किए जाने के समय तक वह अभिलेख एक सुरक्षित वैद्युतिक अभिलेख माना जाएगा (धारा 14)।

16.5.2 सुरक्षित आंकिक हस्ताक्षर–यदि संबंधित पक्षों की परस्पर सहमति से एक सुरक्षा प्रक्रिया अपनाए जाने पर यह सत्यापित किया जा सके कि एक आंकिक हस्ताक्षर जिस समय इसे मुहरबंद किया गया था–

(अ) ग्राहक जिसने इसे लगाया उसके लिए अनूठा था,

(ब) उस ग्राहक की पहचान करने में सक्षम है।

(स) अंशदाता के एक मात्र नियंत्रण में एक विधि या एक तरीके से इसे तैयार किया गया हो एवं ये वैद्युतिक अभिलेख से इस प्रकार संबंधित हों कि यदि वैद्युतिक अभिलेख को परिवर्तित किया जाए तो आंकिक हस्ताक्षर अवैध हो जावें।

तब ये आंकिक हस्ताक्षर एक सुरक्षित आंकिक हस्ताक्षर माने जाएंगे (धारा 15)।

16.5.3 सुरक्षा प्रक्रिया–जिस समय यह प्रणाली उपयोग की जाए उस समय की वाणिज्यिक परिस्थितियों को ध्यान में रखते हुए केन्द्र सरकार इस अधिनियम के उद्देश्यों हेतु एक सुरक्षा प्रणाली प्रस्तावित करेगी जिसमें कि निम्नलिखित शामिल होंगे–

(अ) सौदे की प्रकृति

(ब) तकनीकी क्षमता के संबंध में पक्षों की कुशलता का स्तर

(स) अन्य पक्षकारों की समान सौदों की मात्रा

(द) प्रस्तावित विकल्पों की उपलब्धता, परंतु जिसे किसी पक्ष ने रद्द कर दिया हो

(इ) विकल्प प्रक्रियाओं की लागत एवं

(फ) समान प्रकार के सौदों अथवा संचार हेतु सामान्य उपयोगों में लाई जाने वाली प्रक्रियाएं। (धारा 16)

अध्याय-VI
प्रमाणीकरण प्राधिकारियों का नियमन

16.6.1 सामान्य प्रावधान

1. इस अधिनियम की धारा 17 के विभिन्न प्रावधानों में प्रमाणीकरण प्राधिकारियों के नियंत्रण एवं इस अधिनियम के उद्देश्यों की प्राप्ति हेतु एक नियंत्रक, उप नियंत्रकों तथा सहायक नियंत्रकों की नियुक्ति केन्द्र सरकार द्वारा अधिसूचना जारी करके की जा सकती है। इसके अतिरिक्त इन पदाधिकारियों के क्या कर्तव्य एवं दायित्व होंगे इनकी सेवाओं हेतु योग्यता, अनुभव तथा अन्य शर्तें भी केन्द्र सरकार द्वारा प्रस्तावित की जावेंगी। इनके मुख्य कार्यालय तथा शाखा कार्यालयों के स्थान भी केन्द्र सरकार द्वारा तय किए जाएंगे।

2. धारा 18 में उन विविध कार्यों का वर्णन किया गया है जो कि एक प्रमाणीकरण प्राधिकारियों के नियंत्रक द्वारा संपन्न किए जाएंगे।

3. इस अधिनियम की धारा 19 के तहत उन विभिन्न नियमों, परिस्थितियों तथा प्रतिबंधों का उल्लेख किया गया है जिसे कि नियंत्रक केन्द्र सरकार की पूर्व अनुमति प्राप्त करके विदेशी प्रमाणीकरण प्राधिकारियों को मान्यता देने हेतु लागू कर सकता है एवं शासकीय गजट में अधिसूचना जारी करते हुए इनके नियंत्रण एवं नियमन हेतु अन्य प्रतिबंध एवं नियम भी प्रस्तावित किए जा सकते हैं।

4. धारा 20 के प्रावधानों के अनुसार नियंत्रक सभी आंकिक हस्ताक्षर प्रमाणपत्र जो कि इस अधिनियम के तहत जारी किए गए हों, हेतु सुरक्षित कोष का कार्य करेंगे। इस संबंध में विभिन्न हार्डवेयर, सॉफ्टवेयर, मानक तथा विभिन्न सुरक्षा प्रक्रियाएं इत्यादि का उल्लेख है जिनके द्वारा नियंत्रक सभी सार्वजनिक कुंजियों को इस प्रकार सुरक्षित रखेंगे कि वह जनता के किसी भी सदस्य को उपलब्ध हो सकें।

5. धारा 21 के तहत यह प्रावधान है कि नियंत्रक किसी भी आवेदनकर्ता को आंकिक हस्ताक्षर प्रमाणपत्र जारी करने हेतु अनुज्ञप्ति प्रदान कर सकता है, उन विभिन्न योग्यता, कुशलता, आर्थिक स्रोतों एवं अन्य आधारभूत सुविधाओं इत्यादि आवश्यकताओं का उल्लेख है जो कि आंकिक हस्ताक्षर प्रमाणपत्र जारी करने वाले अनुज्ञप्ति धारक के पास होना चाहिए। इस अनुज्ञप्ति का कार्यकाल तथा अन्य शर्तें एवं नियम केन्द्र सरकार द्वारा निर्दिष्ट किए जाएंगे।

6. इस अधिनियम की धारा 22 के अंतर्गत उपरोक्त अनुज्ञप्ति को प्राप्त करने हेतु किए जाने वाले आवेदनपत्र की विभिन्न आवश्यकताएं जैसे कि प्रारूप, शुल्क (25,000 रुपये से अधिक नहीं) एवं प्रक्रिया इत्यादि का वर्णन किया गया है।

7. धारा 23 में उपरोक्त अनुज्ञप्ति के नवीनीकरण हेतु नियमों का वर्णन किया गया है। नवीनीकरण शुल्क 5,000 रुपये से अधिक नहीं होगा तथा नवीनीकरण आवेदन अनुज्ञप्ति समाप्ति की तिथि के कम से कम 45 दिन पूर्व देना होगा।

8. धारा 24 में प्रावधान किया गया है कि धारा 21 में वर्णित एक आवेदन के प्राप्त हो जाने पर नियंत्रक आवेदन के साथ प्रस्तुत दस्तावेजों एवं अन्य बिंदुओं पर विचार करते हुए आवेदक को अनुज्ञप्ति प्रदान कर सकता है अथवा आवेदन को खारिज कर सकता है। यह भी प्रावधान है कि किसी आवेदन को खारिज करने से पूर्व आवेदक को अपना पक्ष प्रस्तुत करने हेतु एक समुचित अवसर अवश्य प्रदापन किया जावे।

16.6.2 अनुज्ञप्ति का निलंबन

1. धारा 25 के अनुसार नियंत्रक आवश्यक जांच करने के उपरांत यदि वह संतुष्ट हैकि–

(अ) अनुज्ञप्ति के जारी करने अथवा नवीनीकरण हेतु प्रस्तुत आवेदन में कई महत्त्वपूर्ण विवरण असत्य अथवा गलत है।

(ब) अनुज्ञप्ति प्रदान करने की शर्तों एवं नियमों का पालन नहीं किया गया है।

(स) धारा 20 की उपधारा (2) के कथन (ब) में वर्णित मानकों को निर्वाह नहीं किया गया है।

(द) इस अधिनियम के प्रावधानों अथवा इसके अधीन बने नियमों, विनियमों अथवा आदेशों का उल्लंघन किया गया है।

तो यह अनुज्ञप्ति निलंबित की जा सकती है। यह भी प्रावधानित है कि कोई भी अनुज्ञप्ति तब तक निलंबित नहीं होगी जब तक कि प्रमाणीकरण प्राधिकारी को प्रस्तावित निलंबन के विरुद्ध अपना पक्ष प्रस्तुत करने हेतु एक समुचित अवसर प्रदान नहीं किया जाता।

यदि नियंत्रक को समुचित कारणों के साथ विश्वास है तो अनुज्ञप्ति को, जांच कार्य हेतु आदेश जारी करते हुए उस जांच के समापन तक निलंबित कर सकता है। परन्तु प्रमाणीकरण प्राधिकारी को सुनवाई का बिना समुचित अवसर दिए इस निलंबन की अवधि को 10 दिन से अधिक नहीं बढ़ाया जा सकता है।

2. धारा 26 के प्रावधानों के अनुसार किसी प्रमाणीकरण प्राधिकारी के अनुज्ञप्ति के निलंबन अथवा रद्दीकरण की सूचना नियंत्रक द्वारा नियमित समंक आधार अथवा आधारों में एवं एक पूरे समय क्रियाशील वेबसाइट में तथा किसी वैद्युतिक अथवा अन्य माध्यमों में प्रकाशित की जावेगी।

3. धारा 27 के तहत नियंत्रक इस अध्याय में वर्णित अपनी विभिन्न शक्तियों के प्रयोग हेतु उप नियंत्रक अथवा सहायक नियंत्रक को अधिकृत कर सकता है।

इस अधिनियम के प्रावधानों, नियमों इत्यादि के उल्लंघन की जांच नियंत्रक अथवा उसके द्वारा अधिकृत किसी भी अधिकारी द्वारा जांच की जा सकती है एवं इस अन्वेषण हेतु नियंत्रक अथवा उसके अधिकारी उन्हीं समान शक्तियों का प्रयोग कर सकते हैं जो कि आयकर अधिनियम, 1961 के अध्याय 13 के अंतर्गत आयकर अधिकारियों को प्रदान की गई है।

नियंत्रक अथवा उसके द्वारा अधिकृत किसी व्यक्ति को किसी कम्प्यूटर प्रणाली, उपकरण अथवा उस प्रणाली से संबंधित अन्य सामग्री तक पहुंचने का अधिकार होगा, यदि उसे यह समुचित विश्वास है कि इस अधिनियम के प्रावधानों अथवा नियमों का उल्लंघन किया गया है। जांच कार्य हेतु नियंत्रक अथवा अन्य अधिकृत व्यक्ति द्वारा उस कम्प्यूटर प्रणाली के प्रभारी व्यक्ति को समुचित तकनीकी एवं अन्य सहायता प्रदान करने हेतु भी आदेशित किया जा सकता है।

16.6.3 प्रमाणीकरण प्राधिकारी के दायित्व—धारा 30 के अनुसार प्रत्येक प्रमाणीकरण प्राधिकारी—

(अ) ऐसे हार्डवेयर, सॉफ्टवेयर एवं प्रक्रियाओं का उपयोग करेंगे जो कि दुरुपयोग एवं अनाधिकृत प्रवेश से सुरक्षित हों,

(ब) अपनी सेवाओं में समुचित विश्वसनीयता प्रदान करेंगे जो कि वांछित क्रियाओं को संपन्न करने हेतु स्वीकार्य हों।

(स) ऐसी सुरक्षा प्रणाली अपनाएंगे जिससे कि आंकिक हस्ताक्षर की गोपनीयता सदैव निश्चित रहे एवं।

(द) उन अन्य मानकों को अपनाएंगे जो कि विनियमों में निर्देशित हों।

धारा 31 में वर्णित किया गया है कि प्रमाणीकरण प्राधिकारी तथा उसके कर्मचारीगण अपने क्रियाकलापों के दौरान इस अधिनियम के विभिन्न प्रावधानों तथा नियमों का पालन किया जाना सुनिश्चित करेंगे।

प्रत्येक प्रमाणीकरण प्राधिकारी अपने व्यवसाय भवन में समुचित स्थान पर प्राप्त अनुज्ञप्ति का प्रदर्शन करेंगे। (धारा 32)

प्रत्येक प्रमाणीकरण प्राधिकारी निलंबन के तुरंत बाद अपनी अनुज्ञप्ति को नियंत्रक के समक्ष समर्पित करेंगे। ऐसा न किए जाने की दशा में वे 10,000 रुपये का जुर्माना अथवा 6 महीने तक का कारावास अथवा दोनों से ही दण्डित किए जा सकते हैं। (धारा 33)

इस अध्याय की धारा 34 के तहत प्रत्येक प्रमाणीकरण प्राधिकारी हेतु उन नियमों को वर्णित किया गया है जो कि उसके द्वारा जारी आंकिक हस्ताक्षर प्रमाण पत्र एवं अन्य व्यवहारों में विभिन्न प्रकार की घोषणाओं से संबंधित हैं।

अध्याय-VII
आंकिक हस्ताक्षर प्रमाणपत्र

16.7.1 आंकिक हस्ताक्षर प्रमाणपत्र जारी करना–अधिनियम की धारा 35 से लेकर 39 तक में आंकिक हस्ताक्षर प्रमाणपत्रों के जारी किए जाने हेतु विभिन्न नियमों तथा प्रावधानों को उल्लेखित किया गया है।

धारा 35 में एक आंकिक हस्ताक्षर प्रमाणपत्र के जारी किए जाने की प्रक्रिया का वर्णन किया गया है। इसमें प्रावधान है कि इस प्रमाणपत्र को प्राप्त करने हेतु एक आवेदन निर्धारित प्रारूप में, तथा शुल्क जो कि 25,000 रुपये से अधिक नहीं होगा के साथ जमा किया जाएगा। इस शुल्क की राशि केन्द्र सरकार द्वारा निर्धारित की जाएगी। विभिन्न श्रेणी के आवेदनों हेतु अलग-अलग फीस भी प्रस्तावित की जा सकती है।

इस धारा में यह भी प्रावधान है कि कोई आंकिक हस्ताक्षर प्रमाणपत्र प्रदान नहीं किया जाएगा जब तक कि प्रमाणीकरण प्राधिकारी संतुष्ट नहीं हो जाते हैं कि–

(अ) आवेदक के पास आंकिक हस्ताक्षर प्रमाणपत्र में सूचीबद्ध करने हेतु एक सार्वजनिक कुंजी से संबंधित निजी कुंजी है।

(ब) आवेदक के पास एक ऐसी निजी कुंजी है जो कि एक आंकिक हस्ताक्षर की रचना करने में सक्षम है।

(स) प्रमाणपत्र में सूचीबद्ध की जानेवाली सार्वजनिक कुंजी एक आंकिक हस्ताक्षर जिसे कि आवेदक ने अपनी निजी कुंजी के द्वारा निर्मित किया है, को प्रमाणीकृत अथवा सत्यापित कर सकती है।

कोई भी आवेदन बिना आवेदक को सुनवाई का उचित अवसर प्रदान किए निरस्त नहीं किया जाएगा।

आंकिक हस्ताक्षर प्रमाणपत्र जारी करते समय प्रमाणीकरण प्राधिकारी यह सत्यापित करेंगे कि उन्होंने इस अधिनियम के प्रावधानों, इसके तहत बनाए गए नियमों एवं विनियमों में आंकिक हस्ताक्षर प्रमाणपत्र में वर्णित अन्य शर्तों का पालन किया है।

16.7.2 आंकिक हस्ताक्षर प्रमाणपत्र का निलंबन–प्रमाणीकरण प्राधिकारी, किसी आंकिक हस्ताक्षर प्रमाणपत्र को निलंबित कर सकते हैं यदि उन्हें यह विश्वास हो कि ऐसा कदम उठाना सार्वजनिक हित में होगा। (धारा 37)

कोई प्रमाणपत्र 15 दिवस की अवधि से अधिक समय के लिए निलंबित नहीं किया जा सकता जब तक कि अंशदाता को एक उचित सुनवाई का अवसर प्रदान नहीं किया जाता।

धारा 38 में उन विभिन्न परिस्थितियों का उल्लेख किया गया है जिनके अंतर्गत किसी आंकिक हस्ताक्षर प्रमाणपत्र को खारिज किया जा सकता है। यह खण्डन तब तक नहीं किया जा सकेगा जब तक कि अंशदाता को उस विषय में सुनवाई का एक समुचित अवसर प्रदान नहीं किया जाता।

एक आंकिक हस्ताक्षर प्रमाणपत्र के उपरोक्त निलंबन अथवा खण्डन की अधिसूचना प्रमाणीकरण प्राधिकारी के द्वारा प्रकाशित की जावेगी।

अध्याय-VIII
अंशदाताओं के कर्तव्य

16.8.1 कुंजियों के जोड़े का उत्पादन–धारा 40 के प्रावधानों के अनुसार जब कोई आंकिक हस्ताक्षर प्रमाणपत्र किसी अंशदाता द्वारा उन परिस्थितियों में लिया जाता है कि उसके पास आंकिक प्रमाणपत्र में सूचीबद्ध होने वाली सार्वजनिक कुंजी के अनुरूप निजी कुंजी उपलब्ध है तो वह अंशदाता सुरक्षा प्रणाली को लागू करते समय कुंजी के जोड़े को उत्पादित करेगा।

16.8.2 आंकिक हस्ताक्षर प्रमाणपत्र की स्वीकृति (धारा 41)–

1. एक अंशदाता द्वारा एक आंकिक हस्ताक्षर प्रमाणपत्र स्वीकृत माना जाता है यदि वह इस आंकिक हस्ताक्षर प्रमाणपत्र को प्रकाशित करता है अथवा इसके प्रकाशन हेतु किसी एक या अधिक व्यक्तियों को अथवा एक कोष को प्रकाशन की अनुमति प्रदान करता है। अथवा किसी अन्य तरीके से आंकिक हस्ताक्षर प्रमाणपत्र को अपनी स्वीकृति का प्रदर्शन करता है।

2. एक आंकिक हस्ताक्षर प्रमाणपत्र को स्वीकृत करते हुए अंशदाता उन सभी को जो कि उचित रूप से आंकिक हस्ताक्षर प्रमाणपत्र में निहित सूचनाओं पर विश्वास करते हैं को प्रमाणित करता है कि–

(अ) अंशदाता के पास आंकिक हस्ताक्षर प्रमाणपत्र में सूचित सार्वजनिक कुंजी से संबंधित निजी कुंजी है तथा वह इसे रखने हेतु अधिकृत है।

(ब) अंशदाता द्वारा प्रमाणीकरण प्राधिकारी के समक्ष प्रस्तुत सभी प्रतिवेदन एवं आंकिक हस्ताक्षर प्रमाणपत्र में निहित सूचनाओं से संबंधित सभी तथ्य सत्य हैं।

(स) अंशदाता की जानकारी के अनुसार आंकिक हस्ताक्षर प्रमाणपत्र में निहित सभी सूचनाएं सत्य हैं।

16.8.3 निजी कुंजी का नियंत्रण (धारा 42)

1. प्रत्येक अंशदाता निजी कुंजी जो कि आंकिक हस्ताक्षर प्रमाणपत्र में सूचित सार्वजनिक कुंजी के अनुरूप है, पर नियंत्रण रखने हेतु समुचित कार्यवाही करेगा, एवं वह सभी आवश्यक कदम उठाएगा जो कि इसके किसी ऐसे व्यक्ति जिसे कि अंशदाता ने आंकिक हस्ताक्षर हेतु अधिकृत नहीं किया हो, के समक्ष प्रकट होने से रोकने के लिए आवश्यक हैं।

2. यदि कोई निजी कुंजी जो कि आंकिक हस्ताक्षर प्रमाणपत्र में सूचीबद्ध सार्वजनिक कुंजी से संबंधित है, जब विवादित हो जाती है तो अंशदाता इसे बिना कोई समय गंवाये विनियमों में निहित तरीके से प्रमाणीकरण प्राधिकारी को सूचित करेंगे।

3. भ्रांतियों को दूर करने हेतु यहां यह स्पष्ट किया जाता है कि उस समय तक जब तक कि निजी कुंजी के विवादित होने की सूचना प्रमाणीकरण प्राधिकारी तक नहीं पहुंच जाती अंशदाता उत्तरदायी रहेगा।

अध्याय-IX
दण्ड एवं न्यायिक निर्णय

16.9.1 कम्प्यूटर, कम्प्यूटर प्रणाली इत्यादि को नुकसान हेतु शास्ति– (धारा 43) के प्रावधानों के अनुसार यदि कोई व्यक्ति एक कम्प्यूटर, कम्प्यूटर प्रणाली अथवा कम्प्यूटर तंत्र के मालिक अथवा कोई अन्य प्रभारी व्यक्ति की आज्ञा के बिना–

(अ) उसे कम्प्यूटर, कम्प्यूटर प्रणाली अथवा कम्प्यूटर तंत्र में प्रवेश करता है।

(ब) उस कम्प्यूटर, कम्प्यूटर प्रणाली अथवा कम्प्यूटर तंत्र जिसमें कि किसी प्रतिस्थापन योग्य भण्डारण माध्यम में निहित समंक अथवा सूचना भी सम्मिलित हैं, से कोई समंक, कम्प्यूटर समंक आधार अथवा सूचना को नकल करता है, डाउन लोड करता है, अथवा निकालता है।

(स) किसी कम्प्यूटर, कम्प्यूटर प्रणाली अथवा कम्प्यूटर तंत्र में कोई कम्प्यूटर प्रदूषण अथवा कम्प्यूटर वायरस को प्रविष्ट करता है अथवा कराता है।

(द) कोई कम्प्यूटर, कम्प्यूटर प्रणाली अथवा कम्प्यूटर तंत्र एवं इनमें निहित समंक, समंक आधार अथवा अन्य कार्यक्रमों को क्षति पहुंचाता है अथवा क्षति पहुंचाने का भागीदार बनता है।

(इ) कोई कम्प्यूटर, कम्प्यूटर प्रणाली अथवा कम्प्यूटर तंत्र में विघ्न पैदा करता है अथवा विघ्न पैदा कराता है।

(फ) किसी व्यक्ति को जो कि किसी कम्प्यूटर प्रणाली अथवा कम्प्यूटर तंत्र में पहुंचने के लिए अधिकृत है, को किसी भी तरीके द्वारा प्रवेश की मनाही करता है अथवा मनाही कराता है।

(ज) इस अधिनियम के प्रावधानों तथा इसके तहत बनाए गए नियमों अथवा विनियमों का उल्लंघन करते हुए किसी व्यक्ति को एक कम्प्यूटर, कम्प्यूटर प्रणाली अथवा कम्प्यूटर तंत्र में प्रवेश करने की कोई सुविधा उपलब्ध कराता है।

(च) किसी कम्प्यूटर, कम्प्यूटर प्रणाली अथवा कम्प्यूटर तंत्र से छेड़-छाड़ अथवा हेराफेरी करते हुए किसी व्यक्ति के द्वारा उपयोग की गई सेवाओं का शुल्क किसी दूसरे व्यक्ति के खाते में लगाता है।

वह व्यक्ति इस प्रकार से प्रभावित व्यक्ति को क्षतिपूर्ति जो कि 1,00,00,000 रुपये (एक करोड़ रुपये) से अधिक न हो, का भुगतान करने हेतु उत्तरदायी होगा।

स्पष्टीकरण—इस धारा के उद्देश्यों हेतु—

(i) ''कम्प्यूटर प्रदूषण'' से आशय कम्प्यूटर निर्देशों की एक श्रेणी से होता है जो कि एक कम्प्यूटर, कम्प्यूटर प्रणाली अथवा कम्प्यूटर तंत्र में विद्यमान किसी अभिलेख, प्रेषण समंक अथवा कार्यक्रम को परिवर्तित अथवा नष्ट करने हेतु बनाए जाते हैं अथवा कम्प्यूटर अथवा कम्प्यूटर तंत्र के सामान्य क्रियाकलापों पर किसी भी साधन द्वारा अनधिकृत कब्जा कर लेने से होता है।

(ii) ''कम्प्यूटर समंक आधार'' से आशय सूचना, ज्ञान, तथ्य, विचार अथवा निर्देशों के प्रतिनिधित्व हेतु बनाए गए दस्तावेज, आकृति, ध्वनि एवं दृश्यों से है जो कि औपचारिक तौर पर बनाए गए हैं अथ्रवा एक कम्प्यूटर, कम्प्यूटर प्रणाली अथवा

कम्प्यूटर तंत्र द्वारा उत्पादित किए गए हैं एवं जिनका उद्देश्य एक कम्प्यूटर अथवा कम्प्यूटर प्रणाली में प्रयोग किया जाना है।

(iii) ''कम्प्यूटर वायरस'' से आशय किसी कम्प्यूटर निर्देश, सूचना, समंक अथवा कार्यक्रम से होता है जो कि एक कम्प्यूटर स्रोत को नष्ट कर देता है, हानि पहुंचाता है अथवा उसकी कार्यक्षमता को कम करता है अथवा उसे विपरीत रूप से प्रभावित करता है। अथवा यह अपने आपको किसी दूसरे कम्प्यूटर स्रोत से जोड़ लेता है एवं उस दूसरे कम्प्यूटर में जैसे ही कार्यक्रम, समंक अथवा निर्देश क्रियान्वित किए जाते हैं अथवा कोई अन्य घटना घटती है तब यह क्रियाशील हो जाते हैं एवं उसे भी नुकसान पहुंचाते हैं।

(iv) ''क्षति'' से आशय किसी कम्प्यूटर स्रोत को किसी भी प्रकार से नष्ट करना, परिवर्तित करना, मिटाना, चुराना, बदलना अथवा पुनः व्यवस्थित करने से होता है।

16.9.2 अन्य जुर्माने—धारा 44 एवं 45 में कुछ अन्य अपराध अथवा भूलों हेतु शास्ति अथवा जुर्माना लगाए जाने के प्रावधानों को वर्णित किया गया है। ये अपराध अथवा चूकें समय पर सूचना, विवरण अथवा दस्तावेज अथवा प्रतिवेदन, इत्यादि जमा नहीं करने से संबंधित हैं तथा ऐसे उल्लंघन भी इनमें शामिल हैं जिनका उल्लेख स्पष्ट रूप से इस अधिनियम में कहीं नहीं किया गया है। इन धाराओं में 5,000 रुपये प्रतिदिन से लेकर प्रत्येक गलती के लिए 1,50,000 रुपये तक की शास्ति वसूलने का प्रावधान है।

16.9.3 न्यायिक जांच (धारा 46)—धारा 46 के द्वारा यह अधिकार दिया गया है कि एक अधिकारी जो कि भारत सरकार के एक डायरेक्टर के नीचे के पद का न हो अथवा एक राज्य सरकार का समरूप अधिकारी हो, इस अधिनियम के उल्लंघन की न्यायिक जांच कर सकता है। यह नियुक्ति केन्द्र सरकार द्वारा की जाएगी। एक न्यायिक जांच अधिकारी के पद पर नियुक्ति हेतु योग्यताओं में उस व्यक्ति को केन्द्र सरकार द्वारा प्रस्तावित सूचना तकनीक क्षेत्र का समुचित अनुभव होना चाहिए एवं विधि अथवा न्यायिक कार्यों का अनुभव भी होना चाहिए। इस प्रकार से नियुक्त न्यायिक जांच अधिकारी दूसरे पक्ष को सुनवाई का समुचित अवसर देते हुए निर्दिष्ट तरीके से जांच करने हेतु जिम्मेदार होगा एवं इसके पश्चात् जहां आवश्यकता हो वहां जुर्माना या शास्ति भी लगाएगा।

धारा 47 में प्रावधानित किया गया है कि क्षतिपूर्ति की राशि निर्धारित करते समय न्यायिक जांच अधिकारी को दोषी व्यक्ति द्वारा प्राप्त किए गए अनुचित फायदों एवं किसी व्यक्ति को हुई क्षति एवं साथ ही साथ हुई त्रुटि की प्रकृति को समुचित ध्यान में रखना होगा।

अध्याय-X
साइबर नियमन अपीलीय न्यायाधिकरण

16.10.1 साइबर नियमन अपीलीय न्यायाधिकरण की स्थापना—केन्द्र सरकार जारी करके एक या अधिक अपीलीय न्यायाधिकरणों की स्थापना कर सकती है। जहां कि साइबर नियमन अपीलीय न्यायाधिकरण के नाम से जाना जाएगा। (धारा 48)

केन्द्र सरकार उपरोक्त अधिसूचना में उन विषयों तथा स्थानों का भी उल्लेख करेगी जो कि इस साइबर अपीलीय न्यायाधिकरण के न्याय क्षेत्र में आएंगे।

धारा 49 के प्रावधानों के अनुसार एक साइबर अपीलीय न्यायाधिकरण में केवल एक ही सदस्य होगा जिसकी नियुक्ति केन्द्र सरकार द्वारा अधिसूचना जारी करके की जावेगी। (बाद में इस व्यक्ति को साइबर अपीलीय न्यायाधिकरण के पीठासीन अधिकारी के नाम से संबोधित किया गया है।)

16.10.2 पीठासीन अधिकारी—धारा 50 के अनुसार किसी साइबर अपीलीय न्यायाधिकरण के पीठासीन अधिकारी के पद पर नियुक्ति हेतु निम्नलिखित योग्यताएं होना आवश्यक है—

(अ) वह एक उच्च न्यायालय का न्यायाधीश हो अथवा रहा हो अथवा होने के योग्य हो अथवा

(ब) भारतीय न्यायिक सेवाओं का एक सदस्य हो अथवा सदस्य रहा हो एवं इन सेवाओं में ग्रेड-1 के पद पर कम से कम 3 वर्षों तक रहा हो।

एक साइबर अपीलीय न्यायाधिकरण के पीठासीन अधिकारी का कार्यकाल उसके दफ्तर में प्रवेश से 5 वर्षों तक अथवा उसकी 65 वर्ष की आयु पूरी होने तक दोनों में से जो भी कम हो, का होगा। (धारा 51)

धारा 52 में पीठासीन अधिकारी को दिए जाने वाले वेतन, भत्तों तथा उनकी सेवा की अन्य शर्तें जिनमें सेवा निवृत्ति लाभ इत्यादि सम्मिलित हैं, का वर्णन किया गया है।

धारा 53 के प्रावधानों के अनुसार अस्थायी छुट्टी को छोड़कर पीठासीन अधिकारी के दफ्तर में हुई रिक्ति की पदस्थापना केन्द्र सरकार द्वारा की जाएगी।

एक पीठासीन अधिकारी अपने हस्ताक्षरों द्वारा केन्द्र सरकार को अपने पद से त्यागपत्र भेज सकता है परंतु वह उक्त सूचना देने के पश्चात् तीन माह तक अथवा उसके स्थान पर किसी दूसरे व्यक्ति की नियुक्ति तक दोनों में से जो भी पहले हो अपना पद नहीं छोड़ सकता।

दुर्व्यवहार अथवा अक्षमता का दोषी पाए जाने पर एक सर्वोच्च न्यायालय के

न्यायाधीश द्वारा जांच किए जाने एवं दोष सिद्ध पाए जाने पर केन्द्र सरकार पीठासीन अधिकारी को उसके पद से हटा सकती है।

अपीलीय न्यायाधिकरण के पीठासीन अधिकारी की नियुक्ति हेतु केन्द्र सरकार द्वारा पारित किए गए आदेश अंतिम माने जाएंगे एवं इनमें कोई खामी है तो भी यह इसकी जांच कार्यों को अवैध नहीं करेगी। (धारा 55)

केन्द्र सरकार साइबर अपीलीय न्यायाधिकरण हेतु अन्य अधिकारियों एवं कर्मचारियों की नियुक्ति भी करेगी, इनके वेतन भत्ते इत्यादि भी केन्द्र सरकार द्वारा निर्दिष्ट किए जाएंगे। (धारा 56)

16.10.3 साइबर अपीलीय न्यायाधिकरण को अपील—इस अध्याय की धारा 57 के प्रावधानों के अनुसार नियंत्रक अथवा न्यायिक जांच अधिकारी द्वारा पारित आदेश के विरुद्ध किसी पीड़ित व्यक्ति द्वारा साइबर अपीलीय न्यायाधिकरण को अपील की जा सकेगी। परंतु न्यायिक अधिकारी द्वारा पारित एक ऐसे आदेश जिसे कि सभी पक्षकारों की सहमति द्वारा पारित किया गया हो, के विरुद्ध साइबर अपीलीय न्यायाधिकरण के समक्ष कोई अपील मान्य नहीं होगी।

नियंत्रक अथवा न्यायिक अधिकारी द्वारा पारित आदेश की प्रतिलिपि पीड़ित व्यक्ति द्वारा प्राप्त होने के उपरांत निर्दिष्ट प्रारूप में तथा निर्दिष्ट शुल्क के साथ 45 दिनों की अवधि के अंतर्गत यह अपील की जाएगी। यदि साइबर अपीलीय न्यायाधिकरण को यह संतुष्टि हो जाए कि निर्धारित समय सीमा में अपील फाइल नहीं करने का समुचित कारण मौजूद है तो वह इस अपील को 45 दिन की अवधि के पश्चात् भी स्वीकार कर सकता है।

साइबर अपीलीय न्यायाधिकरण अपील के सभी पक्षकारों को सुनवाई का अवसर प्रदान करते हुए अपने विवेक अनुसार अपील किए गए आदेश की पुष्टिकरण, परिवर्तित अथवा रद्द करने हेतु आदेश पारित कर सकते हैं।

साइबर अपीलीय न्यायाधिकरण अपने द्वारा पारित आदेश की प्रतिलिपि अपील से संबंधित पक्षकारों को एवं संबंधित नियंत्रक अथवा न्यायिक जांच अधिकारी को भेजेंगे।

साइबर अपीलीय न्यायाधिकरण उपधारा (1) के तहत प्रस्तुत अपील को शीघ्रता एवं सभी संभावित उपाय करते हुए इसका अंतिम रूप से निबटान अपील की प्राप्ति के 6 महीनों के अंदर करेगा।

धारा 58 के प्रावधानों के अनुसार साइबर अपीलीय न्यायाधिकरण दीवानी प्रक्रिया संहिता 1908 की प्रक्रिया तथा प्रावधान से बाध्य नहीं होगी परंतु उस पर इस अधिनियम के प्रावधान तथा प्राकृतिक न्याय के सिद्धांत लागू होंगे तथा न्यायाधिकरण को यह अधिकार होगा कि वह अपनी बैठकों हेतु स्वयं अपनी प्रक्रिया

बनाएं।

प्रकरण की सुनवाई के दौरान साइबर अपीलीय न्यायाधिकरण को वही शक्तियां प्राप्त होंगी जो कि एक दीवानी न्यायालय को दीवानी प्रक्रिया संहिता के अनुसार एक प्रकरण की सुनवाई के दौरान प्राप्त होती है।

साइबर अपीलीय न्यायाधिकरण के समक्ष अपना प्रकरण प्रस्तुत करने हेतु प्रकरण से संबंधित पक्षकार स्वयं उपस्थित हो सकते हैं अथवा एक या अधिक अधिवक्ताओं अथवा अपने किसी अधिकारी को अधिकृत कर सकते हैं। (धारा 59)

16.10.4 दीवानी न्यायालय के अधिकार क्षेत्र से बाहर–किसी भी न्यायालय को किसी ऐसे मामले से संबंधित प्रकरण अथवा कार्यवाही को स्वीकार करने का न्याय क्षेत्र प्राप्त नहीं होगा जिनमें कि इस अधिनियम के अंतर्गत नियुक्त न्यायिक अधिकारी अथवा इस अधिनियम के तहत स्थापित साईबर अपीलीय न्यायाधिकरण को इस अधिनियम के तहत निर्णीत करने एवं सुनने का अधिकार है एवं कोई भी न्यायालय अथवा कोई प्राधिकारी इस अधिनियम की शक्तियों के अधीन की गई किसी कार्यवाही अथवा की जाने वाली कार्यवाही के विरुद्ध कोई निषेधाज्ञा प्रदान नहीं करेगा। (धारा 61)

16.10.5 उच्च न्यायालय को अपील–साइबर अपीलीय न्यायाधिकरण द्वारा पारित किसी निर्णय अथवा आदेश से पीड़ित कोई व्यक्ति इस निर्णय अथवा आदेश सूचना के प्राप्ति के 60 दिनों के अंदर किसी तथ्य अथवा विधि के प्रश्न जो कि उस आदेश से उत्पन्न हुआ है, के विरुद्ध उच्च न्यायालय में अपील कर सकता है। (धारा 62)

यदि उच्च न्यायालय संतुष्ट है कि अपील करने वाले व्यक्ति के पास निर्धारित समय सीमा में अपील दाखिल नहीं करने हेतु समुचित कारण मौजूद हैं, तो वह इस अवधि को अगले 60 दिनों की अवधि तक और बढ़ा सकता है।

16.10.6 उल्लंघन राजीनामा करना–धारा 63 के प्रावधानों के अनुसार इस अध्याय के अंतर्गत किए गए किसी उल्लंघन को न्यायिक प्रक्रिया शुरू होने के पूर्व अथवा बाद में नियंत्रक अथवा न्यायिक अधिकारी अथवा किसी अन्य अधिकारी जिसे कि इस बारे में विशिष्ट रूप से अधिकृत किया गया हो, के द्वारा उन शर्तों के तहत जो कि नियंत्रक अथवा अन्य अधिकारी अथवा न्यायिक अधिकारी द्वारा लगाई जाएं, समझौता अथवा राजीनामा किया जा सकता है।

यह भी प्रावधान है कि इस समझौते की राशि किसी भी परिस्थिति में इस उल्लंघन हेतु इस अधिनियम के तहत लगाई जाने वाली अधिकतम शास्ति की राशि से अधिक नहीं होगी।

उपधारा (1) के प्रावधान उस व्यक्ति पर लागू नहीं होंगे जिसे कि अपने द्वारा

किए गए प्रथम समान प्रकृति के उल्लंघन को राजीनामा कराए जाने के बाद 3 वर्ष की अवधि पूरी नहीं हुई है।

स्पष्टीकरण—इस उपधारा के उद्देश्यों हेतु कोई दूसरा अथवा अन्य अगला उल्लंघन यदि यह पिछले राजीनामे के 3 वर्षों की अवधि के बाद किया जाता है तो इसे प्रथम उल्लंघन माना जाएगा।

जब किसी उल्लंघन का उपधारा (1) के अनुसार राजीनामा किया जाता है तो उस व्यक्ति के विरुद्ध चल रही कार्यवाही रोक दी जाएगी तथा अगली कार्यवाही हेतु कोई कदम नहीं उठाया जाएगा।

धारा 64 के प्रावधानों के अनुसार इस अधिनियम के तहत अधिरोपित की गई किसी शास्ति अथवा जुर्माने का यदि भुगतान नहीं किया जाता तो इसकी वसूली भू-राजस्व के समान की जा सकती है तथा वह अनुज्ञप्ति अथवा आंकिक हस्ताक्षर प्रमाणपत्र तब तक निलंबित होंगे जब तक कि जुर्माने का भुगतान नहीं कर दिया जाता।

अध्याय-XI
अपराध

अध्याय 11 में धारा 65 से 78 तक कुछ कम्प्यूटर अपराधों का वर्णन किया गया है। इन अपराधों हेतु सजा के प्रावधान निहित हैं, जिनमें—

(1) धारा 65 में प्रावधानित किया गया है कि यदि कोई व्यक्ति जानबूझकर अथवा इरादे के साथ किसी कम्प्यूटर कूट संकेत अथवा स्रोत कार्यक्रम को जिसे किसी एक कम्प्यूटर, कम्प्यूटर कार्यक्रम, कम्प्यूटर प्रणाली अथवा कम्प्यूटर तंत्र में उपयोग किया जाना है एवं जिसे कि रखा जाना उस समय प्रचलित कानून के अनुसार आवश्यक है, को छिपाता है, नष्ट करता है अथवा परिवर्तित करता है अथवा किसी अन्य व्यक्ति को छिपाने, नष्ट करने, अथवा परिवर्तित करने हेतु प्रेरित करता है, तो उसे तीन वर्ष तक का कारावास अथवा 2,00,000 रुपये तक का जुर्माना अथवा दोनों से ही दण्डित किया जा सकता है।

इस धारा हेतु कम्प्यूटर स्रोत कोड से आशय कार्यक्रमों की सूची, कम्प्यूटर निर्देश, कम्प्यूटर स्रोत की किसी प्रारूप में डिजाइन अथवा कार्यक्रम विश्लेषण है।

2. कम्प्यूटर प्रणाली को तितर-बितर करना—धारा 66 में एक कम्प्यूटर स्रोत में निहित किसी सूचना को नष्ट करने अथवा मिटाने अथवा इसे परिवर्तित करने अथवा इसकी मूल्य अथवा उपयोगिता को घटाने अथवा इसे हानिकारक रूप से प्रभावित करने हेतु किए गए कार्यों को परिभाषित किया गया है। यह क्रिया जानते हुए भी की जाती है कि वह कार्य किसी व्यक्ति को अथवा आम जनता को हानि अथवा

क्षति पहुंचाने का कारक होगा, धारा 66 में यह प्रावधानित किया गया है कि एक व्यक्ति जो कि हैकिंग का अपराध करता है उसे 2,00,000 रुपये तक जुर्माना अथवा तीन वर्ष का कारावास अथवा दोनों से दण्डित किया जाएगा।

3. धारा 67 में प्रावधान है कि जो व्यक्ति अश्लील सामग्री को वैद्युतिक रूप में प्रेषित करता है अथवा प्रकाशित करता है अथवा प्रेषित अथवा प्रकाशित कराता है उसे 5 वर्ष तक का कारावास एवं 1,00,000 रुपये तक के जुर्माने से प्रथम बार दण्डित किया जाएगा। दूसरे एवं अगले अपराध की दशा में कारावास की अवधि 10 वर्षों तक एवं 2,00,000 रुपये तक के जुर्माने से दण्डित किया जाएगा।

4. धारा 68 के प्रावधानों के अनुसार इस अधिनियम के प्रावधानों तथा इसके तहत बने नियमों अथवा विनियमों के पालन हेतु नियंत्रक आदेश द्वारा एक प्रमाणीकरण प्राधिकारी अथवा उसके किसी कर्मचारी को निर्देशित कर सकते हैं कि वह आदेश में निर्दिष्ट कदम उठाएं अथवा आदेश में वर्णित कार्यों को किए जाना बंद कर दें।

यदि किसी व्यक्ति द्वारा उपरोक्त आदेश का पालन नहीं किया जाता तो यह जुर्म माना जाएगा एवं उस व्यक्ति को 2,00,000 रुपये तक जुर्माना अथवा तीन वर्ष तक का कारावास अथवा दोनों से दण्डित किया जा सकता है।

5. धारा 69 द्वारा नियंत्रक को शक्तियां प्रदान की हैं कि यदि वह संतुष्ट हैं कि भारत की विश्वसनीयता एवं सम्प्रभुता, राज्य की सुरक्षा, विदेशी राज्यों से मित्रतापूर्ण संबंध अथवा लोकशांति कायम रखने हेतु यह करना आवश्यक है, तो वह कोई कम्प्यूटर प्रणाली अथवा कम्प्यूटर नेटवर्क के द्वारा भेजी गई किसी सूचना को मार्ग में रोक सकता है।

●●●